リペア

「使い捨て社会」から「修理・修復社会」へ

Repair

When and How to Improve Broken Objects, Ourselves, and Our Society

ペーテル・エールディ
ジュジャ・スベテルスキー＝著
高見典和＝訳

日本評論社

REPAIR: When and How to Improve Broken Objects, Ourselves, and Our Society
by Péter Érdi and Zsuzsa Szvetelszky

Japanese translation published by arrangement with Péter Érdi and Zsuzsa Szvetelszky through The English Agency (Japan) Ltd.

まえがき

かなり以前に、ある大学で教員を務めていたとき、教員採用面接に来た研究者が、自分の研究テーマについて発表を行った。それは、住宅政策にかんするものだった。その発表では、かつて栄えた工業都市において、移民たちが住む地域の住宅が老朽化していること、およびこの問題に対してどのような政策が必要かという点が中心に議論された。質疑応答の後、一人の教員が発表を簡潔にまとめてこう言った。「物は古くなる。物は消耗する」

われわれは、都市が消耗するという発想にはなじみがないが、重要な意味において実際に都市は消耗している。たしかに、社会全体――つまり、経済や行政機構、社会システム――が古くなり、時代遅れになることもある。そうなれば修理・修復（repair）が必要になる。

著者のエールディとスベテルスキーは、「リペア社会」（the Repair Society）という大きな枠組みを提供してくれている。壊れてしまった道具やおもちゃや、うまく行かなくなった友人関係や社会システムを捨て去り、よりよい別のものに置き換えようとするのではなく、それらを修理・修復するという選択肢も考慮に入れるべきである。多くの場合、物を修理するのは捨てるよりも安価であり、物を無駄にせずにすみ、満足を高め、後悔を減らすことにもつながるだろう。

修理がうまくいくとはかぎらないが、古いものを捨てて新しく手に入れたものがよりよいものだともかぎらない。都市住宅の老朽化の事例では、地方自治体の「都市再生」プログラムによって、活気に満ちた移民地区は解体され、小綺麗な住宅計画と巨大な高速道路に取って代わられた。現在、都市にふたたび人口が増え、郊外の衰退が進んでいるが、かつて都市を捨て郊外を作ったことで生み出された無駄が、現在あきらかになっている。同じことの繰り返しだ。

本書で言うところの修理・修復は、世界や地域社会の変化に適応して行われる必要がある。私は子ども の頃、アラバマ州の小さな町のつつましい一軒家に家族で引っ越した。その家には、セントラル・ヒーティングやエアコンはなく、小さなバスルームと小さな寝室3部屋があった。キッチンも小さく、食事をとるのはリビングルームだった。床はコンクリートにリノリウムが貼り付けられたものだった。

スペースがもっと必要になり、家族の収入も増えたので、両親は大きな家に引っ越すこともできたが、そのかわりに、住んでいる家を「修理」する決断をした。車一台分が入る小さなガレージをキッチンとして改修した。キッチンは大きくなったが、かつてガレージだったことは容易に見てとれた。さらに車は道路に駐車しなければならなかった。そのため、両親は、軽量コンクリートブロックでガレージを建てた。

この修理は、その後数年間は満足のいくものであった。両親はさらに、主屋と軽量コンクリートブロック造りのガレージをつなげるための増築を行った。主寝室にはエアコンがついたが、われわれ子どもの寝室にはまだエアコンはつけてもらえなかった。

わが家はルーブ・ゴールドバーグ・マシーン［訳者注：ドミノ倒しやビー玉やワイヤーなどの複雑な連鎖反応によって、単純な作業を行う機械のこと。日本のＮＨＫ・Ｅテレの番組『ピタゴラスイッチ』で用いられるような機械のこと］のような複雑怪奇なものになったが、現在でも同じ構造のまま健在である。別のものに取って代えることなく修復を続け、いまだに利用価値がある。

エールディとスベテルスキーは、リペア社会が、使い捨て社会よりもよい処方箋であると論じている。古いもののよい部分を生かしつづけることができるのはもちろん、都市再生の事例のように、前よりも悪いものに置き換えるリスクを冒さずにすむ。ときにはまったく新しいものに置き換えることも必要だが、まずは修復という選択肢を探るべきである。

■動的システムの修復という課題

本書の最も革新的な部分は、政治システム、社会システムのような複雑系システムにも修復という概念を拡張しているところである。複雑系の修復は、単純系の修復より困難だ。なぜなら、複雑系は絶えず変化しており、われわれはその変化の仕方をかならずしも理解していないからだ。しかし、修復（より一般的な言葉では改革）を怠れば、取り返しのつかない形で、ますます望ましくない方向に進行してしまうだろう。

エールディとスベテルスキーは、複雑な社会システムの修復にかんする論点を説明するなかで、システムが恒常性（ホメオスタシス）、つまり安定的な力の釣り合いを獲得することで自ら修復を行うことも可能だと示している。小さな修復を行うだけでも、システムが長期間機能しつづけることが可能になるのだ。折に触れて外部から調整を行えば、システムは元の軌道に戻り、うまく機能しつづける。私の実家はまさにそうだった。

しかし、動的システムが崩壊に向かっていたとしても、当面は傍観することが可能だ。そのシステムが適応障害を起こしていることに気づいても、問題がさほど大きくなければ無視することは可能である。そのようなシステムでは、エラーが蓄積しているだろう。つまり、恒常性の状態から少しずつ逸脱しているだろう。このエラーは、足し算のように大きくなる場合もあれば、掛け算のようにより急速に拡大する場合もある。このため、適切なタイミングで修復を行うことが必要となる。とくに、複雑系にかんしては。

エラーが蓄積されるごとに、修復への抵抗は大きくなり、より困難になっていく。1956年に、オーサリン・ルーシーという若い黒人女性が、当時人種隔離が行われていたアラバマ大学に入学した。白人たちは人種隔離を訴え暴動を起こし、彼女は咎められるべき理由もないのに退学処分を受けることとなった。地元紙の編集者をしていたブフォード・ブーンは次のように書いている。「緩やかな変化は生じている。しかし、緩やかなペースでは、変化が続かないこともある。そこでは飛躍が必要となる。オーサリン・ルーシーは飛躍を試みたが、地獄が待っていた」。ブーンは、短期的には黒人への反発が拡大し、不公正な状況が生じるだろうと予測し、実際にそうなった。社会進歩を取り戻すという意味での修復は、当面のあいだ、ブーンが言うところの摩擦によって停滞することになった。しかし、ブーンは長期的には変化が起こるだろうと予測し、実際にそのとおりになった。

社会を修復する必要があると思っている人々は、摩擦を覚悟しなければならない。修復を試みることで、強い反発を呼び起こし、これまで実現していた前進が無駄になってしまう危険性もあるのだ。

エールディとスベテルスキーは、以上のような問題を考えるための枠組みを提示し、刺激的な議論を展開している。そして、あらゆるタイプのシステムに当てはまる一般的な原則を説明している。つまり、単純なシステムにも、複雑なシステムにも、そして静的なシステムにも、動的なシステムにも、当てはまる原則である。修復のタイプについても、日々のメンテナンスから分解修理にいたるまでの、さまざまな修復について論じられる。本書では、極端な選択肢、つまり、修復を試みず、新しいものに置き換えることを避けるように諭される。多くの人にとって、本書『リペア』が、うまく機能しなくなった物事を修復しつづけることの大切さに気づくきっかけになることを願っている。たんに、身のまわりの道具や結婚生活、そして政治システムが修復できないほどの危機に陥るのを座して待つのではなく。

ブライアン・D・ジョーンズ
J・J・〝ジェーク〟ピックル・リージェンツ議会研究教授
テキサス大学オースチン校政治学部

序文

本書ではもちろん修理・修復（repair）にかんして議論をする。われわれ筆者には、この本を書くにあたり、いくつかの動機があった。第一の動機は、おそらく個人的なものだ。近しい人の人間関係の行き詰まりを、多く見たり経験したりしてきた。人間関係は修復するべきなのか、そしてそのような修復は可能なのかという問いは誰にとっても無縁ではない。

第二の動機は、世界全体の問題だ。現在、世界がうまく機能していないと考える人は多いだろう。食品廃棄物と飢餓の併存、貧しい国で奴隷状態に近い労働条件で製造され、豊かな国に輸出される安価な衣料品、地球温暖化、社会格差。多発する自然災害や事件事故（われわれは当初、新型コロナウイルスや戦争について議論しようとしたわけではなかった。最初に本の執筆について話し合ったときには、新型コロナウイルスの世界的大感染はまだ始まっていなかった。また、ロシア軍がウクライナに侵攻したのは執筆の最終段階だった）などだ。

第三に、筆者二人（ペーテルとジュジャ）のあいだには、一世代ほどの年齢差があるが、子どものころ貧しかったハンガリー社会で「リペア文化」が根づいていたのは、われわれ双方にとって共通の記憶だ。

第四に、多くの人が地域社会や社会集団に属している。物理的な場所（職場、ジム、教会）に集まる場合もあれば、仮想的につながっている場合（政治的集団、学校などのＯＢ会やＯＧ会、公式あるいは非公式の支援団体、ＳＮＳのグループ）もある。２０１9年12月30日に、ペスト地域（ブダペストの低地エリア）の共通の友人宅で開かれた恒例の集まりで、ペーテルはジュジャに、修復というテーマで本を書く夢を見たという話をした。ジュジャはとても強い関心を抱き、ペーテルがアメリカに戻っているあいだ、何通もメールを送り、修復に関連する社会心理学や進化心理学の知見を説明した。３カ月間という期間を設定し、そのあいだに共同で本を書くかどうかを最終的に決定しようと話し合った。すぐに、この世界には多様な資源が存在するという共通理解が得られた。つまり、物（携帯電話やノートパソコン）、近しい人や関係の薄い人（家族や同僚や偶然の知り合い）、地域社会、世界共通の資源（大気や海洋）があげられる。資源が損なわれたとき、われわれはどうするだろうか。経済成長や技術革新の意図せざる結果として、使い捨て商品に依存する社会が誕生した。その結果として、環境危機が生じている。本書の中心的テーマは、修復は一般的な資源管理戦略だということである。

修復のプロセスを通じて、われわれは個性や知識を新たに生み出したり、発展させたりする。それに加えて、環境を保護することもできる。修復は、より幸福な生き方をするための積極的なチャンスなのである。

われわれ筆者は、複雑系理論と社会心理学をそれぞれ専門分野としているが、これらの学問的アプローチを一体化させようと試みた。筆者2人の具体的な協力関係は内緒だが、そもそも読者は最終的な成果にのみ関心があるだろう。いずれにせよ、われわれは何度も議論をした。たいていはＺｏｏｍごしに、ときには対面で。本書は修復にかんする著者間の対話を反映している。ほぼすべての論点にかんして、われわれは同意することができた。自分たちへの言及の仕方については、臨機応変に対応することにした。身近な話を語る際には、一人称を用いた（著者のうちどちらの語りなのかを示すためにかっこ付きの名前を付け加えた）。われわれの意見を述べる際には、三人称を用いた（たとえば、ジュジャの意見を述べる際は三人称で「ジュジャは……」と書いた）。ご了承いただきたい。

本書では、以下のようないくつかの質問を立てることで、科学理論を日常の問題に応用した。つまり、どのようなときに修復を試みるべきで、どのようなときにあきらめたほうがよいか。修復可能な範囲や限界はどこにあるか。「先進諸国」は大量の物質やエネルギーを浪費しているが、このままでよいか。あるいは、「使い捨て」社会を捨て去るべきか。自然災害や事件・事故に襲われた地域社会は、どのように修復することができるか。計画的陳腐化［訳者注：消費者が商品の定期的な買い替えを行うようにメーカーが商品を設計すること］にどう対処すればよいか。循環型経済というビジネスモデルは、劇的に廃棄物を減らすことができるか。どのようなときにわれわれは、この世界の撹乱要因を制御し、元々の状態とは異なる「新しい正常状態」（ニューノーマル）の登場を受け入れるべきなのか。さらには、どのようにすれば人類存亡の危機を避けることができるのか。われわれは、レジリエンスのある生き方を身につけ、さまざまなレベルで、レジリエンスのある技術的、社会的システムを設計しなければならない。「演目を途中でやめてはいけない」（ショー・マスト・ゴー・

オン）という表現があるように、人類を消滅させてはいけない。

本書は、経済学、物理学、社会心理学、文化論、生態学、環境学および複雑系理論に言及するが、科学者のみを想定して書かれたものではない。むしろ、一般の読者を想定して書かれている。たしかに、修復するべきものが何一つなく、完全に調和的な人生を送っている人であれば、このような本を読む必要はないかもしれない。本書は、幅広い年齢層に読まれることも意図している。すべてが崩壊に向かっていると思われる時代に成長したZ世代、人生の充足について考え始めた30代や40代の人々、人生を振り返り、人間関係の修復を検討している団塊の世代の人々などに向けて書かれている。とはいえ、本書はあらゆる人に向けて書かれたものではなく、自然の領域と人間社会の領域を結びつけることに関心があり、よい問いを立ててよい答えを求めている人たちに向けて書かれている。

修復の技術や考え方について論じた本は多数存在する。

・カサリン・フランケ『リペア——奴隷解放の約束を実現する』（ヘイマーケット・ブックス、２０１９年）。この本は、歴史的損害の修復にかんするものである。フランケは、とくに二つの地域におけるアメリカの黒人の歴史に焦点を当てている。具体的な問題——アメリカ社会に根深く存在する、世代を超えた組織的な人種差別や白人特権——について触れ、奴隷制に対する賠償は、必要であり、すぐにでもなされるべきものであり、不可能なものでもないと主張される。

・マリアメ・カバ＆シラ・ハッサン『修復への試行錯誤——コミュニティ・アカウンタビリティ・ファシリテーターの指南書』（ＡＫプレス、２０１９年）。カバとハッサンの指南書は、対人危害と暴力にかんする制度的コミュニケーションという専門領域を扱った著作である。この著作では、自己反省的質問、技能評価、ファシリテーションのコツ、有益な定義、活動方法、トラブルを通じて学んだ教訓が提示され、これらを用いれば事態の改善が可能であると示唆される。本書は、制度的コミュニティ・アカウンタビリティを差配し、円滑にしようとする専門家をおおいに助けている。

・ヒカル・ノグチ『かがり縫い――修復が解決する』（ホーソーン・プレス、2020年）。気候変動は複雑な問題である。状況を改善するには大小さまざまな手段が必要である。本書は、芸術的な方法で小さな手段――かがり縫い――を実行する重要性を示している。かがり縫いという修理法は、所有物への満足度を高めることで、消費を減らすきっかけとなる。本書は、詳細にこのテーマを論じており、重要ではあるもののきわめて特殊である。

・ポール・ファーマー『世界を修復するために――ポール・ファーマーが次世代に語る』（カリフォルニア大学出版会、2019年）。社会活動家のポール・ファーマーが、次世代を刺激するために行った短いカリスマ的スピーチが、本書には収録されている。これらのスピーチでは、格差などの世界的課題に起因するさまざまな問題が論じられる。本書は、人道的な観点から世界を改善したいと願う人々を対象としている。

・ジョン・ワックマン&エリザベス・ナイト『リペア革命――修理する人たちが使い捨て文化を変革する』（ニューワールド・ライブラリー、2020年）。『リペア革命』は、使い捨て社会の危機と修理カフェの広がりについて叙述している。修理カフェとは、電化製品や家財道具の修理を行う非営利のボランティア団体のことを指す。『リペア革命』は、修復や日曜大工の哲学や大切さについて、そして「リペア権」運動の高まりについて論じている。本書の最後には、具体的な実用的情報も掲載されている。ウェブサイトや、一般的な故障の解決法や修理カフェを探す際の助言などである。

・クリストファー・R・ヘンケとベンジャミン・シムズ『インフラの修復——マテリアリティとパワーのメンテナンス』（MIT出版会、2020年）は、われわれの生活におけるインフラ修復の理論と実践について説明している。われわれ筆者の意図と同様に、本書は修復と保全に対する関心の高まりを強調している。しかし、われわれのアプローチは本書より幅広いものである。

これらの著作、そしてここにあげなかったその他多くの著作からわかるとおり、無数の物や状況や作業が、個別具体的な方法で改善できる。しかし、自然科学および社会科学の知見を生かして、修復を広く適用するための一般的原則を示した著作は存在しない。本書は、この空白を埋めることができると確信している。

ペーテルは、カラマズー大学の人々に感謝を述べたい。とりわけ、友好的で知的な雰囲気を提供してくれる近しい同僚たちに感謝を述べたい。ペーテルは、ブダペストにあるウィグナー研究センターの計算機科学部の同僚たちにも感謝を伝えたい。ヘンリー・R・ルース教授の栄誉に与っているヘンリー・R・ルース財団にも謝意を示したい。

新型コロナウイルスが猛威をふるっていた期間、ペーテルは不運にもサバティカル［訳者注：勤務している大学から長期の有給休暇をとり、他の研究機関に滞在すること］をとり、ミシガン大学の複雑系研究センターで、ほぼ誰とも接することなく研究生活を送った。外部との交流は限られていたが、同センターの同僚との交流はおおいに有意義であった。ジョアンヌ・リーとドリュー・トライグスタッドの2人の学部生が、1年間、文献調査を手伝ってくれた。ペーテルは、彼ら、および大学院生のクリスチャン・ケリーと有意義な議論をし、本書『リペア』にどの話題を含めるべきで、どの話題を含めるべきでないかについて理解を深めた。彼らは原稿にも多くのコメントをしてくれた。同センターの研究者、パトリック・グリムとエフレン・コルテスも、草稿に有益なコメントを与えてくれた。

ジュジャは、ブダペストの改革派教会のカーロリ・ガースパール大学に感謝を述べたい。草稿執筆のあいだ、同大学の同僚や学生から有益で刺激的な感想や提案をもらった。

われわれ著者は、以下の多くの同僚および友人のコメント、議論、メールに感謝している。アーグネス・チェリク、バーリント・フィレ、オーソリヤ・フランク、ビルモス・フリードリヒ、マーテー・グリヤース、ゲルゲリ・ホルバート、ジェルジ・ミクローシュ・ケセリュー、ヨージェフ・ラザール、ベアータ・オボルニ、ヒラリー・レッティグ、キャロライン・スカラ（図の作成についても感謝）、マルセル・スティッピンガー、ローベルト・タルドシュ、ヤン・トボクニク、ヤーノシュ・トート、バラージュ・ウイファルシ、アンドラーシュ・バイダ。

ペーテルのかつての学生であるナタリー・トンプソンは現在、イェール大学大学院で政治学を学んでいるが、原稿の校正を行ってくれた。ナタリーは、初校のハンガリー訛りの英語を注意深く校正してくれただけでなく、俯瞰的な視点で各章の草稿に対してコメントをつけ、本全体の構成を調整する助けとなってくれた。本当にありがとう、ナタリー。

編集者のトマス・ディツィンガーにも、常に好意的に接してくれ、励ましをくれたことに感謝する。本書の執筆期間中、われわれの家族からも大きな支援を受けた。家族にも感謝を伝えたい。

2022年4月

ミシガン州カラマズーにて
ペーテル・エールディ
ブダペストにて
ジュジャ・スベテルスキー

リペア──「使い捨て社会」から「修理・修復社会」へ●目次

第１章
イントロダクション——使い捨てと修復の対立

［要旨］

本章では、まず物の修理にかんして、筆者たちが子どもの頃に体験した個人的エピソードを語る。格差の拡大という問題はあるものの、先進諸国は使い捨て社会の恩恵を享受した。しかし、その弊害にも苦しんでいる。「使い捨て」社会は、使い捨て商品の登場した１９５０年代に徐々にその姿を現した。西洋諸国の中間層の人々は、古いものが壊れれば、あるいは、古いものがまだ使えたとしても、新しいものに買い替えるという経済的自由を手に入れた。クローゼットの洋服のうち、ほんの一部しか実際には着用しない。さらに、洋服が以前よりも短い期間しか着用されないように、意図的に製造されていることをわれわれは知っている。食料不安や明白な飢餓状態にある人々もいぜんとして多い一方で、大量の食料廃棄物が生み出されている。（まだ少数派であるが）多くの人が、物の保有はかならずしも幸福につながらないと感じている。われわれは、使い捨てと修復の対立に直面している。修復社会に移行するには、資源管理にかんして新しい視点に立つ必要がある。ここで資源と言っているのは、所有しているものや機械だけを指すのではない。家族や友人や、われわれが属している地域社会や国のような人的資源も指している。

第1節 子どもの頃の修復体験

(1)ドナウ川にかかる橋

ブダペストは世界で最も美しい都市の一つに数えられる。低地の「ペスト地域」と山の手の「ブダ地域」がドナウ川で区切られており、この二つの地域は（主に）歴史的な橋によって結びつけられている。ドナウ川にかかる橋のすべてが独特で、まったく異なる様式を有しているが、その多くは第二次世界大戦末期に、撤退するドイツ軍の工兵たちによって爆破された。なかにはドナウ川に落下した橋もあった。終戦後数年間のうちに、大半の橋は再建されたが、アール・ヌーボー様式の橋の残骸は、戦争による破壊の記憶を残すものとして川の中にとどめられた。このエリザベート橋——ハンガリー人が敬愛したハプスブルク朝のエリザベート女王（愛称はシシィ）にちなむ——は、第二次世界大戦後、唯一再建できなかった橋で、そこには近代的な吊り橋が新たに架けられた。ペーテルとジュジャの2人はブダペストで育ったが、一世代ほど年齢が離れており都市に対する記憶も異なる。ペーテルは、新しい橋が開通したときすでに高校の上級生であったが、ジュジャはまだ生まれてもいなかった。

ジュジャは7歳のときに、小さな工業都市からブダペストに引っ越してきた。大都市に住んでいる人であれば、道路や建物の修復、改修、補修が日々行われているのを目にしているだろう。ドナウ川の橋は戦後、急いで再建されたため、たびたび改修が必要となった。橋の改修についてよく情報を交わしたのを覚えている――今日はどの橋が部分的に閉鎖されているか、というふうに。閉鎖されている橋がなければ、ドナウ川の左岸に、主にネオゴシック様式の、象徴的で、立派すぎるほどの国会議事堂を見ることができた。国会議事堂はつねに、作業員たちが外観工事を行っていた。

戦時中には橋以外にも、イギリスとアメリカを筆頭とする同盟国側の激しい空襲、およびその後のソビエト赤軍による長期にわたる容赦ない包囲戦によって、無数の建物が瓦礫の山と化した。われわれ（当時幼い少年であったペーテルと友人たち）は戦後復興期に、一部崩壊した工場や倉庫のまわりで毎日サッカーをしていた[1]。

(2) 奇跡の宮殿

サッカーをしていればとくに、あるいはサッカーをしていなくても放課後にぶらぶらしていれば、靴が破れたり擦り切れたりするだろう。マトゥスカおじさんは、アンジャルフェルド（現在では消滅した労働者階級が住んでいた「天使の土地」）とウーイリポートバーロシュ（ユダヤ系の中産階級知識人が住んでいた「新レオポルドタウン」）とのあいだの町境のあたりで靴屋を営んでいた。マトゥスカおじさんは、街路に面した作業場で、聴覚障害のある見習いと一日中、靴を修理していた。作業場は暗かった――屋内照明は、天井から針金で吊り下げられた薄暗い豆電球だけだった。私（ペーテル）が訪ねたときには、革、革靴クリーム、糊、接着剤、染料、そして猫の排泄物が入り混じった独特の匂いに満ちていた。

冬は長靴、夏はサンダルを履いた。女の子は日本製の革製スリッパを履いており、大学の時のガールフレンドが教えてくれたことによれば、表面の白い部分（くすんだ革でできていた）はチョークで人工的に処理したものだった。

マトゥスカおじさんはなんでも修理・修復した。壊れたヒールや擦り切れた靴底は修理された。穴が開いていれば、つぎはぎをした。縫い目が破れていれば、縫い直した。作業場は道具類で溢れており、ハンマー、さまざまな大きさのナイフ、多様な釘抜きがあった。縫糸とまっすぐな針、カーブした針もあった。木の靴型――人間の足の形をした靴の形を整える道具もあった。釘とネジが金属製の容器に整理されていた。マトゥスカおじさんは、「ペッグ」つまり木製のピンで革の靴底を固定した。まず千枚通し、つまり尖った鉄の塊で穴を開け、ダボを置き、ピンを打ち込む。高校や大学の同級生と連絡を取り合っていたとき（コロナ禍のあいだ、連絡のやりとりはとても盛んになった）、靴屋の暗い小さな作業場が、奇跡の宮殿としてわれわれの記憶に焼きついているとみなが同意した。物は修理されるべきだということを学んだ場所だったということにも、みなが同意した。

(3) レンチ人形

ジュジャの母親は、第二次世界大戦が始まった頃に生まれ、まだハイハイもできない頃にフェルト製の人形をもらった。人形の体は綿の入った帆布でできており、頭はゴムでできていた。頭には、帽子と大きく見開いた目がついていた。これは、エレナ（レンチ）・スカビニの会社が製造した有名なレンチ人形の原型であった。レンチ人形の黄金期は、二つの大戦間だった。ヨーロッパ史の知識があれば、工場が1944年に空襲を受けたことにおどろかないだろう。

この人形は長持ちし、傷みが目立ち始めた頃に、ジュジャのおばが復元した。チェック柄の帆布から新しいドレスを縫い、古いドレスと取り替えた。新しいドレスはあまり傷みが進まなかった。というのも、10代になったジュジャの母親は人形で遊ばなくなり、ついには長期間放っておかれたからだ。ジュジャが生まれたときに人形を受け継いだが、家族の中の誰か（おそらくジュジャの祖母）が人形のドレスを新調した。時が流れ、この人形は15年から20年に一度新しいドレスに着替えることになった。ジュジャの娘もまた、この伝統を受け継いだ。最後にドレスが縫われたのはおよそ10年前で、ゴム製の頭部は色褪せたが、それ以外の傷みはない。

⑷焚火の試練に耐えたテーブル

私（ジュジャ）の家のリビングルームの中心には、装飾が彫り込まれたダークブラウンの樫のテーブルがある。これは100年前に作られたものだ。あまり使い勝手はよくないものの、見た目は立派で、先祖代々伝わる家宝であり、大切に扱われている。天板には20センチほどの黒いこげ跡がついている。テーブル自体の色よりも濃く、表面が損傷しているように見える。しかし、子どもたちも含め誰も黒いこげ跡を修復したいとは思っていない。「なぜなら、そうあるべきだから」

第二次世界大戦中の1944年の冬のある夜、数人のロシア兵が私の祖父母の家を占拠した。彼らは苛立っていて、空腹だったが、何よりも暖をとりたかった。兵士の一人がとっさに祖母のお伽話の本

（母は当時子どもだった）を棚から抜き取り、テーブルの上に広げ、色彩豊かに描かれた挿絵に火を点けた。われわれ家族は今もこのテーブルを使っている。ひ孫たちも修理を拒むだろう。この黒いこげ跡は歴史そのものであり、もし修復をすれば歴史が失われてしまうと、ひ孫たちも言うだろう。

(5) 針子のエラおばさん

私（ペーテル）が10代のとき、母親が家事の手伝いを必要としていた。遠縁の親戚だが親しく接してくれた針子のエラおばさんが、2カ月に一度、洋服の繕いやその他の布類の継ぎ当てをするためにアパートを訪問してくれた。なかでも、私の着古したセーターの肘に色のついた継ぎはぎを当ててくれた（学校の男子がみんな来ていた青色のスウェットの他に、唯一持っていた服だった）。

エラおばさんは働き者で、工夫に長けていて、私が覚えているかぎりお話好きだった。エラおばさんはおそらく高校には行っていない。というのも、二つの世界大戦のあいだの期間、当時ギムナジウムと呼ばれた高等学校に進学した女性は非常に限られていたからだ。当時の高校生の女性の比率は、25パーセントに満たなかった。経済的に進学ができなかった女性たちにとって、熟練の仕立て職人や針子の給料は魅力的だった。

エラおばさんは、道具類を大きな茶色のカバンに入れて持ち運んでいた。針、糸、ピンキングばさみなどの多種多様なはさみが、最も重要なものだった。ピンキングばさみは、刃が真っ直ぐではなく、波打っていてとりわけ特徴的な道具だった。もちろん、私は指ぬき――針から指を守るためのでこぼこのついた硬い小さなカップ状のもの――が何かは知っていた。指ぬきは、ボタンやクリップやリボンや布地を入れるために母親が使用していた裁縫箱にもあった。しかし、わが家にミシンはなかったため、エラおばさんは、作業に時間のかかる洋服は家に持ち帰った。

エラおばさんが縫製した洋服のうちの一つをはっきりと覚えている。父親が着ていたシャツだ。私の父は、戦後にブダペストに編入されたウーイペシュトという都市にある歴史的な皮革工場で、エンジニア長をしていた。父はシャツを作業着と晴れ着に分けていた。前者は、皮なめしの作業場で着るためのもので、後者は軽工業省の役人を訪問するとき（繊維工場と皮革工場は同省の管轄下にあった。機械工場や金属加工工場は重工業省に管理されていた）や、観劇するときのような特別な日に着ていた。晴れ着のシャツが作業着シャツに格下げされるタイミングについてはよく覚えていないが、エラおばさんがシャツを修復する方法は覚えている。直すシャツの背中部分から、20センチほどの二等辺三角形の布地を切り取り、これを新しい襟として、古い襟と取り替えるのだ。切り取られた部分には、見栄えの悪い茶色の継ぎはぎが当てられた。このように直されたシャツを、父親はスイスシャツ［訳者注：スイスが異なる言語を話す地域が寄り集まっていることを指している］と呼んでいた。

この方法は、戦後の貧しい中央ヨーロッパで編み出されたと考えていたが、それは間違いであった。イギリス人作家ジェフ・ダイヤーが『ニューヨークタイムズ・マガジン』に寄稿した見事な記事を読んだとき、私はおどろきと興奮を禁じえなかった。[2]

彼女は、学校の校庭でフットボール（サッカー）をしていて破れた私のズボンを直してくれた。また、私と私の父のシャツの襟を裏返しにして縫い直し、痛んだ面が内側になり、綺麗な面が外側になるようにしてくれた。これは、私の両親の金銭哲学と合致していた。それは、自分たちでできることを、お金を払って他人にやってもらうのは無駄だというものだ。

(6) ああ、妹よ

5歳の年齢差があったにもかかわらず、ジュジャと妹のアニコーは、とても仲良しだった。しかし、ジュジャが21歳で最初の出産をしたとき、姉妹関係は変化した。それ以降ジュジャは、アニコーと共通の関心を見つけるのが難しくなっていった。関心が異なる人どうしでは自然なことだが、お互いに疎遠になり始めた。ジュジャは大学に行き、赤ん坊の世話をし、家計を管理した。アニコーは、10代の多感な時期を過ごし、オフィスのタイピストになった。

当時、ブダペストの中心地域が栄え始めた。アニコーにとって、90年代初頭は娯楽の選択肢が豊富な時代だったが、ジュジャにとってその数年前は大きく違っていた。日々の生活リズムも違っていた。アニコーはジュジャよりもずっと早く起き、ジュジャよりも遅く眠りについた。互いに顔を合わすことは減っていった。しかしジュジャは、子どもの頃に人形やボードゲームで一緒に遊んだことをいつもなつかしく感じていたため、姉妹関係が崩壊することはなかった。

ジュジャは25歳のときに、姉妹関係は変わらざるをえないということを理解した。アニコーとよい関係を築くにはどうするべきかを悟った。アニコーがロックバンドや流行のファッションに興味があることを受け入れ、これらの話題でアニコーに話しかけることにした。会話はうまくいかなかったが、今こそ自分が姉として責任を持って、関係を築くべきだと決意した。数年が経ち、アニコーは26歳で女の子を産んだ。赤ん坊を育てるうえで、アニコーはすぐにジュジャに頼った。そこで、喜んでアドバイスを贈り、お互いによい関係になれると確信した。実際に姉妹は、ふたたび仲よくなった。それは実利的なものではあったが、ジュジャは気にしなかった。姉妹関係はさらに改善されるだろうと思ったし、実際にそうなった。

ジュジャが35歳で、アニコーが30歳のとき、ふたたび関係が変化した。日々の生活や問題は互いに異なっていたが、これまでに培った古い土台があった。お互いをよく理解するようになった。よく意見の食い違いがあり、以前より同意できる話題が少なくなったが、時間と意思によって関係が保たれている。姉妹関係は、相違や変化をともなったうえで、ふたたび個人的なものになった。お互いを理解し受け入れようとする態度によって、ともに穏やかで幸せに過ごせる雰囲気が戻った。たとえ、ジュジャの好きな映画が『アバター』で、アニコーの好きな映画が『スターウォーズ』であろうと。たとえ料理の好みや、聞く音楽や、読む本が違っても。

(7) 本書の位置づけ

本書では、物や人間関係、地域社会、世界全体の修理・修復（repair）について新しい考え方を示したい。読者は（われわれ筆者も）、どのようなときに物の修復を試みるべきで、どのようなときにあきらめたほうがよいか、判断しなければならないだろう。ここでいう「物」は、きわめて一般的な意味で用いる。携帯電話や車はもちろん、結婚生活や友人、職場、国、気候、この世界全体も指す。これらの物は、物理的および社会的資源であり、修復とは、物理的・人的資源の管理戦略の一環なのだ。

以前はよく機能していた物のみを修復することができる。なぜ、どのように、物が壊れたのか、どのようにさまざまな災難が生じたのかについて理解があれば、修復の戦略は立てやすい。本書全体を通じて、修理・修復可能な範囲と限界について論じる。

なぜ範囲と限界なのか。どのようなときに修理・修復し、どのようなときに新しいものに取り替えるのかは、つねにわれわれにつきまとう問題だ。友人関係の破綻で思い悩んでいる人は多いだろうし、関係を取り戻すことが可能かどうか、またそうするべきかどうかと、悩む人は多い。時計が動かなくなれば修理できるし、そうするべきだが、電球が切れたら取り替えなければならない。電球は使い捨て可能だ。しかし、水晶のシャンデリア全体を、一つの電球が切れたからという理由で捨ててしまうのはばかげている。しかし場合によっては、予備の部品を購入できないようにしている大企業のせいで、電子機器を丸ごと買い換えなければならない。これへの対応策もある。本書では「リペア権」運動について言及するが、この運動をきっかけとして、壊れた電子機器の修理のために、消費者が手頃な値段で交換部品を購入できるようにする法廷闘争が始まっている。本書では、使い捨て社会からリペア社会への移行が必要な理由やその方法について分析する。

筆者の目標は主に二つある。第一に、リペア理論と実践にかんする一貫した枠組みを提供することだ。一貫した枠組みというのは、生命体であろうと社会組織であろうと、また、分子や無生物であろうと、人間や人間関係や社会全体であろうと、これらすべてに当てはまる修復メカニズムを考察するということだ。第二に、21世紀において機能不全に陥ったシステムにどう対処するべきかについて、指針を示したい。

われわれの住む世界は複雑であり、グローバリゼーションの恩恵と弊害の両方を目の当たりにしている。2008年の金融危機は、世界経済の緊密なつながりが経済を不安定にすることを知らしめた。2020年の春以降には、大きな脅威（つまり、新型コロナウイルスの世界的感染）が迫ったときに、どう適応すればよいか試行錯誤がなされた。ますます物事がうまくいかなくなり、どう対応するかという判断に迫られている。多くの場合、具体的な三つの選択肢がある。第一に、元の正常状態に戻るために事態を修復しようとすることだ。第二に、以前の状態に戻ることは不可能だと判断し、何もしないか、新しいものに取り替えるかすることだ。第三に、正常状態に戻すだけでは十分ではなく、事態を以前よりもよい状態に進歩させるための機会とすることだ。最善の判断をするにはどうすればよいか、それが本書の根本的なテーマだ。本書『リペア』は複雑系研究と社会心理学の知見を結びつけ、個人的な体験談を交えながら、科学理論を用いて日常的事例を説明する。しかしその前に、そもそも修復は必要なのだろうか。もちろん必要だ。

第2節 「使い捨て社会」の盛衰

修復にかんする理論と実践の重要性を理解するためには、現在われわれが置かれている状況と、そこにいたった経緯について把握しなければならない。貧困から豊かさへの転換、そして使い捨て社会誕生のきっかけを説明する。計画的陳腐化や、ファストフードやファストファッションのような産業の登場によって、個人の消費行動に変化が生じ、これが、持続不可能な悪影響を生み出している。

われわれの先祖にとって、生きるのに必要なものは何だっただろうか。それは基本的に、現在と同じだ。食料と衣服、それに配偶者と友人だ。人間は物的資源と社会的資源をどちらも必要としており、人類の歴史は、これらの資源の獲得と管理にかんする歴史と見ることもできる。

食料と衣服は現在でも、人間の生存に欠かせない根本的手段だ。先祖は種や草や果物を採集し、何時間もかけてそれらを咀嚼した。後に火を扱うことを学習した。偶然に、山火事で焼けた獣の肉を食べたところ生肉よりおいしく、安全で、食べやすく、消化しやすいということがわかったのだ。

植物の栽培と動物の家畜化によって始まった農業革命は、逆説的な結果ももたらした。農業がなければ、文化や科学も存在しなかっただろう。しかし、農業の誕生は、自然の搾取の始まりとも解釈できる。農業革命は、人口密度の著しい上昇につながったが、人間が農耕や牧畜のために動物と近い距離で暮らすようになり、新種の病気や、財産を奪い合う衝突も生じさせた。さらに、大多数の人はとても貧しかった。

⑴ 貧困から豊かさへ

「貧困の歴史はほぼ人類の歴史である」[3]。貧困の特徴の一つは、極端な食料の不足、すなわち飢饉だ。古代ローマの記録では、西暦４４１年に西ヨーロッパで、西ローマ帝国の崩壊が原因となった飢饉が生じた。イングランドやヨーロッパ大陸では、たびたび飢饉が生じた。中世初期から産業革命の始まりまで、飢饉は特別なものではなかった。20世紀に入っても、飢饉はヨーロッパを襲ったが、原因には大きな相違がある。産業革命以前の飢饉では、自然災害や人口拡大が主要な原因であったが、20世紀のヨーロッパ全体に及んだ飢饉では、独裁体制や戦争のような人間の行動が原因となった[4]。

有名なイギリスの経済学者トマス・ロバート・マルサス（１７６６－１８３４）は、食糧生産は線形的にしか増加しないのに対し、人口規模は指数関数的に増加する（このため、人口一人当たりの食料は減少していく）と提案した[5]。悲観的な予測だった。一般的には、マルサスの予測は誤りだったと考えられている。つまり、マルサスは技術変化のスピードを過小評価したということだ。産業革命の期間を通じて、安価で豊富なエネルギー（主に蒸気機関の普及によって実現した）や、安価で豊富な原材料によって、農業と工業の生産性が高まった。食糧生産は指数関数的に増加し、むしろ人口成長を上まわった。マルサスは２００８年のエコノミスト誌の記事では、偽りの預言者と名づけられた[6]。

蒸気機関は、エネルギーをある形態（熱）から別の形態（運動）に転換する一つの方法だ。ジェームズ・ワット（1736－1819）の蒸気機関には、エンジン速度を自己調整するフィードバック原理が使われた（第3章第3節(1)でフィードバック・ループを議論する）。これは、技術進歩の歴史において大きな出来事となった。ワットは、ロータリー蒸気機関のスピードを調整するための遠心振り子調速機を設計し、これによって自動的に速度を一定に保つことができるようになった。蒸気機関のおかげで、繊維産業と運輸業は革命的に進化した。アメリカ人のエンジニア、ロバート・フルトン（1765－1815）は1807年に蒸気船を開発し、ニューヨークとハドソン川沿いのオルバニーを往復で航行した。ジョージ・スティーブンソン（1781－1848）は蒸気鉄道を設計し、1825年にイングランド北東部のストックトンとダーリントンのあいだを運行した。最初の移動距離は比較的短かったが、後に蒸気機関による輸送ネットワークはおおいに拡大した。

このように、機械と新しいエネルギー源（石炭）が原動力となり、新しいライフスタイルと社会組織が誕生した。新しい機械は、職人のあばら小屋には大きすぎたため、工場が建設された。工場には人の配置が必要だった。小さな織物工場の所有者たちは、大きな機械を設置した工場が人手を不要にし、彼らの仕事を奪うという恐怖を抱いた。大工場への転換は、いわゆる創造的破壊の一例だ。創造的破壊については第5章第2節(2)で論じる（機械の自動化に反対する人たちは、その多くが同様な危惧を表明している。あきらかにこのような恐怖は歴史上、何度も繰り返された）。

ラッダイトと呼ばれた人たちは組織的に、工場に妨害行為を行った。新しい機械や投資の短期的費用の増大は、価格の低下や新製品の販売によって補われる。歴史的に見れば、ラッダイトは間違っていた。

彼らの行動は創造的破壊ではなかった。「ラッダイトの信念が正しかったとすれば、われわれは、2世紀間にわたる生産性上昇の後の現在、みな失業しているはずだ」[7]。産業革命の後、農村から都市へと転換が生じた。この転換は、自由市場経済や資本主義、そしてブルジョア階級とプロレタリア階級の分裂と同時並行的に生じた。

技術や産業の進歩およびそれがもたらした豊かさにかんする話題に戻ろう。ベッセマー法という鋼鉄製造方法の重要性は、強調してもしすぎることはできない。この方法によって、より安価に、より純度の高い鋼鉄を生産することが可能になった。この鋼鉄は、大規模な建造物の建設に使われた。大企業の経営者たちは「泥棒男爵」と呼ばれるようになったが、彼らは、鉄鋼業や鉄道業を確立し、石油や電気の活用を後押しし、現代アメリカを登場させた張本人だった。

過去2世紀の人類の経験は矛盾に満ちている。19世紀と20世紀を通じて、飢饉がたびたび発生し、(少なくとも)二つのおぞましい世界戦争が起こったが、他方で、人類史上最も著しい経済成長を成し遂げた。この進歩の大部分は、啓蒙の時代に由来している。

世界総生産(GWP)はとてつもないスピードで上昇した。データと数理モデルによれば、GNPは指数関数的な増加を超える速さで増加したと推計される——これを超指数関数的と呼ぶ。指数関数的な増加率のもとでは、加速度(速度の変化のスピード)は一定であり、無限の期間になってはじめて無限大になる。加速度自体が増加する場合には、有限の期間でも無限大になる[8]。過去の絶えざる貧困とくらべれば、人類は急速に豊かさを実現した(経済成長については第3章第3節(2)で再度議論する)。

過去の状況を説明するのに有効だったモデルがそのまま、将来を予測できるとはかぎらない。しかし、人工知能などの新しい技術が、過去の技術と同様に重要な役割を果たし、経済成長を実現すると考えるのはおかしなことではない。この段階で判断を下すのは時期尚早だが、新しい経済モデルでは、自動化が雇用を削減する効果は、自動化の影響を受けない新しい雇用を生み出す効果よりも小さいと示唆されている。[9,10]２０１９年の秋に、『ヨーロピアン・エコノミック・レビュー』誌が、「マルサス主義の経済学――マルサス主義の復活？」という特集を組んだ。人口増加が緩やかな時代には、平均寿命の伸びによって高齢者の比率が急速に上昇するため、マルサスが示したような懸念が再来するかもしれない。[11]

「豊かなものはさらに豊かに、貧しいものは……」という慣用句を聞く場面は多いだろう。この文章の続きとして「さらに貧しくなる」という人もいれば、「（貧しいもの）も豊かになる」という人もいるだろう。イギリスのロマン派詩人パーシー・ビッシュ・シェリー（１７９２‐１８２２）は、「豊かなものはさらに豊かに、貧しいものはさらに貧しくなる」という考えを明確に示した。たしかに一部の国では、この考えは正しいようだ。『ニューヨーク・タイムズ』のコラムニスト、トマス・フリードマンのフラットな世界、つまり通信技術の普及による世界の格差縮小というビジョンはたしかに魅力的ではあるが、世界はいぜんとしてフラットではない。[12]ただ以前よりもフラットに近づいているとは言える。欧米諸国の多くで、格差が拡大しているのは懸念材料だ。しかし、スティーブン・ピンカーをはじめ多くの著者が指摘するように、最貧国は先進国よりも速いスピードで経済成長しているので、世界の格差は縮小している。[13]このため、貧しい国の貧困層は、グローバリゼーションの恩恵を受けていると見ることができる（貧しい国の衣料品工場の収入は、先進国の基準で見るととても低いが、それ以前に農村地域の小規模農家として得ていた収入よりもずっと大きい）。もちろん、グローバリゼーションで最大の恩恵を受けているのは、豊かな国の富裕層だ。先進国の肉体労働者は、グローバリゼーションの敗者と言えるだろう。彼らは現状に不満を持つようになり、大衆迎合的な政治家に魅力を感じやすくなっている。バランスの取れた見方をするためには、世界経済の成長が、非ヨーロッパ諸国の人々や貧困層の虐殺や虐待、搾取をともなっているということも強調する必要がある。ピンカーの指摘は事実として誤りではないが、貧困国での貧困率の急速な低下を強調するだけでは、以下の三つの事実を見落としかねない。つまり、①貧困が増加している（あるいはほとんど変化していない）地域もあること、②ほとんどの地域では、貧困は緩やかにしか減少していないこと、③インドと中国の人口大国で貧困が大きく減少していることだ。

(2) 計画的陳腐化

「計画的陳腐化」[14]という概念は、少なくとも1920年代のアメリカには存在していた。この時期、ゼネラルモーターズ（GM）が新しい製造販促戦略を採用した。GMは、1年ごとに新しい車種を設計製造し、それらが発売される頃には前年の車種が時代遅れに見えるようにした。この経営戦略は、他の産業でも採用され、利益を上げるようになった。商品が時代遅れになれば、あるいは一定期間を過ぎて使えないようになれば、消費者は新しい製品を買い求める。あらかじめ製品に埋め込まれる計画的陳腐化には、二つの手法がある。第一に、より優れた新モデルが発売され、広告によって新モデルを広く売り込むというもの。第二に、一定期間以内に使えなくなるように意図的に製品を設計するというものだ。どちらの場合も、消費者が旧型製品よりも新型製品を好むように誘導している。

計画的陳腐化が利益を生み出した社会的背景として、「繁栄の10年」と呼ばれる１９５０年代に、中流層の経済力が高まったことがあげられる。アメリカの世帯購買力の中央値は、この10年間に30パーセントも上昇した[15]。科学技術の発展と国内油田の安価な石油によって、工業生産性が大きく上昇した。ヨーロッパとアジアは、第二次世界大戦からの復興途上で、アメリカには競合国が存在しなかった。大恐慌と第二次世界大戦の期間に貧困だった人々は、購買意欲が非常に高く、車や家や教育に多くのお金を使い始めた。加えて、使い捨て商品が登場し、それらを頻繁に買いつづける経済力を持つ人が多かった。

百年電球と使い捨て電球　電球の実用化は、トーマス・エジソン（１８４７－１９３１）によって実現された。その実用化ののち30年間は、炭素フィラメントが用いられた。百年電球は、世界で最も長く光りつづけている電球であり、１９０１年6月以来ずっと点灯している。現在はカリフォルニア州リバモアに設置されている。吹きガラスで作られた、炭素フィラメントの電球だ。この電球は何度か意図的に灯が消されたが、点かなくなるということはなかった。のちに作られた電球は百年電球よりもはるかに寿命が短いので、電球はたびたび計画的陳腐化の代表例としてあげられる。

フィーバス・カルテル　フィーバス・カルテルは、比較的寿命の短い電球の設計・開発を取り仕切るために1924年に結成された。当時は、タングステン・フィラメントが採用され始めた時期だった。電球産業の巨大な陰謀については、優れた論文がある。[16] 電球メーカーの目標は、1500〜2000時間あった寿命を1000時間に引き下げることだった。興味深いことに、研究者たちは、確実に電球の寿命を引き下げる方法を見つける必要があった。フィーバスは世界的なカルテルで、ゼネラルエレクトリック社や東京電気社［訳者注：現在の東芝］に加え、ドイツのオスラム社、オランダのフィリップス社、フランスのコンパニデランプ社、ハンガリーのツングスラム社、イギリスのアソシエイテッド・エレクトリカル・インダストリーズ社が加わっていた。カルテルはしばらくのあいだ、価格を吊り上げることに成功したが、競合する会社が現れ、より安い、しばしば品質の劣る商品が市場に出まわった。とくに日本では、カルテルの一員の東京電気社とは異なる、家族経営の小規模な会社が、外国向けにほぼ手作りの安価な電球を製造した。販売量の増加がコストの増加に追いつかなかったので、安価な電球は、かならずしも利益の増加にはつながらなかった。第二次世界大戦が始まり、カルテルを継続するための協力関係が得られなくなった。このようにして1940年に、計画的陳腐化を遂行するための最初の世界的カルテルが崩壊した。

計画的陳腐化は今も存在し、将来も存在しつづける　過去30年間に、私（ペーテル）はおよそ10台の電子ノートやノートパソコンを使用してきた。たいていの場合、修理費用がよりスペックの高い新型モデルの値段に近づいてきたら、買い換えるようにしていた。今は使用していない機種のうち少なくとも4台は手元にあるので、厳密に言えば、それらはまだ電子廃棄物にはなっていない。ムーアの法則によれば、トランジスタの数は24カ月ごとに2倍になる。わかりやすく言えば、それだけ新型ノートパソコンはより高いスペックの製品になるということだ。私はずっとリナックスOSを使いつづけており、現在は、ウブントゥのバージョン20・04を使っている。ノートパソコンが意図的に壊れやすく作られているとは思わないが、読者の皆さんの中にはパソコンがすぐ壊れたという経験をした人もいるだろう（この段落を書いてから2週間後に、健康管理のために利用していたスマートウォッチが、購入後18カ月で突然壊れてしまったことをここに併記しておきたい）。

《意外な事実》

修理できないノートパソコンやスマートフォンは、現代の使い捨て社会の一例だ。ユーザーがバッテリー交換できないようにすることで成立するこのビジネスモデルが、うまくいっているというのはやや意外なことだ。たとえ、バッテリーの持ちが悪くなれば製品全体も使えなくなってしまうということがわかっていても、消費者は新型の製品を買わずにはいられない。バッテリーの持ちが悪くなるだけでなく、OSやアプリが突然アップデートされなくなることもある。

計画的陳腐化のメリットとデメリット　完全には納得できないものの、使い捨て社会にはよい面もあるという意見にも同意できる。[17]

第一に、短期間で商品の買い替えが進めば、それだけ雇用も生まれる。第二に、先進国だけでなく、発展途上国でも、比較的安価な商品が多くの人の手に届くようになっている。大量消費モデルによって、多くの人が人類の歴史上最も高い生活水準を享受している一方で、このモデルは地球温暖化や有害な廃棄物の原因にもなっている。

使い捨て文化は大量の廃棄物を生み出す。環境意識の高まりによって、使い捨てではない商品が増えていくかもしれない。グーグルは、モジュラー式のスマートフォンを開発し、壊れたりアップグレードが必要になったりした部品を容易に交換できるようにするアラ・プロジェクトを立ち上げたが、数年後にその開発を中止した。

家電や電子機器を使い捨てにすれば、大量の電子廃棄物が生じる。グローバル電子廃棄物モニターの2020年版レポートでは以下のように報告されている。[18]

2019年には世界全体で、53・6メガトン、一人当たり平均7・3キログラムもの大量の電子廃棄物が排出されている。電子廃棄物の世界排出量は、2014年と比較して9・2メガトン増加した。また、2030年までに74・7メガトンに増加すると推計されている。たった16年間にほぼ2倍になるということだ。電子廃棄物の増加は、家電製品や電子機器の消費率の増加、製品寿命の低さ、修理の困難化によって、加速されている。2019年、アジア地域が24・9メガトンの最大排出地域であり、13・1メガトンで南北アメリカ大陸、12メガトンでヨーロッパが続いている。その一方、アフリカとオセアニアはそれぞれ、2・9メガトン、0・7メガトンを排出している。人口一人当たりでは、ヨーロッパが世界で最大の排出地域であり、一人当たり16・2キログラムを排出している。オセアニアが2位（16・1キログラム）、南北アメリカ大陸が3位（13・3キログラム）で続いている。アジアとアフリカはそれぞれ一人当たり5・6キログラムと2・5キログラムしか排出していない。

バリューエンジニアリング　「バリューエンジニアリング」は、やや正当な目的を持った計画的陳腐化の一変種だ。この設計プロセスの目標は、可能なかぎり少量の安価な原材料を用いて製造費用を引き下げながら、製品の機能を維持することだ。鉄のカーテンの反対側で成長したわれわれにとって、おそらくこれまで製造されたなかで最も劣悪な自動車、東ドイツ製のトラバントは、バリューエンジニアリングの代表例だ。2ストロークエンジンを採用していたが、それは、開発された当時においても時代遅れだった。トラバントを製造するには2人いれば十分だとよく言われた。プラスチックでできていたので、部品を切る人と接着する人がいればよいということだ。トラバントの質の悪さと安さについてはたくさんの冗談が作られた。

問：「トラバントの価値を2倍にするにはどうすればよいか？」
答：「ガソリンを満タンにすればよい」

ただしこれは悪い例であり、よい例もある。バリューエンジニアリングは、原材料から人的資源まであらゆるものが不足していた第二次世界大戦中には、主要な設計思想だった。製造プロセスを継続させるため、ゼネラルエレクトリック社のエンジニアたちは、新しい原材料やより単純な（より安価な）製造方法を見出さなければならなかった。彼らの目標は、品質を損ねることなく機能性を維持することだった。機能が明確にされる必要もあった。たとえば、「明かりを灯す」ことや、「画像を保存する」ことや、「揮発性の燃料を用いた内燃機関を使って、乗客を主に四輪の車両に乗せて運ぶ」ことなどだ。エンジニアたちは、トラバントの場合よりもはるかによい結果をもたらした。

(3) 食品廃棄物と飢餓

フェイスブック上の私（ペーテル）の友人のうちの多くが、家族や親しい知人たちとの牧歌的な食事風景をシェアしている。私も例外ではない。食品の生産地や加工方法に、多少なりとも関心を持つ人は多いだろう。「ケージフリー」ラベルのついた食品や地産品を好む人も多いだろう。しかし、アメリカでは地元農家の生産したものは、食品全体のおよそ10パーセントであり、90パーセントは地域外から来たものだ[19]。アメリカで消費可能な食品の約半分が廃棄されており、食品廃棄物は、埋め立てに用いられる物の中で最大の比率を占める。反対に、アメリカ人の7人に1人が飢えを経験している。コロナ禍で、その比率は6人に1人に上昇した（つまり、2020年には5000万人以上のアメリカ人が食料不安を経験したことになる）。報道写真家のブレンダ・アン・キニアリーは、印象的で記憶に残る写真を通じて数多くの人々の食料不安を伝えている[20]。

廃棄物を出すのは簡単だ。食品廃棄物が出る典型的な理由は「買いすぎ」だ。家にどれだけ保管しているか覚えていないという理由だけでなく、食べる量を過大に見積もることも大きな理由だ。われわれは、必要以上に、あるいはストックがあるのに食品を購入してしまうのだ。また、気分が変わるということもある。買ったときには美味しそうに見えても、家に帰るとそう思えなくなり、捨ててしまう場合もある。

廃棄にはさまざまなタイプがある。冷蔵庫にまだ十分ストックがあるのに、それを忘れて買ってしまう。たとえば、整理せず保管していると、ストックの量を把握しにくい。別々の食品を積み重ねて保管していると、消費期限が近づいていても気づきにくい。消費期限が過ぎた未開封の食品が毎日、廃棄されている。サルモネラ菌による食中毒といった直接の結果をみな恐れるが、食品廃棄物の長期的な悪影響は意識しにくい。冷蔵庫の内部を頻繁かつ十分に掃除しなければ、食品は早く傷みやすい。[21]

中国の習近平主席は最近、食品廃棄物に対処するため「食べ残し」防止政策を打ち出した。中国では過去数年間、毎年少なくとも1700万トンの食品が廃棄されている。[22] この政策は、廃棄が恥ずべきことだという社会的雰囲気を醸成することを目指しているが、その成果はまだあきらかではない。厳密に言えば、廃棄はたんに恥ずべき行為として非難されるだけでなく、新しく導入された社会信用格付けシステムの中で減点の対象となる。

インドでは、数百万の人々が飲み水に事欠いているにもかかわらず、食品生産に用いられる真水の25パーセントが有効に利用されていない。インドの食品廃棄の重要な要因として、大規模な結婚式やパーティをあげることができる。[23] 慢性的に食品の分配に偏りがある。

以上のことはあきらかに問題だ。個人として、廃棄物を出すことに罪悪感を感じている人が多いのにもかかわらず、なぜ世界のさまざまな地域で大量の食品廃棄がなくならないのだろうか。その理由として第一に、スーパーマーケットで値札を見たときの印象がどうであろうと、食品はまだまだ安いということがあげられる。第二に、消費者は「不恰好」な食品を買わない。消費者は、見た目がきれいな野菜を選んで買っており、見た目が整った食品を安全な食品だと考えている。携帯電話でよい写真が撮れるようになったこともあり、いわゆる「映える料理」（camera cuisine）という考え方が消費者の選択に影響を与えている。フードスタイリストという新しい職業も登場している。彼らの仕事は、写真や動画に適した見映えのする食品を作ることだ[24]。消費者は、見映えのよくない野菜や果物を買わない。生産者や食料品店の側では、曲がった野菜は棚にも並べない。店に運ぶ以前の段階で捨てられてしまう。本来であれば見た目より味が大切なはずなので、これはあきらかにおかしい。しかしデータを見れば、廃棄と飢えがともに上昇しているのは確かだ。廃棄と飢えが併存していることを見るのは、とても悩ましい。

繰り返しになるが、われわれ消費者は新鮮な食品は見た目がよく、新鮮でない——シワシワの茶色がかった——食品は見映えが悪いと思っている。「われわれは目で食事をする」という人もいる。色と香り（製造過程において最先端の技術で倍化された）、触り心地、形状、パッケージによって、人間の最も重要な知覚である視覚が刺激される。外部世界の刺激から処理される情報の80パーセントは、目によるものだという推計がある。このため、見た目をよくすることは、大きな利益を生む。商品はいわば完成された芸術作品であり、デザイナーと科学者が細部にいたるまで工夫をこらし、全体の印象をよくしようとする。さまざまな状況でわれわれは、見た目の悪いものを廃棄する。「まだ大丈夫かもしれないけど、もう食べる気がしない」というふうに。

現在の食文化は再考・修復する時期に来ていると言うのは容易だが、長い期間を通じて重要な一歩が踏み出されている。おそらくきわめて古くからある感情として、われわれは飢えた人々を援助する道徳的責務があると感じている。明確な社会制度としてのスープキッチン（無料食堂）は、18世紀終わりに登場した。産業革命によって全体の豊かさは増したものの、格差は拡大した。貧しい人々の伝統的生活が乱され、飢えに苦しむ人の数も増えた。ラムフォード伯爵としても知られるサー・ベンジャミン・トンプソンは、最初の近代的なスープキッチンを確立し、飢え救済に主導的役割を果たした人物として名高い。スープキッチンは、大恐慌期にアメリカでも広まった。「社会最大の敵」と呼ばれた悪名高いギャング、アル・カポーネは、「平均して毎日2200人のシカゴ市民に1日3食を提供した」[25]。

現代のフードバンクは、十分な食料を購入できない人々を支援する非営利組織だ。フードバンクの始まりは1967年だった。その年、ジョン・バン・ヘンゲルがアリゾナ州フェニックスでセント・メアリーズ・フードバンク連合を創設した。彼は後に、フィーディング・アメリカという団体を創設し、アメリカ中にフードバンクの理念を広めた。当時、政治家やメディアは飢えの問題に関心を寄せており、女性、乳児、および児童に対する特別栄養補完プログラム（Special Supplemental Nutrition Program for Women, Infants, and Children：ＷＩＣ）と栄養補助プログラム（Supplemental Nutrition Assistance Program：ＳＮＡＰ）が開始された。これら二つの政策はまとめて、フードスタンプ・プログラムと一般的に呼ばれた。食料不安はコロナ禍で拡大したが、フードバンクは個人の寄付に依存しているので、コロナ禍で寄付が減り、活動の縮小が余儀なくされた。

「不完全食品と規格外品市場」(Imperfect Foods and Misfit Market)のような、見た目の劣る野菜などを購入し、消費者に届ける会社が存在している。私(ペーテル)は、同社の広告がフェイスブック上で表示されたため、それをクリックし、ウェブサイトを訪れた。すぐに私たち家族は、同社のサービスの熱心な利用者となった。近所に住む社会学と人類学を教える教授と、夕食時に食品廃棄問題について話し合った(ハンガリー料理のグーラッシュ〔訳者注:グヤーシュとも言う〕をふるまっていた)。彼女は、「不完全食品」社は重要な理念を実践しているが、フードバンクとの緊張関係も生みかねないと心配した。というのも、フードバンクが飢えに苦しむ人々のために不完全な食品を入手しにくくなる、と考えられるからだ。

かつての主婦たちは、食品の二次利用に工夫を怠らなかった。ポテトスープの残り(中央ヨーロッパで一般的なポテトスープはアメリカや日本のものとは異なる)はポテトスフレに転用されたし、トマトサラダはブルスケッタやガスパチョに変化した。残り物をうまく活用し、食事のバラエティを増やしたり、より重要なことに、廃棄を減らしたりすることができる。これは個人的で、より創造的なリサイクルだ。また、創意工夫の機会となる。

デンマーク人の童話作家ハンス・クリスチャン・アンデルセンの作品に、「パンをふんだ娘」というものがある。この物語では、幼い少女が、貧しい家族のために渡されたパンを地面に放り投げ、それをふんで泥で靴が汚れないようにした。今日では、さまざまな理由でごみ箱に捨てられた食べ残しで、すべての道路を覆うことも可能だろう。パンだけでなく、冷製肉やチーズやパック入りソースなども捨てられる。われわれは食品の購入・保管に対してかならずしも合理的な判断をしていない。食品リサイクルという、やや見過ごされがちな活動も忘れてはいけない。

食品廃棄は、たんにその食品が無駄になるということにとどまらない。家畜飼料や農薬や、生産や輸送にかかる燃料とエネルギーや保存費用が無駄になるのであり、それによって消費者にも大きな損失をもたらす。これを理解している人はほとんどいない。自分で自分を傷つけているというのは認めがたいが、いずれ認めざるをえなくなる。過剰消費と過剰生産がお互いにとって足枷となりうる。食品廃棄は無意識の本能となってしまうのだろうか。

数年前までは、雑誌のレシピ記事に以下のような表現が使われていた。つまり、まったく傷みのない果物と野菜を食べたり、調理したりするようにしてください、というものだ。今日では、環境に優しいライフスタイルが広まり、このような表現を以前ほど見なくなった。環境問題への関心が高まったため、このような考え方はよいこととは考えられなくなった。現在の典型的なライフスタイル雑誌の読者たちは、傷みのある果物や野菜があれば、丸ごと捨ててしまうのではなく、その部分を切り取り、残りを料理に使う。ジュジャからの提案としては、次に買い換えるときは小さな冷蔵庫を買うとよいだろう。保存スペースが小さければ、ダメになる食品も少なくなる。

環境運動家、経営者、情報技術の専門家らが、食品廃棄対策として新しい方策を導入した。ブルックリンにあるロードラなどのレストランは、食品廃棄を出さずに営業することを宣言している。食品廃棄削減のために行われている世界の対策には、以下のようなものもある。[26] カルマ（Karma）というスマホアプリは、1日の終わりにメニューの値下げをしているレストランやバーを地図上に表示してくれる。ファームドロップ（Farmdrop）は地元の農家と消費者を結びつけることによって、食品消費にともなう輸送燃料を減らすことに役立っている。オリオ（Olio）というアプリでは、残り物をシェアするために近所の人と連絡することができる。フードクラウド（Foodcloud）は、スーパーマーケットの売れ残りを慈善団体や貧困家庭に届けるサポートをしている。ギキ（Giki）は、流通業者向けに倫理的で持続可能な方法を情報提供している。

ミシュランは近年、グリーンスター（緑の星）という新しい称号を導入し、廃棄物削減や、自然環境の保全や、絶滅危惧種の保護を行ったレストランを称えることにした。京都、東京、大阪にある13件の日本のレストランがこの称号を授与された[27]（東京では、フレンチレストランがその大半を占めたが、京都では当然ながら、伝統的な和食レストランがグリーンスターを受け取った）。

廃棄を削減する機会は、ますます多くなっている。小さな取り組みでも大きな変化につながるし、廃棄を免れた食品一つひとつが、長期的なコスト削減や持続可能性につながる。冷蔵庫の中身や食品ストック、そしてそれらの消費期限に注意を払えば、わずか数週間あるいは数日間のうちに、著しい変化を体験できるだろう。予期しない理由で食べ残してしまったケーキを捨てるのは残念なことだと感じるだろう。しかし現在では、残り物をシェアする人を近所に見つけることができる。工夫も大切だ。5日前に買ったリンゴは、色合いも食感も悪くなっているだろうが、肉料理の付け合わせとして蒸しリンゴにするなら最適だ。

本章を執筆している最中に、筆者は次のニュースにふれて喜ばしく思った。つまり、「ノルウェーのノーベル委員会が、飢餓に対応し、紛争地域で和平への条件を改善し、戦争や紛争の武器として飢餓を用いることを防止する主導的役割を果たした貢献で、２０２０年のノーベル平和賞を世界食糧計画（WFP）に授与した」というものだ。[28]

社会全体で食料の生産、流通、消費について考え直す段階にある。われわれの健康や、環境や、気候や、社会の将来がかかっている。

(4) ファストファッション——安価な洋服に魅せられて

衣服を身につけるのは人間のみが行う（人間がペットに衣服を着せる場合もあるが）。産業革命期に、非効率な小規模生産から大規模工場生産に転換することで、繊維産業は大きく発展した。エドモンド・カートライトが18世紀末に力織機を発明したことが、そのきっかけとなった。

従来は絹や木綿、羊毛や亜麻のような有機原料から作られた自然素材の布地を使用していた。人間本来の創意工夫によって、より安価に、より質の高い人工布地を作ることが志向された。その結果、20世紀初頭に合成繊維のような新素材が発明された。ポリ塩化ビニル（PVC）は１９１３年に特許が認められ、耐水性や耐久性の高さから用途が広がった。１９３５年には、デュポン・ケミカルの研究室で新たな繊維が生み出された。それはナイロンだ。数年後に実用化され、軍需品に応用された——とくに有名なのはパラシュートだ。すぐにナイロンは絹の代替品として広く利用されるようになった。ナイロン製のストッキングは大きな商業的成功をもたらした（鉄のカーテンの反対側では、ナイロン製のストッキングは製造されなかった。人生を通じてサッカー観戦を趣味としている私（ペーテル）には、次のエピソードが思い出される。ハンガリー代表黄金期の英雄的なサッカー選手たちは、1953年11月の霧の濃い午後にウェンブリー・スタジアムで行われたイングランド代表との試合で6対3のスコアで勝利したのち、ナイロン製のストッキングを密輸することを許可された。選手はそれをハンガリーで高く売った。私以外に、このエピソードに興味を持つ人は少ないだろうが）。

天然と合成――天使と悪魔ではない　伝説的なファッションデザイナー、ダイアン・フォン・ファステンバーグは、オンライン教育システム「マスタークラス」で、天然繊維と合成繊維はそれぞれに利点があると説明している[29]。天然繊維には、木綿やジュート（黄麻）や亜麻のような植物由来のものや、絹や羊毛のような動物由来のものがある。合成繊維は科学技術の成果だ。重合（polymerization）と呼ばれる化学反応によって、人工の、つまり合成された繊維が生み出される。合成繊維は天然繊維よりもはるかに安価であり、大量生産に適している。とくに、ポリエステルは石炭と石油から生み出される。水分を吸収しないため、湿気の高い夏にはすすめられない。

合成繊維の製造技術を発見した化学者とエンジニアが責めを負う必要はないと思われるが、この発明の弊害が現在、強く意識されている。800万トンのプラスチックが毎年、海に流れ込んでいる[30]。合成繊維は汚染を引き起こしており、海洋汚染にかんするマイクロプラスチックの脅威は、従来見過ごされてきたが、近年意識されるようになった。川や海に捨てられるプラスチック製品——コップや買い物袋やストローなど——に加えて、長さ5ミリメートル以下のプラスチック粒子が洗濯機から毎日流れ出しているのだ。洗濯機のフィルターでも、下水処理工場でも、その粒子をとらえることはできない。マイクロプラスチックを飲み込んだ魚は、繁殖率が低下する。[31]そのような魚を消費することで、人間にもマイクロプラスチックの影響が及ぶことが報告されている。

「生物分解可能」や「堆肥化可能」というラベルのついた商品は、環境意識の高い消費者には魅力的に見える。しかし、そのような商品が分解される物理的・化学的条件は、商品ごとに大きく異なる。たとえば、とうもろこし由来のプラスチックは、高温かつ特定の湿度のときにしか分解されない。このため、実際の埋め立てでは、分解されない可能性が高い。多国籍の科学者グループ（オーストラリア、カナダ、インドネシア、オランダ、ニュージーランド、イギリス、アメリカ）による近年の予測では、「協調して積極的な対応を迅速に行えば、プラスチックごみの排出を大きく削減させることができるが、最善のケースでも、大量のプラスチックが今後も環境に蓄積されるだろう[32・33・34]」

21世紀になって、洋服の使用期間は大幅に短くなった。海外工場で生産された衣料が輸入されるようになり、衣料品価格は大きく下がり（たしかにこれはよいことのように思われる）、典型的な消費者は１９６０年代と比較すると3倍の量の衣服を所有している。これは、過剰消費と呼ぶことができる。「ファストファッション」は、環境破壊につながるのみならず、人的被害ももたらしている。たとえば、２０１３年にバングラデシュのダッカで起こった縫製工場の崩落によって１０００人以上の労働者が亡くなった。

なぜこのようなことが起こったのか。その理由はシンプルだ。この縫製工場が基準に満たない資材で建てられていたのだ。世界の有名ブランドや衣料品店は、バングラデシュの5000もの縫製工場で、世界で最も低い賃金で働く労働者たちから大きな恩恵を受けている。[35] 平均的な労働者は、およそ月収50ドル──彼らが縫製し、アメリカやヨーロッパで販売されているズボン1着の価格と変わらない額──を得ている。崩落事故の5年後に書かれたオープンソサエティによるレポートでは、事故への対策が概括されている。[36] 安全で人体に無害な縫製工場の建設を支援するために、「バングラデシュにおける火事および建築安全性にかんする協定」が作成され、200を超える衣料品ブランドや業者が署名した。協定は当初5年間のみ有効であったが、その後延長された。その一方で、崩落事故の記憶が薄れるにつれて、労働条件改善に対する衣料品企業のコミットメントが弱くなっていくことが懸念されている。

ダナ・トーマスが書いた『ファッショノポリス』という本では、繊維産業の現在の経営方法が持続可能かどうか、そして新しい技術・ビジネスモデルにかんする選択肢が議論されている。[37] 組織としての対応については、次のように言える。スローファッション、つまり少量生産への回帰や、廃棄された衣料品や原材料のリサイクル技術を普及させることで、よい変化につながるだろう。個人としての対応にかんしては、シンプルなアドバイスを送ろう。洋服を買う量を減らし、必要なときだけ洗濯する、というものだ。

美容専門家ケイト・ウッドは、「ファストファッションを見直すべき8個の理由」というリストをあげ、われわれ筆者も同意できる考えを提示している。[38]

①ファストファッションは海外の労働者を搾取している。
②ファストファッションはアメリカ製造業の没落につながっている。
③ファストファッションはアメリカの労働者も搾取している。
④ファストファッションは環境を破滅させる。
⑤ファストファッションは洋服そのものに支払う以上のコストをともなっている。
⑥ファストファッションの品質の悪さは洋服への愛着を失わせる。
⑦ファストファッションのコラボ商品はブランドにお金を払わせるための詐欺だ。
⑧ファストファッションは金銭感覚を歪ませる。

洋服を購入するのではなくレンタルをするという方法は、有効な対策だし、共有型経済（シェアリングエコノミー）という新しい考え方とも合致する（もちろん限界はある。古着を購入するのはよいが、ジーンズやTシャツをレンタルするのは現実的ではない）。共有型経済は、財やサービスを取得・提供・共有するためのピアツーピアのシステム［訳注：コンピュータネットワークでサーバーを介さないで通信するシステムをピアツーピアと呼ぶ。ここでは中心的組織を介さずに個人どうしで取引やシェアをするシステムを指す］として定義される。レント・ザ・ランウェイという会社、およびその他の同様の会社は、洋服、特に冠婚葬祭のための正装のレンタルをするシステムを提供している。また、洋服レンタルの加入型サービス（サブスクリプション）を提供している会社もある。バナナ・リパブリックやラルフ・ローレンは、そのような会社の一例だ。洋服レンタル業は、コロナ禍で顧客を失ったが、職場通勤やレストランでの食事が以前のように戻りつつあるなかで、需要が回復すると考えられるし、コロナ以前よりも利用者が増える可能性すらある。

今日の社会では、緩やかに、しかし確実に人々の態度が変化している。大企業は、環境に優しいというイメージを築こうと躍起になっている。H&Mは近年、ストックホルムの店舗で着古した洋服を回収するサービスを行うことを発表し、これを「リサイクル革命」として宣伝した。[39]

近年のデータによれば、古着売買の市場が拡大しており、それによってファッション業界の持続可能性が促進されるかもしれない。[40] リサイクルショップなどの、個人が使わなくなったものを売る場所が増えることによって、消費者は洋服を捨てずに売ることができるようになる。そのような場所は、ファストファッションの牙城を切り崩す手段としても評価されている。若い読者には次のことを言いたい。インターネット上の個人売買市場が、ファッション業界の「次の大流行」になるかどうかは、あなた次第だ。

テーラー（Taelor）は、アニヤ・チェンがカリフォルニアで設立したファッションにかんするスタートアップ企業だ。同社の目標は、忙しい男性たちが洋服を買わなくても見栄えを保てるようにすることだ。テーラーによれば、先進国のミレニアル世代の人たちは、洋服の着こなし方や、流行りの洋服を揃える時間がないことや、環境に配慮したいという願望によって悩まされている。[41]

共有型経済は、いわゆる大量消費社会を克服するのに適したビジネスモデル（でありスローガン）だと思われる。第6章第2節で共有型経済について再度議論する。しかし、そもそも「大量消費社会」とは何なのか。

(5) 大量消費社会

産業革命や、20世紀の大量生産化によって起こった社会的変化のもとで、アメリカは生産者の社会になった。さらに生活水準の向上によって、高い購買欲を持った一群の消費者が生み出された。アメリカは、外国で作られた商品もますます多く消費するようになり、汚染や大量生産にともなう人的コストを外国にも広めた。

人々の購買欲を刺激し消費を増やすために、かならずしも必要でないものでも買いたいと思わせるような新しい市場戦略が発明された。バンス・パッカードの1957年の有名な著作『隠れた説得者』は、広告会社が心理的テクニックを用いて、企業が売りたい商品をほしいと思わせるように人々を操作していると指摘した。[42] この著作のキーワードの一つに、「無意識」というものがある。広告業界は必要でないものを売りつけ、大量消費を発生させる一端を担った。

人気テレビドラマ『マーベラス・ミセス・メイゼル』では、普通の主婦から人気コメディアンになった女性主人公を中心にストーリーが展開するが、この主人公の衣装は1950年代のマンハッタンの上流中産階級の世界をうまくとらえている。著名な衣装デザイナー、ドナ・ザコウスカがデザインした洋服——スカートスーツやベルベットの帽子やイブニンググローブなど——は、マンハッタンの高級住宅街の豪華な生活に見事にマッチしている。主人公は夜遅くに仕事に出かけるとき、歓楽街のコメディクラブの自由奔放な雰囲気に適した衣装に着替える。ドラマでは、主人公は多種多様な衣装を身につけるが、これは大量消費社会を写す鏡となっている。

大量消費社会は諸刃の剣だ。たしかに経済の原動力であることは否定できない。環境を破壊することや、児童労働や低賃金労働や危険な労働などによって人間の搾取にもつながることは以前からわかっていた。大量消費社会にはメリットとデメリットがある[43]。

《メリット》

①大量消費社会は経済成長を促進する。
②さらに創造性や革新性を刺激する。
③大量消費社会のもとではコスト削減が促される。
④効率性の悪い業者を淘汰する。
⑤大量消費社会では、フリーランスや企業精神や独立自営業が育ちやすくなる。
⑥安全な製品を生み出す。
⑦消費の選択肢が増える。

《デメリット》

①環境よりも経済が優先される。
②社会の道徳意識を変化させる。

③借金への依存を増やす。
④健康の悪化にもつながりうる。
⑤真の充実感をもたらさない。
⑥政治的手段として用いられることもある。
⑦信仰と対立する。
⑧貧しい人々が取り残される。

大量消費社会と社会的伝統のあいだには、矛盾した関係性があることを述べたい。日本の人々は、小さな贈答品から車まで、あらゆるものをラッピングすることに熱心だ。商品を販売するうえでは有効だが、大量のごみを生み出す。伝統的にこの「包む」という作業には、竹や、陶器や、植物の葉や、稲わらが用いられた。良心的に何層にもわたってラッピングされる。コンビニエンスストア（コンビニ）は、現代の日本人の生活において、とても重要な場所だ。２０１９年[44]には日本全国で５万６５０２店のコンビニが営業していた。一般的には、24時間３６５日開店しており、すぐ食べられる出来合いの食べ物を販売している（さらに、コピー機や口座振替などのサービスを提供している）。コンビニの持ち帰り文化は、ビニール袋の大量消費をもたらしている。従業員はつねに、商品に傷がつかないように注意深くビニール袋に詰め込む。温かい食べ物と冷たい食べ物は別々に袋詰めされる。内容物が漏れる可能性のある商品はより念入りに袋詰めされる。商品はもともと個別包装されている。さらに、使い捨てのコップやスプーンや箸やナプキンが、わざわざ頼まなくても無料で提供される。しかし使い捨て社会を見直す機運も高まっている。2020年の夏以降、日本の小売店はビニール袋に料金を課すようになった。このルールは、ビニール袋の使用を減らすべきだという国内外の声に応えたものだった。このルールの導入はコロナ禍と時期が重なったため、誰も手を触れていない使い捨て包装の安全性が意識されるようになった。ビニール袋への料金導入――わずかな金額だが、ゼロではない――によって、ビニール袋はタダではなくなった。店の従業員はお客に、ビニール袋を購入するかどうか尋ねなければならなくなった。伝統的にシャイな日本人はビニール袋を断りにくい。

(6)使い捨て社会――その登場と見直しを求める声

それぞれの使い捨て商品は便利さを追求するなかで生み出された。われわれ筆者は自分自身の経験として、再利用可能な布オムツから使い捨ての紙オムツへの転換期を知っている。ペーテルは、1976年と1982年に夢中になって布オムツにアイロンがけをした。ジュジャの2人目と3人目の子どもは10歳離れており、われわれ筆者の子どもたち5人の中で最も若いチラだけが「紙オムツ」を利用し、ガーボル、ジュジ、ジョーフィ、ミクローシュは布オムツで育った。一般的な判断を下すにはまず、布オムツと紙おむつの環境負荷を公平に評価する必要がある。布オムツは洗濯し、アイロンがけをしなければならない。洗濯をすれば、洗剤を含んだ汚水が排出されるし、アイロンがけには電気が必要であり、電気を生み出すには廃棄物が生じる。

地球全体の問題に話題を移そう。使い捨て社会は、経済成長の結果として登場した。廃棄物の発生源として、いくつかの原因をあげることができる。

・製品寿命が短いので、商品を頻繁に買い替える必要がある。
・修理不可能な商品に故障が発生すると、時期尚早に商品全体を捨てることにつながる。
・過剰包装がごみを増やす。
・ファストフード店の提供するプラスチックの食器類や、ファストファッションの衣料品のような使い捨て商品が広く普及した。

新しいスローガン――直線型経済から循環型経済へのシフト

図1－1では、直線型経済と循環型経済の違いを簡潔に示している。

直線型経済とは、資源利用にかんして「採掘・製造・消費・廃棄」というアプローチにもとづく従来的な考え方だ。天然資源をもとに製品が作られ、各商品には製品寿命があり、それが尽きれば商品は廃棄される。持続可能な世界を維持するために、この考え方は放棄されなければならない。

直線型経済から循環型経済へ移行するには、再利用が欠かせない。商品は、いったん寿命が尽きれば新しい別の製品を作るためにリサイクルされることになる。循環型経済の最大の目標は、ごみをなくすことだ。メーカーは再利用可能な製品を設計するべきであり、使用済みの製品が原材料としてリサイクルされるようになれば、「製造・利用・リサイクル・製造」という経路が生じるはずだ。

循環型経済は、より多くの利益につながり、環境への有害性も低下させる可能性がある。循環型経済の目標は、持続可能な経済成長を達成することにある。「可能性がある」と表現したことに注意してほしい。リサイクルが望ましいかどうか判断するには、個別の事例において環境負荷分析を行う必要がある。リメイクやリサイクルのほうが、使い捨て商品の使用と安全性の高い廃棄物処理よりも、環境に優しく、利益をあげやすいというのは、つねに正しいわけではない。

はっきり言えることは、「古いものを捨て、新しいものを手に入れる」という考え方が個人の財布にも環境にも優しくないということだ。金融ジャーナリストのリサ・スミスは次のように言っている。

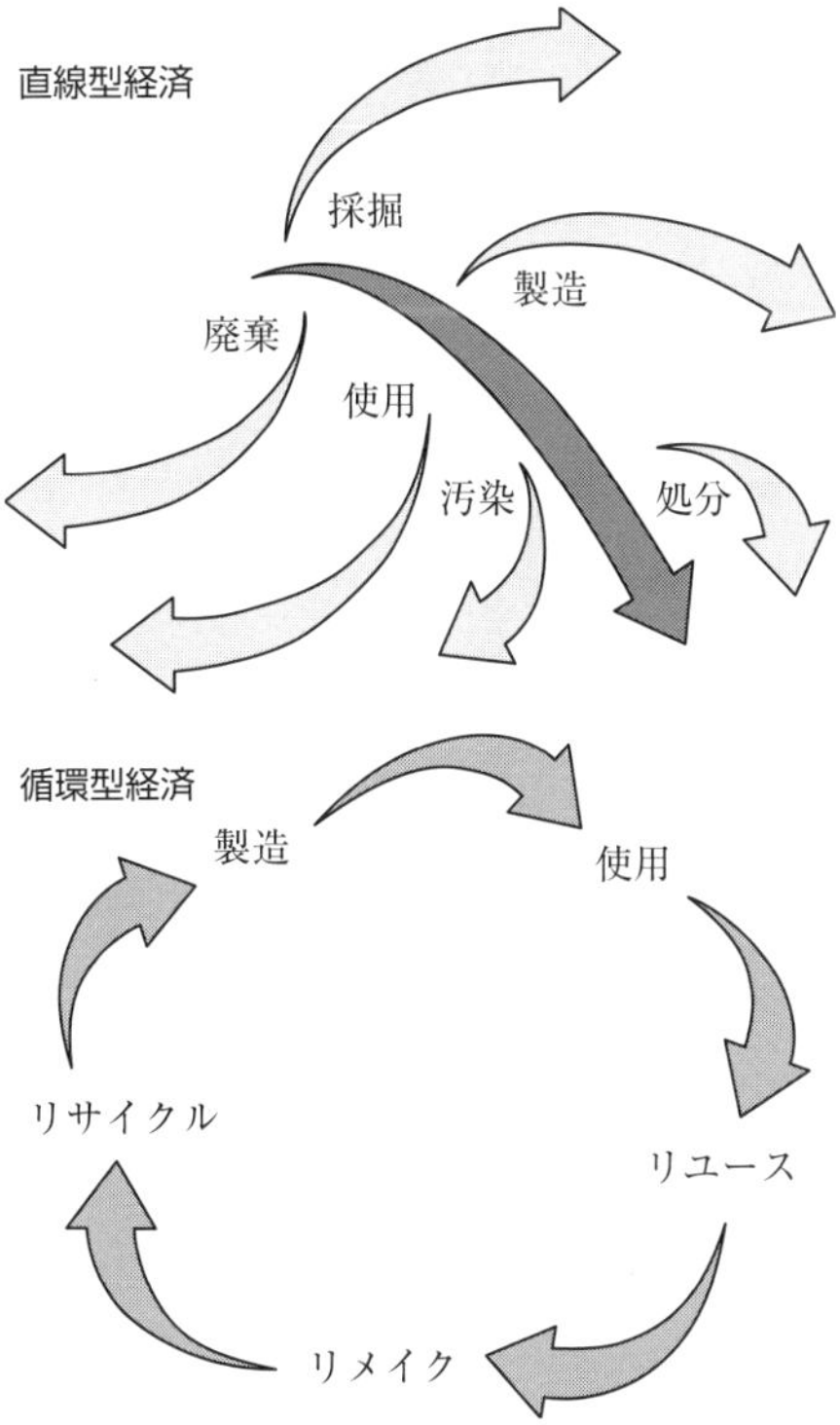

図1－1　直線型経済と循環型経済

今すぐ始めよう

際限のない浪費という誘惑をはねのけなさい。最新の流行や、人より大きい家や、人目を引く高級車を所有しようと考えてはいけない。このような意識を心がければ、財布は一息つけるだろうし、ついでに環境へのインパクトを減らすことができる。[45]

日本政府は、「国内企業を含む多様なステークホルダーに循環型経済に対する理解をさらに深めるという目的で、公的部門と民間部門のパートナーシップを強化し、循環型経済を支持する世界的傾向の高まりに対応したイニシアティブを促進する」という目標のもとで、「循環型経済パートナーシップ」を開始した[46]。

買い替えるか、修理するか――資源管理にかんする新しい視点

物をたくさん所有することがかならずしも幸福をもたらすわけではない、と感じる人は多いだろう（おそらくまだ少数派ではあると思うが）。われわれは「買い替えるか、修理するか」という二者択一の判断を下さなければならない。

第一に、どのようなときに修理をし、どのようなときに買い替えるべきか。この質問に一般的に答えるのはそれほど難しくない。ある所有物の現時点での価値と修理費用を比較すればよい。修理費用が、所有物の価値よりも低いなら、修理するべきだ。反対の場合には、買い替えるべきだ。あまり科学的ではないが、筆者たちは次のように考えることが多い。つまり、修理費用が新商品の価格の3分の1以上であれば、新しい商品を購入するというものだ。誰もが知っているとおり、信仰に訴える考え方もある。「神よ、変えることのできるものを変える力を与えたまえ。変えることのできないものに耐える忍耐を与えたまえ。そして、その二つを見分ける知恵を与えたまえ」［訳者注：アメリカの神学者ラインホルド・ニーバーが書いた祈祷。第4章でも引用されるが、おそらく別の筆者の担当箇所であるため、微妙に文言が異なる］

第二に、修理はつねに簡単だとはかぎらない。計画的陳腐化の論理に従えば、比較的安価な部品を交

換すれば製品を修復できる場合でも、その交換を禁止したり難しくしたりするビジネスモデルのほうが望ましいということになる。場合によっては部品が外せないように固定されていることもある。たとえばアップル社は、同社の技術者以外は製品修理ができないようにしている。

リペア権を求める運動は、修理することを当たり前とするための重要なステップだ。この運動の目標は、交換部品や交換に必要な道具、修理方法にかんする情報を消費者が手に入れられるように企業に働きかけ、それによって製品寿命を伸ばし、ごみとして捨てられてしまうのを防ぐことだ。第4章第3節では、リペア権運動にかんする小史を紹介する。

第三に、修復社会に移行するには、有用な資源というのは、たんに家具や電化製品などの物だけではなく、家族や友人、われわれが所属する小さなグループや社会全体といった人的資源も含むということを理解する必要がある。本書の主要な論点の一つは、物的資源と社会的資源の両方をうまく管理する方法を説明することだ。このため、われわれ人間にとって、最も重要な資源である社会的関係について議論しよう。

第3節 資源としての社会的関係

昨日、何人の人と会話を交わしただろうか。何人の人に、恋人や家族と喧嘩したことを話せるだろうか。何人の人とビールを飲み交わすことができるだろうか。友人関係やその他の社会的関係には複数の層があり、健全な社会生活を営むためには多様な関係性を持つ必要がある。

⑴友人と知人

あなたには何人の友人がいるだろうか。フェイスブック上の友人が何人であれ、1000人の友人を持つことはできない。1000人の近しい知人を持つこともできない。イギリスの人類学者ロビン・ダンバーは、一人の人間が安定的に社会的関係を築ける人数をおよそ150人、より厳密には100人と200人のあいだと推計した。この人数は、たんなる知人ではなく、よい関係性を維持している人の数を指す。物的資源だけでなく、社会的資源も重要なのだ。

人間は矛盾を好む。マーク・グラノベッターが1973年に書いた論文は、社会学で最も引用されている論文だが、そこではある矛盾が分析された[47]。弱いつながりのほうが、強いつながりよりも効率的だというのだ。われわれには、強い結びつきを持つ人と弱い結びつきを持つ人がいる。家族や友人や親しい同僚とは強いつながりがあると言えるし、たまにしか会ったり連絡したりしない遠い知人とは弱いつながりがあると言える。

なぜ弱いつながりのほうがより効率的であるのか。グラノベッターの主旨は、強固な結びつきのある人々は、お互いに派閥を形成するということだ。誰もがそこにいる全員のことをよく知っており、考え方や境遇が同じだ。結果として、新奇性が生じない。しかし、弱いつながりは、別々の集団を結びつける架け橋となりうるので、集団間に新しい情報交換の流れを生み出す可能性がある。とくに、グラノベッターは、就職活動において弱いつながりが重要な役割を果たすことに注目した（この研究は1960年代のデータに依拠している。現在、就職や求人においてソーシャルメディアの役割が大きくなっているため、状況は異なっているだろう）。通常、一つの仕事に多数の人が応募するので、どのように応募者から選抜するか（あるいは、どのように「ランキングゲーム」を行うか）[48]を考えなければならない。人事部担当者は、数百もの応募者から「最良の人物」を選び出したいが、かならずしもよい方法を知っているとはかぎらない。信頼できる人からの強い推薦があれば、それが決め手になる場合もある。信頼できる人には、たとえば前職での同僚などが含まれるだろう。このため、同僚とよい関係を築けば、推薦が得られて新しい職を見つける手助けになるかもしれない[49]。

友情の進化

親密な友人関係は、石器時代の狩猟採集社会に始まった。マンモスのような大きな獲物を狩るために、複数の人がお互いに協力する必要があった。このため、友人関係には物理的側面がある。その後、友人の役割は物理的なものから心理的なものに進化した。「われわれは、何かを獲得しようという利害のためではなく、友情そのものにもとづいて他人を助ける。友人は、よりどころ、安心、快適さ、そして信頼され、敬意を受け、理解され、認められる体験を与えてくれる」[50]。歴史的には生存のために友人が必要だった。警察や政府のような、われわれの生存に必要な社会制度がある（現実の警察はしばしば抑圧や支配を行うが）。しかし、心理的にうまく生き抜くためには、友人が必要だ。幸せなときには祝福しあい、不幸なときには慰めてくれる人が必要だ。

認知人類学者ブライアン・ヘアによれば、友人を作る能力――別の言い方をすれば、競争ではなく協力によって進化しようとする能力――が生存の可能性を高める。この星には、少なくとも他の四つのタイプの人類がいたが、攻撃ではなく協力する能力が生存にとって最も重要な特徴であることがわかった。[51]

現代社会では、以下のようなパターンが一般的だろう。つまり、中学校や高校では多くの友人がおり、大学ではさらに多くの友人がいるが、その後一人ずつ友人を失う、というものだ。高校のときのかつての友人関係が、数十年間の中断の後に再開したという話を最近、われわれは聞いた。友人関係の修復は可能だ。そうでない場合もあるが。

フランスの哲学者でモラリストのジャン・ド・ラ・ブリュイエール（1645－1696）はこのように言っている。「お互いの細かな欠点を許せないなら、友人関係は長く続かない」。アメリカのエッセイスト、ラルフ・ワルド・エマーソン（1803－1882）は、「友人関係に気を配りなさい」という言葉を残しており、関係崩壊を前もって防ぐことの重要性を指摘している。イギリスの作家サミュエル・ジョンソン（1709－1784）は同様に次のように言っている。「友人関係には、つねに気を配るべきだ」

崩壊してしまった友人関係は、どうやっても回復できないこともあるが、修復するべき友人関係もある。われわれの人生は友人たちとの交流によって豊かで幸福なものになるし、人間としてよりよい存在になれる。修復するべき友人関係かどうかについては、どのように判断すればよいだろうか。自分の考え方に敬意を払わない友人や、信条を曲げるように強いてくる友人や、こちらの自尊心を傷つける友人は、あきらかによい友人ではない。友人関係は重要だが、対立や誤解が生じたり、あまりに長い期間接点がなくなったりした場合は、別々の道を歩むべきだと伝える（あるいはメールを送る）べきだろう。さらに、不満をつらつらと述べるかわりに、現在の状況をどのようにとらえており、解決の方法があると考えているかどうかを友人たちに尋ねるべきだろう。そして、たとえ「自分のほうが正しい」と思っていたとしても、説明、復讐、処罰を求める余地はないと判断するかもしれない。あるいは、数カ月あいだを置けば、その相手を許せるかもしれない。もし対話が行われても、問題をはっきりとさせることができなかったり十分に議論できなかったりすれば、友人関係を継続するべきではないだろう。状況が解決される場合もあり、そのときにはほっとするだろう。

友人関係の再開にかんしては、敬意や責任感が重要な役割を果たす。罪悪感を感じるのは生産的ではない。友人関係は、回復したり、見直したり、完全に捨て去ったりすることができる。努力した結果として、これらの三つのパターンのいずれかが起こった場合、その結果は受け入れるしかない[52]。

強い個人的関係を築くことはとても重要である一方で、われわれはさまざまな社会的グループ――物理的および仮想的コミュニティ――にも所属している。社会的グループは、われわれにとって有益な資源だ。

(2) 資源としての社会的グループ

社会的グループの進化論的起源　協調的活動によって、目標達成の能力を高めることができる。グループの一員だというのは有益なことだ。多くの動物種（昆虫、魚、オオカミなど）が集団で活動し、生存の可能性を高めている。エドワード・ウィルソン（１９２９－２０２１）は進化論の観点から、利他的行動や侵害行動、その他の社会的行動を説明している。社会生物学にかんするウィルソンの著作では、主にアリのような社会的動物が扱われるが、人間にも１章を割いており、激しい論争を引き起こした。[53]社会生物学への反論には、著名な進化論生物学者リチャード・レウォンティン（１９２９－２０２１）やスティーブン・ジェイ・グールド（１９４１－２００２）らからのものであり、彼らは（ウィルソンを）生物学的決定論だと非難した。レウォンティンらによれば、生物学的決定論は問題のある負の社会的帰結を導きかねない。社会生物学は進化心理学という比較的問題の少ない考え方によって引き継がれた。進化心理学は、人間行動や文化の進化を、自然選択メカニズムを通じて説明しようとする。[54]進化心理学は、動物が人間のようなふるまいをすることに注目する。シマウマや、レイヨウや、バイソンや、その他の草食動物は、肉食動物が現れたとき自発的に「ギャング」（群れ）を形成する。というのも、集団でいるほうが捕食者から逃げやすいからだ。興奮したシマウマの群れがレイヨウの子に体当たりをしたところを、観光客が動画に撮ったことが２０１７年に話題となった。[55]

では、人間についてはどうだろうか。

複数の動的グループにおけるわれわれの役割　人間はグループを形成する。組織のような正式なものもあれば、友人グループのような曖昧なものもある。ジムで同じレッスンを受けているグループなどは、準公式のグループだ。持続的なグループもあれば、一時的なグループもある。古典的な社会心理学では、明確に確定できる静的なグループの行動パターンが注目される。このアプローチは成果をもたらしたが、現在では、グループの一時的で動的なふるまいに注目する動的システム・アプローチがあり、[56]人々は複数のグループに所属し、多様な役割を担っていることに焦点が当てられる。たとえば、民族的グループや宗教的グループの一員である一方で、同僚や同級生からなるグループやスポーツチームなどにも参加している人もいるだろう。各グループの中での連帯感はさまざまであるし、変化もする。グループの活動に成功体験があれば、連帯感は高まるだろう。

誰もが、次にあげる事例と似たような経験をしたことがあるだろう。

ジュジャには、たくさんの友人を持つ年下の友人がいる。仮に、その友人をメアリーと呼ぼう。メアリーは34歳で、金融機関でアシスタントとして働いており、地元のスポーツクラブで主導的な役割を担っている。スポーツクラブでの役割は、多くの時間と努力を要するものだが、メアリーは関係するほぼすべての人をよく知っている。地域の家庭の多くが、子どもを通じてこのスポーツクラブと接点がある。

教会での週末の集会にも参加しており、クッキーの差し入れをしている。メアリーにとってこの役割は、会う人も少なく、会話の内容も当たり障りのないものなので、負担感の少ないものだ。教会での古着の回収を管理しているため、このグループに対しては、複数の役割を果たしている。しかし、この役割を果たすのに月に1～2時間しかかからないし、古着の寄付者にはメールで対応する。

メアリーは1年半前に、近所の人と一緒に日本語の勉強を始めた。また、クラリネット奏者が突然外国に行ってしまっていなくなった近隣の村のバンドで、クラリネットを演奏している。前者では日本語のみを勉強し、後者では音楽のみを練習する。共同の活動は、ともに過ごす時間の中でも重要な特徴を持つものだ。

メアリーは、多くのグループに入っており、これらのグループの中で多くの役割を担っている。しかしメアリーは、異なる量と質の労力を用いながら、異なる形でそれぞれのグループとつながっている。

さまざまな規模の集団的活動を組織するためには、さまざまな協調メカニズムが活用できる。共感があれば、喜びや悲しみや不安のような感情を一致させる助けになる。[57] 共感は人間のみが持つ感情だと思いがちだが、イヌやゾウや類人猿なども共感という複雑な感情を示すことができる。

同意か、エコーチェンバーか　最初の頃、グループを構成する人たちのあいだに、意見や考え方の違いがあるのは当然のことだ。個人間の方向性の違いを小さくするために、コミュニケーションや行動を通じて協調していくことは、グループの課題に取り組むうえで欠かせない。目標を共有するために、視線や表情や仕草や言葉を用いることができる。われわれは、他人と協調する能力を持っている。協調はしばしば同意をもたらし、それは連帯感を醸成するうえで本質的な働きをする。協調が失われれば、孤立感や孤独感が生じる。協調には、1対1、数人間、あるいは小さなコミュニティやより大きなグループをそれぞれ対象としたさまざまなメカニズムがある。同類愛、つまり「同じであることを好む」ことは、グループの形成につながる社会学的メカニズムの一つだ。

同意にもとづく意思決定――望ましい理由と望ましくない理由 筆者たちは、そしておそらく読者の大多数も、同意にもとづいて意思決定を行うことは、多くの点でよいということに賛成するだろう。意見の違いについて話し合うことで、理解を共有することができるだろう。グループ内の力関係を釣り合いの取れたものにし、責任感を共有するうえでも話し合いは有益だ。グループ全員が前向きに課題に取り組むためにも、同意があるほうがよい判断ができると信じたい。

しかしその考えが完全に誤りであることが何度も示されている。つねに同意があるほうがよいと言えるのか。現代の民主主義社会では、意思決定が分散されている体制のほうが独裁体制よりも優れていると考える傾向がある。経済力と政治力が少数の人に握られていると、腐敗が生じ、偏った判断がなされてしまうだろう。しかし、「適切な状況で、適切な範囲で、適切な個人に単独の決定権を付与するのがまさに最も有効な方法の一つだ」[58]。重要なのは、この個人に対する制度的コントロールが働くかどうかだ。

しかし、グループを構成する人々は、多様な背景や知識、専門性、技能を持っている。高い能力を持つ人々に決定権を割り当てることができれば、より有効な方法となるだろう。飛行機を操縦するには、複数の人の同意を得るよりも、パイロット個人に任せるほうがよい。会社の経営にかんしても、そうである場合はある。次の格言を思い起こしてみればよい。「ラクダは委員会によって設計されたウマだ」。他にも、「料理人が多すぎればスープはダメになる」というのもある。多様な人からなるグループのほうが優れた問題解決を行えるという点は、後に論じる。しかしここでは、似た者どうしが集まることにかんして、肯定と否定の双方の意見を見てみよう。

　好むと好まざるとにかかわらず、ソーシャルメディアはその意図せざる結果として、人々が同意に達するのをますます難しくしている。インターネット上では、政治討論が広く行われている。効率的なフィルタリング技術によって、似たようなイデオロギーを持った人たちとのみ意見を交わすことをエコーチェンバー現象〔訳者注：エコーチェンバーは反響室という意味〕と言う。われわれは日々、自分のためにあらかじめ取捨選択された情報、いわば「自分新聞」を受け取っている。このエコーチェンバー現象によって、信念が強化される[59]。（肯定的な反応を受けて自分の意見を強めるというメカニズムがある。これについては第3章第3節(2)で議論する）同じ意見を持つ人だけでコミュニケーションが完結するのは危険であり、政治的分断をもたらしかねない。分断が起これば、意見の異なる人との対話は不可能だ。グループの崩壊メカニズムについては第3章第4節(4)でふたたび論じる。

多様性　ペーテルの指導学生キャロライン・スカラは、エージェント・ベース・モデルを用いて多様性を研究している[60]。以下、スカラの卒業論文の一部をほぼそのまま引用する（ありがとう、キャロライン）。

　多様性は人口に膾炙した言葉で、さまざまな意味で使われる。しかし、最も一般的な用法は、人口階層の多様性、つまり年齢、人種、民族などの特徴にかんする多様性だ[61]。

　多様性の完全な定義は以下のとおりだ。

　多様性とは、ある一組織のメンバー間で、在職期間、民族、誠実性、業務への態度、収入などの一般的属性にかんしてばらつきを持たせることを指す[62]。

注目される属性は、そのときどきの文脈に依存する。たとえば社会経済的多様性に関心があるような文脈のもとでは、ジェンダー、年齢、民族、教育水準、所得などの属性にばらつきを持たせるように配慮される。

社会グループは、われわれ個人にとって有益な資源だ。グループの構成はどのようであるべきだろうか？ 直感的には、過度の同質性は望ましくないと思われる。というのも、柔軟性に欠けるからだ。過度の異質性もまた、組織の機能を損ねると思われる。なぜなら、最も基本的な原則にかんしても、反論がなくならないような状況は生産的ではないからだ。ここで問題が生じる。何らかの目的を持った社会グループにとって、適切なメンバー構成というものは存在するだろうか？ この問いにかんして、具体的な答えを提供したい。

ハリネズミとキツネ――問題解決における多様性の賞賛

ギリシアの詩人アルキロコス（紀元前680－645）は、「キツネはたくさんのことを知っているが、ハリネズミは大きなことを一つだけ知っている」と語った。哲学者のアイザイア・バーリン（1909－1997）はロシア系ユダヤ人のルーツを生かしつつ哲学者としての地位を確立し、オックスフォード大学の哲学者のあいだで（また、おそらくイギリスの知識人全体のあいだでも）中心的な存在となった。バーリンは1953年に、トルストイの歴史観について論じたエッセイ『ハリネズミとキツネ』を書いた。この本では、「単一の中心的考えにすべての物事を関連づけようとする」ハリネズミと「偶然関連しているような多くのバラバラの目的を追求する」キツネが対比された。

2種類の人が存在する。一方の人は一つの大きな考えに集中し、つねにそれにもとづいて物事を考える。他方の人は、一つひとつの問題に対して新しいアプローチをとる（この古代哲学は2000年前に論じられたものだが、現代の職業選択にもおどろくほどよく当てはまる。インターネットでは、「あなたはキツネですか。ハリネズミですか」と問いかけるキャリアアップ広告が溢れている。古い格言によって現代の職場での指導力をある程度判断できるということだ）。

ある信頼性の高い研究によれば、浅く広い知識や経験を持つ人のほうが不確実な状況をうまく乗り切ることができる。ペンシルベニア大学の組織行動論教授フィリップ・テトロックの研究によれば、専門家はその専門領域にかんしてさえ、素人よりも正しい予測を行えない[63]。ハリネズミは「一つの大きな考え」によって現実を正しく理解できると確信しているため、自信を持って予測を示すことができる。しかし、実際にはハリネズミは偏った見方しかできておらず、彼らの予測は素人の当てずっぽうの予想よりもはずれやすいのだ。キツネはより適切に現実をとらえており、「壮大な理論」の有効性には疑いを持っており、この世界は多様な因果関係によって複雑に影響を受けるということを見抜いている。キツネはハリネズミと違って自分の予測が当たるとは思っていないが、ハリネズミの予測よりは正しいことが多い。

キツネとハリネズミはたんなる子ども向けのおとぎ話ではない。現代の科学者のあいだで、大きな関心を呼んでいる認知的多様性――人々の考え方や物事への取り組み方の違い――にかんする先駆的な考察だと言える。人々が情報を集約し、保存し、処理する方法に違いがあるという問題は、神経科学や教育学や政策論まで、あらゆる学問分野に関連する。認知的多様性の研究は挑戦的なものであり、多くの学問分野の専門性を必要とする。しかし、世界の相互関連性は高まっているため、個人間の認知的多様性を研究するだけでは不十分だ。それに加えて、認知的多様性を持った人々のグループが、どのように相互作用をもたらすかについても考察しなければならない。たとえば、行政機関、陪審員、研究グループ、企業などでどのように人々が相互作用しているかを考察しなければならない。

現実の観察とコンピュータ・シミュレーションを組み合わせた研究では、認知的多様性を示すチームのほうが問題をより適切に、より迅速に解決できることが示されている。[64] 認知的多様性は、視点や情報処理のタイプの違いとして定義されており、かならずしもジェンダーや民族や年齢と相関しない。たとえばホンとペイジによる研究では、中程度に知的で、かつ異質なグループは、最も知的で、かつ同質的なグループよりも優れた問題解決を行うことができることが示された。[65] ただし、これには注意が必要だ。グループシンク（集団浅慮）という問題がある。これは、イェール大学の社会心理学者アービン・ジャニス（１９１８－１９９０）が１９７２年に作り出した言葉だ。[66] ジャニスは、高い知性を持った人々からなるグループがときに、最悪の判断をしてしまうことがあることを発見した。その理由としては、似たような背景を持った人々のみから構成されていたり、他のグループの見解に触れる機会がなかったりすることがあげられる。そのようなグループは自分たちの正しさに疑いを持たず、他者の意見を無視してもよいと考えている。1986年のスペースシャトル・チャレンジャー号の爆発事故、ピッグズ湾侵攻、ウォーターゲート事件、ベトナム戦争の泥沼化といった大失敗は、集団浅慮によるグループの暴走が原因だったと今では考えられている。ホンとペイジの論文のメッセージはとても重要だが、グリムらによる研究では、政策判断をする際にこの結果を過度に重要視するべきではないと指摘されている。[67]

ペーテルの指導学生のキャロラインは、協力的で秩序だった環境で、最も多くの問題を解決するのに必要な、キツネとハリネズミのグループ内構成比率について研究している。[60] キャロラインのコンピュータ・シミュレーションを用いた研究では、情報共有が増加するとき、多様な能力を持つチームが最もよい結果を残した。

友情の修復——いくつかの予告編

端的に言って、改善可能な物や人間関係は存在する一方で、改善不可能な物や人間関係も存在する。この二つを見分けるのは容易でない。人生の初期に、物を簡単に捨ててはいけないと教えられた人は、物や人間関係を維持することを有意義なことだと考える。またそのような人は、たとえ以前とは形が変わっても、自分の所有物だと思うものを守ろうとするだろう。

カバンの肩紐を5回も直した人は、3回目のときに、たんにカバンの品質が悪いのだということに気づくことができただろう。関係が薄くなるのを避けるため、定期的に古い友人に連絡をしているとしても、それが本当に維持するに値する関係かどうかという問いが頭に浮かぶことがあるだろう。この問いに答えるために、①特別なものがあるかどうか、②別のもので置き換えられるかどうか、③置き換えにはどれくらいの資源が必要になるか、について考えなければならない。

精神科医のアービン・D・ヤーロムが言うように、古い友人を新しく作ることはできない[68]。オーク製のテーブルを作ることのできる職人はいても、ジュジャの母親の絵本を燃やした跡が残るテーブルを作ることのできる職人はいない。さらに、修復のプロセスはそれ自体がよい経験になることもある。穴の空いた洋服を縫い直す数分間は、このせわしない世界の不快な騒音からの逃避になる。

われわれはときに、十分に与えることをせずに多くを求めることがある。このため慎重であるべきだ。親友を失うのは大きな苦痛だ。第3章第3節で人間関係の破綻のパターンをふたたび議論する。

第4節　教訓と展望

本章では、われわれ筆者たちが、なぜ修復を重要だと考えているかについて説明した。一世代分ほどの年齢差はあるが、われわれはともに、建築物や人々の記憶の中に戦争の爪跡が残った比較的貧しい国で育った。このため、本能的に浪費を嫌うところがある。

格差拡大という問題がある一方で、先進諸国の人々は、使い捨て社会の恩恵を享受してきた。また同時に、その弊害にも苦しんでいる。当初は、恩恵が弊害を大きく上まわっているように思われたし、おおまかな意味での中間層の人々は大量消費によって生活水準を向上させた。しかし、たんなる必要悪と思われたもの（たとえば、食品や衣料品の廃棄や、汚染の急激な増加）は、今や社会の主要な問題となった。グローバリゼーションの自律的な力を止めることは難しいが、社会のあり方を変えなければ、環境的、経済的、政治的、社会的危機につながるという懸念は高まっている。したがって、使い捨て社会をリペア社会に転換するために、迅速に明確な決断をしなければならない。

われわれの主張の一つとして、個人間やグループ間の社会的関係をうまく管理するべきだというものがある。配偶者や友人は必要であるし、キャリアを進めたり、情緒を安定させたりするために、さまざまなグループに所属する必要もある。

当初はうまく機能していたが、何らかの要因でその機能を損なったものは、修復の対象になる。一歩下がって見てみると、われわれは、修復を希望するとき、黄金時代、つまりおそらく実際には存在しなかった理想的な過去の時期について夢想しているのかもしれない。自然と人間が調和した状態にある完全に平和な世界をのぞいてみよう。そのようなことが実際にはなかったかもしれないとしても。

第2章
実際には存在しなかった黄金時代

［要 旨］

本章では、黄金時代という概念を議論する。これは、すべての人が、平和で、調和的で、安定的な、豊かな暮らしをしていた神話的な時代のことを指す。かつて完璧な状態が存在した、という無意識の本能や意識的な考えを、個人あるいは社会レベルで想起することがよくある。楽園喪失、つまりエデンの園からの追放については、これまで芸術家が何度も深い思索を行ってきたが、いまだに十分には理解されていない。ギリシャ・ローマ時代や、さまざまなアジアの黄金時代およびその衰退は、人類史の中でも主要な関心事だ。一個人の半生を語る際に、子どもの頃が最も幸福な時代だったと考える傾向がある。人類の歴史では、古代を理想化する傾向がある。個人と社会の記憶が組み合わさって、われわれは、人生で修復・改善するべきものがつねに存在するという感覚を持たされる。

第1節 幻想の黄金時代――過去への憧れ

本書の本論となる数章の出発点として、「問題が起こる前の時代」を議論しよう。その理由は以下のとおりだ。単純な論理に従えば、物事が修復される必要があるのは、過去の一時点においてその物事がよりよい状態にあり、将来において過去の状態に戻すことができるからだ。危機に直面すると、黄金時代に人類が経験したと思われる豊かで平和な状態に戻りたいと思うようになる。しかし、ひねくれた性格の人は、みなが理想化している黄金時代などかつて一度も存在しなかったと言うだろう。

本章では、黄金時代という概念を議論する。これは、すべての人が、平和で調和のとれた、安定的で豊かな暮らしのあった神話的時代のことを指す。ここで言う「調和」とは、人々がおおよそ同じような考えを持っている状態、あるいは多少考えが違っていても、少なくとも他人や社会全体と大規模で持続的な衝突につながらない状態を指す。かつて完璧な状態が存在した、という無意識の直感や意識的な考えを、個人あるいは社会レベルで想起することがよくある。一個人の半生を語る際に、子どもの頃が最も幸福な時代だったと考える傾向がある。多くの人にとって、小学生の時が黄金時代であるようだ（これは、児童精神医学における研究でも認められている）[1]。人類の歴史では、古代を理想化する傾向がある。個人と社会の記憶が組み合わさって、われわれは、人生で修復・改善するべきものがつねに存在するという感覚を持たされる。結果として、われわれは、存在したかどうかもわからない、かつての状態に戻ろうとするのだ。

人類はつねに、危険な世界で生き残るために格闘してきた。その起源から、この世界で生きることに意味を与えるため、想像力を用いてきた。それは、ときに残酷であり、ときに寛大だった。困難に対処する方法として、大規模な変化に意味を与える物語を作り上げた。かつて平和な時代があったという神話は多い。多くの神話は、寒さや孤独感、食糧不足に脅かされない、季節おだやかな時代、神々がまだ人間を愛していた時代について語っている。想像力を駆使して、かつて感じていた原初的な安心感を取り戻そうとする。古代の神話は、少なくともギリシャの詩人ヘシオドスの時代まで遡ることができるが、そこには、世界の中での人間の立ち位置を理解しようとする試みが見て取れる。誰しも、自分たち人間がどこから来たのかについて理解したい。本当の始まりは遠い過去の霞の向こうにあり、知ることができないので、かならずしも実際の歴史とは関係ないが、身のまわりの世界や社会や慣習にかんする当時の考え方を説明するために、先祖の物語を生み出した。ここで注意が必要なのは、神話は多くの場合、たんなる嘘偽りではなく、人類社会のあり方を説明する神聖な物語だということだ。いずれにしても、われわれ人間は、今はない完璧な世界を再建、あるいは再発見することを、意識的にせよ無意識的にせよ強く望んでいる。

人間は本性的に、秩序だった世界に住むことを好み、そのような生活に憧れを持つ。初期の神話は、かつて存在した（と考えられる）世界を反映している。つまり、人々のあいだに対立がなく、自然や神々と平和や調和が保たれている世界だ。人間が神々と袂を分かったとき、完璧な世界が失われた。これに対して人間は想像力を用いて、大地との一体感を取り戻そうとした。過去に黄金時代があったという考え方は、このようにして生まれた。

ギリシャとローマが栄えた古代は、人類にとって黄金時代であり、その時代には人間と大地と自然が調和的に共存していたと広く信じられている。しかし、注意深く見れば、ギリシャ人もローマ人も現代のわれわれと変わらない。頑固で、現実の問題から目を逸らし、利己的だった。ジャレド・ダイアモンドの著作『第三のチンパンジー』では、「産業革命以前にも、人間社会は数千年間にわたって、さまざまな種の生息地を破壊し、その生存を脅かし、多くの種の絶滅をもたらしたことが現在ではあきらかになっている」と指摘されている。[2] さらに続けて、白人男性による支配的文化が、新しい土地を文明化したというのは誤りだと述べている。より正しい見方は、白人は原住民の土地に行き、彼らの何世代にも及ぶ自然との調和的な生活を奪い、破壊したというものだ。例として、イギリス人がニュージーランドで多くの動物種の絶滅を引き起こしたことや、ポルトガル人がマダガスカルの発見後、原住民の生活や生態系を破壊したことなどをあげている。ダイアモンドによれば、技術革新が進むと、長期的に社会に悪影響をもたらし始める境界線が存在する。

ダイアモンドは、土地の原住民の生活を観察し、自然と調和的に生きる方法を学ぶ必要があると提案している。現在のわれわれは、歴史上最も進歩した社会に生きているかもしれないが、これが最もよい社会と言えるのだろうか。この問いを考えなければならないのであり、人類がこの地球で生き残るためには、その問いに答えを見出さなければならない。

第2節 歴史上の事例――何度も振り返られる黄金時代

(1) ギリシャ

ギリシャの黄金時代は、およそ紀元前500年から300年までの200年間と見なされる。ギリシャ自体の権勢は200年ほどしか持続しなかったものの、西洋文明の基礎を形作ったのは確かだ。西洋の文化や社会に根本的なインパクトを与えたギリシャ人の発明および発見を以下にリストアップしよう。[3]

- 民主主義
- アルファベット
- 図書館
- オリンピック
- 科学と数学
- 建築
- 灯台
- 標準化された医療
- 陪審員による裁判

象徴的には、ギリシャの黄金時代は、マラトンの戦いで数に劣るギリシャ軍（大半はアテネ軍）が、ペルシャの大軍を打ち破ったときに始まった。この時代は、アテネ最盛期に政治的リーダーとなったペリクレスにちなんで、「ペリクレス時代」とも呼ばれる。

この時代は、ギリシャにとって安定と平和の時代だったとは決して言えないものの、多くの領域で新しい社会組織が誕生した。それらは西洋文明の基本的要素となった。

政府　アテネは民主主義の生誕地だ。民主主義は、「人民による支配」と定義され、通常は多数派による支配を意味する。初期の時代では、「強力な個人」――酋長、皇帝、国王、ファラオ、将軍――が支配する社会が多かった。

もちろん、アテネは男性の自由市民のための民主主義だったことを付け足す必要がある。奴隷制が存在しており、アリストテレス自身が、奴隷制は自然でもあり、必要でもあると述べていた。しかし、後のストア派の哲学者は奴隷制を非難した。アテネでは、女性は投票権を持たず土地を所有することもできなかった。女性の居場所は家庭の中であり、主要な役割は子どもの世話だった。

人の上に立つためには、二つの主要なメカニズムがある。それは、支配と威光だ。支配は、進化論的により古くからある方法であり、物理的な大きさや強さを通じて他の人々に恐怖を感じさせることを指す。支配のヒエラルキーでは、自分からそのヒエラルキー内の地位を受け入れるというよりは、強制的に威圧や暴力によって受け入れさせられる。威光という方法は、進化論的により新しいものであり、共同体の中で高く評価される技術や知識を持っているかどうかが基準となる。威光のヒエラルキーは、共同体の総意によって保たれるのであり、特定の個人の圧力を必要としない。アテネは、威光によってリーダーを選出する社会だった。ソロンの経済改革は、すべての公的私的債務を帳消しにし、所得税を導入し、貧民より富者から多く税金を取ることで、格差を減らした。ペリクレスはすべての男性自由市民が平等に投票権を行使できるようにした（女性や自由市民以外の人々は排除されていたため、実際に政治に関わった人口の割合は、全住民の1割から2割程度だった）。ペリクレスはさらに、陪審員に手当てを支給し、一般の市民が裁判に参加できるようにした。

アリストテレスが、法の支配という概念を明確に論じていたことを想起するのは重要だ。法の支配とは、共同体の中のすべての個人と組織が同じ法律体系に服する状態を意味する。アメリカ（および、もちろん他の多くの国）では、法の支配が適用される。アリストテレスやその弟子が提起した概念として、憲法もあげることができる。明文化された憲法は、人々が従うべき共通の基準やルールを明示する。

芸術　ペリクレスはアテネを美しい都市にすることを目指し、民会で市民を説得し、芸術家や建築家を財政的に支援した。建築、陶器、彫刻は黄金時代に大きく進歩した。アクロポリスの丘に建てられたパルテノン神殿やアテナ・ニケ神殿などの建築物は、アテネの権勢と繁栄の象徴となった。ギリシャの芸術家は、対象の身体性を強調することで近代美術に影響を与えた。ミュロンの円盤投げは、世界で最も有名な彫刻作品の一つだ。よく知られているように、ナチスはこの像をプロパガンダに用いた。この像を見てヒトラーを想起する人が少なくなっていくことを望む。

哲学　ソクラテスは、哲学に論理と倫理を加え、その扱う範囲を広げた。ソクラテスは著作を残さなかったが、教え子のプラトンはソクラテスの考えを書き残した。統治にかんするプラトンの一大著作『国家』や、そこで論じられる観念と現実の対比は、現代の哲学にも依然として大きな知的刺激を与えている。物理学や形而上学（さらに政治や文学など）にかんするアリストテレスの著作は、その後何世紀にもわたって科学者や哲学者に影響を与えた。

演劇と文学　演劇は、おそらく古代ギリシャ最大の発明といってよいだろう。宗教儀式に端を発し、複雑な芸術形態となった。戯曲作家は、神話上の、あるいは歴史的な出来事を扱った悲喜劇の中に人生の本質を描き出した。アガメムノンの物語を戯曲化したアイスキュロスや、有名なオイディプスの悲劇を書いたソフォクレスは現在でも、偉大な劇作家と考えられている。古代ギリシャに書かれた戯曲のうち44作品が現存しており、欧米の劇場で頻繁に上演されている。

本当に黄金時代だったか？　だとして、なぜ長く続かなかったか？　黄金時代に終わりをもたらしたのは何だったのだろうか。結局のところ、その答えは現代人から見ても意外なものではない。戦争と疫病だ。[4]古代ギリシャから学べることはあるだろうか。もちろんある。第一に、疫病（やその他の自然災害）を可能なかぎり適切に予測し、対処する必要がある。アテネでは、紀元前４３０年に疫病が発生し、大きな打撃を受けた。アテネの人口の約半分が死亡し、そのなかにはペリクレスも含まれた。第二に、軍事学によれば戦争にはよい面と悪い面があると示唆されるが、アテネとスパルタが戦ったペロポネソス戦争は間違いなく、アテネの繁栄に終結をもたらし、民主主義を破壊した。当初は、アテネの民主主義を部分的に修復する試みがあった。「アテネが紀元前４０４年に敗北して1年後、スパルタ人は、アテネ人が三十人僭主の政権を放棄し、新しい民主主義を樹立することを認めた。僭主たちの政治は粛清をともなう恐怖政治に陥り、スパルタ人でさえ、穏健な民主主義のほうが望ましいと認めた」[5]［訳者注：スパルタ傀儡政権、三十人僭主が権力を握った約1年後、民主派が蜂起し、スパルタの仲裁のもとでアテネは民主主義を回復した］。

ギリシャ人の著作は、現代の知識人にも大きな刺激となっている。ペロポネソス戦争の教訓、とりわけ今後の将来予測につながる教訓はとくに重要だ。歴史家や政治学者は、近年「ツキジデスの罠」について議論している。ツキジデスの罠というのは、（ハーバード大学のジョン・F・ケネディ行政大学院のグラハム・アリソンによれば[6]）既存の覇権国が、新興国の台頭を恐れ、覇権を失う恐怖から戦争を起こすというものだ。ギリシャ人のツキジデスは、科学的歴史学の父とも呼ばれる歴史家であり、ペロポネソス戦争を叙述した著作で、アテネの台頭が覇権国家スパルタを恐れさせ、両国の戦争になったことを描写した。

本書の目的の一つは、「過去を振り返り将来を予測する」手助けとなることであるため、アメリカと中国がツキジデスの罠を避けることができるかという、現在盛んになされている議論にも言及しよう。アリソンと彼の研究グループによれば、現代の国際政治には、古代ギリシャの状況と類似した16の戦略的ジレンマがある。米中対立を強調するアリソンの議論には、多くの批判が向けられている。しかし、アリソンにとって重要なのは、構造的問題に対処することで米中がツキジデスの罠に陥るのを防ぐことができるかもしれないということだ。この問題については、第6章第4節(2)で再度議論する。

歴史を見れば、覇権が次々と別の勢力へと移り変わることがわかる。紀元前338年の戦争での勝利によって、マケドニアという新しい勢力が誕生した。しかし、これは別の話だ。

(2) ローマ

ギリシャ詩人からオウィディウスへ　数世紀を経てローマは領土と権勢を拡大したが、ローマの黄金時代、つまりローマ帝国の繁栄は、およそマルクス・アウレリウス（121－180）が亡くなった頃に終わった。ローマの芸術の大半は、奇をてらうことなく言えばギリシャを模倣したものだった。大理石の彫刻や華麗な円柱などの視覚芸術は、ヘレニズム世界の伝統に根ざしている。ローマの黄金時代は、ウェルギリウスとオウィディウスの詩に見て取れる。ウェルギリウスの『アエネイス』は、厳粛なローマの起源を祝福するものだ。彼らの情熱的な詩の他には、リウィウスやタキトゥスの作品に代表される歴史学も栄えた。ヘシオドスの歴史区分に影響を受けて、オウィディウスは四つの時代を区別した。つまり、黄金時代、白銀時代、青銅時代、鉄の時代だ。物事が乱れ始めたのは、鉄の時代だった。

相互作用――黄金時代から鉄の時代へ　ヘシオドスが紀元前8世紀に書いた詩の中では、人間の生活が、原初の無垢な状態から悪徳の状態へ絶えず劣化していると述べられる。黄金時代には時間の流れがなく、春が永遠に続き、種を植えなくても果物が育つので、農業は存在しなかった。白銀の時代には、春が永遠に続かなくなり、春と夏と冬の三つの季節が現れた。楽園の生活も終わりを告げ、人々は種まきと収穫を行わなくてはならなかった。さらに、外敵と寒さから身を守るために何らかの住居を建てる必要も生じ、こうして人間は農業と建築を生み出した。青銅の時代では、意図的に熱意を持って戦争を起こす人々が現れたが、まだ不信心を表に出すことはなかった。鉄の時代には、物事に乱れが生じた。利己心や腐敗が現れた。

悲観的な問い――現代は鉄の時代なのか　オウィディウスは、鉄の時代に物事が乱れ始めたと述べている。慎ましさと誠実さと信心は消え去り、そのかわりに欺瞞と暴力と私心が広まった。個人は誠実さを失った。家族との関係は弱まったり、悪化したりした。人々のあいだに猜疑心が広まった。嫉妬と憎悪、そしてその結果としての戦争の種がまかれた。オウィディウスは、人間にはもはや救いはないと考えた。[7]

(3) ユダヤ・キリスト教

ユダヤ・キリスト教の伝統では、地上の楽園とも呼ばれるエデンの園が、重要な象徴的役割を果たしている。アダムとイブが住んでいたが、追放され、永遠の幸福を手放すことになった。しかし、理想的な世界が完全に消滅してしまったということを完全には受け入れず、「楽園喪失」と「楽園復活」とのあいだの循環を描く物語や神話もある。最も有名なのは、イギリスの詩人ジョン・ミルトン（1608－1674）の『失楽園』であり、そこでは、アダムとイブが堕天使サタンに誘惑され、エデンの園から追放される様子が描かれる。

ユダヤ教とキリスト教双方にとって聖典の一部をなす創世記では、世界創造の神話が語られるが、それによれば最初の男性がエデンの園で作られた。よく知られているように、エデンの園がどこにあったかにかんして、さまざまな解釈がある。主要なメソポタミア神話によれば、ティグリス川とユーフラテス川が海に注ぎ込む地域にあると考えられる。

エデンの園の神話は、人間の始まり、そして人間の堕落を物語るものだ。人間の知識や自意識の始まりについても語っている。エデンの園は、さまざまな時代の芸術によって描かれてきた。最も古いものの一つに、ビザンチン様式の幾何学的で抽象的な描写がある。それは、イタリアのラベンナにあるガッラ・プラチディア霊廟の青い天井のモザイク画だ。円形のモチーフは、エデンの園の花々を表していると思われる。

ヒエロニムス・ボスの三連絵画『快楽の園』は、左から右へ目を移しながら見るものだ[8]。左のパネルでは、神がアダムのためにイブを生み出した瞬間の楽園が描かれている。中心の大きなパネルでは現実と空想を交えて描かれ、右のパネルでは恐ろしい地獄が描かれている。

『人間の堕落とエデンの園』は、ピーテル・パウル・ルーベンスとヤン・ブリューゲル（父）との有名な共同作品だ。ルーベンスが人物を描き、ブリューゲルが動物や木々や果物を描いた。アダムが知恵の木の下で座っている一方、イブが禁じられたリンゴに手を伸ばしている様子を見ることができる。[9]

物語のその後は、マザッチオの『楽園追放』によって描かれている。その絵画では、アダムとイブがエデンの園を羞恥に耐えながら出ていく様子がとらえられている。表情に、その感情が見事に表現されている。背景にはエデンの園はまったく見えない。あきらかに、アダムとイブはすでに楽園の自然的調和に属していない。黄金時代は失われた。

しかし、この物語はいまだに芸術家に刺激を与えており、現代作家の想像力をとらえている。[10]

(4) 中国

歴史家たちは、古代中国のいくつかの時代を黄金時代と見なしている。たとえば中国の唐王朝は618年から907年まで続いた。この時代、中国は平和と繁栄を享受し、世界で最も強力な国の一つになった。土木工芸技術がおおいに進展した。おそらく最も重要な発明は木版印刷であり、これによって書物の大量生産が可能となった。火薬と磁器の製造においても革新が起こり、また医療や時計製造でも大きな進歩があった。

唐時代には役人になるための必須試験科目に詩が含まれていたが、このような時代の世界観や文化的背景を想像するのは容易ではない。しかも、この時代には、中国全土で仏教が普及していた。仏教と儒教の対立がすぐに生じ始めた。儒教が国教として定められ、他の宗教は禁じられ、多くの仏教僧院が閉鎖された。

唐王朝はなぜ衰退し、崩壊したのか。その答えは現代のわれわれにとっても馴染みのあるものだ。つまり、王朝の腐敗と高い税金だ。人民は厳しい税の取り立てに抵抗し、国の統治は決して以前のようには戻らなかった。

中国には、およそ5000万冊の古代の書物があるというのは興味深い。古代の書物を修復するのは、退屈で骨の折れる作業ではあるが、意義のある活動だ。2019年12月に古代の書物修復にかんする博物館が、四川省の省都である成都で開館した。第5章第2節で再度この話題に戻る。

(5) 日本

日本では、平安時代が黄金時代と呼ばれる。というのも、この時代に貴族たちが日本文化をおおいに栄えさせたからだ。奈良から平安京（現在の京都）に首都を移したことが、この時代の出発点だ。794年から首都になった京都は、きわめてよく設計されていた。碁盤目状に区割りされた都市で、貴族たちは美しい館に住んでいた。

中央集権的な統治は中国から取り入れたものであり、藤原一族が皇位継承や宮廷政治を支配していた。

黄金時代の共通の特徴として、平安時代でも芸術が栄えた。絵画や彫刻の新しい様式が誕生した。二つのタイプの音節文字（アルファベットに似ているが、一音節を表す文字）である片仮名と平仮名も作り出され、書道が高く評価された。短歌はとても重要なもので、コミュニケーションの手段でもあった。紫式部のような女性の文筆家が主導的な役割を担った。

平安時代も他の時代と同様に、終わりを迎えた。貧富の格差が劇的に増加した。内戦が勃発し、地域間の覇権争いが起こった。１１８５年には、軍事的エリートが日本を支配するようになった。

(6)ギリシャと中国の肖像画の比較

古典現代美術の教授をしているイギリス人ジェレミー・タナーによる研究では、古代ギリシャと初期の帝政中国とのあいだには、肖像画にかんして多くの顕著な共通点が存在することが指摘される[11]。これはたしかに興味深い点だ。というのも、前者は民主政で、後者は君主政であり、この点で大きく異なるからだ。しかし、両者の共通点は、ある歴史的変化（都市化や生産的な独立農民の増加など）が新しい階層、つまり文化的エリート階層を生み出したということにある。アテネのクレイステネスと、最初の中国皇帝である秦の始皇帝およびその後の漢民族の後継者は、そのような歴史的変化を政治体制の機能分化に活用した。

タナーは、肖像画は社会的褒賞の一形態だととらえている。肖像画に描かれることによって、新しいエリート階層は、新しい政治構造への忠誠心を高めることになる。政治的記念碑としての肖像画は、多くの場合、その個人に対する名声を形にしたものだ。政治的に肖像画は、国家を代表してその個人の業績をたたえ、政治的貢献に報いるためのものだ。さらに、肖像画は地位や名誉をかけた競争を映し出すものであり、国家の一体感を高める手段でもあり、そして（もちろん）異なる国どうしの対立を描き出すものにもなった。

古代ギリシャと中国の共通点に注目することで、財力と権力の変化や精神文化の変化が分析された。タナーの研究は、どちらか一方をより優れたものだと見なすことなく、二つの社会の特徴を分析した。ギリシャと中国の比較研究は往々にして西洋を優位におく偏見を免れないが、そういった偏見はますます受け入れられなくなっている。[12]

第3節 誰にとっての黄金時代か——オランダの論争

2019年、アムステルダム美術館は、17世紀をオランダの「黄金時代」と呼ぶ慣習をあらためた。[13] これ以前には、美術だけでなくすべての面において、オランダは17世紀に最大の繁栄を享受したと欧米で広く考えられてきた。オランダ共和国は、レンブラントやフェルメールのような天才画家や、哲学者スピノザ、顕微鏡を発明した科学者ファン・レーウェンフックを輩出した。経済は好調で、貿易会社であるオランダ東インド会社は経済成長の原動力だった。

19世紀の終わりには、17世紀を「黄金時代」と見なすことは、比較的若い国家であるオランダにとって国家の誇りになった。同時期の歴史家は、「これほど小さな土地でそれほど多様な進歩を起こした社会の例をあげるには、ペリクレス時代のアテネのような、現実とも伝説ともわからない古代社会にまで遡らなければならない」と述べている[13]。

アテネの民主主義が自由市民に限られていたことに触れたように、オランダの黄金時代にかんしても近年激しい論争が起きている。それは、とくに誰にとっての黄金時代だったのか、という論争だ。

アムステルダム美術館の17世紀美術担当の学芸員トム・ファン・デル・モレンは次のように言っている。「黄金時代という観念は、欧米の歴史学において、国家のプライドと強く結びついた重要な位置を占めている。しかし、繁栄や平和や豊かさや純粋さなどの積極的価値を黄金時代に付与したとしても、この時代の歴史的現実を覆い隠すことはできない。黄金時代という考え方のせいで、貧困や戦争や強制労働や人身売買といった、17世紀のオランダの負の側面が見逃されかねない」

これは、歴史の再評価だ。よく言われるように、歴史は勝者によって書かれる。17世紀のオランダがオウィディウスの黄金時代のような純真無垢な社会ではなかったことには、誰もが同意できるだろう。戦争に明け暮れ、外国の領土を植民地化した。「オランダの黄金時代と言っても、それは物事の一面でしかない」というのが正しい見方だろう[14]。現代の言葉で言えば、「1パーセント」は黄金時代の恩恵にあずかっただろうが、残りの99パーセントはそうではなかっただろう。「17世紀」という表現は中立的だが、すべてを否定してしまうのもよくない。しかし、黄金時代にかんしては他にも語るべきことがある。

第4節　黄金時代から気候危機へ

黄金時代からの転落というストーリーは、まさに気候危機の歴史そのものだ。気候変動は現在の問題だが、人類がどのようにそれをもたらしたかについてはよく記録されている。温室効果ガスの排出は近代のみに当てはまる問題だが、現在の環境問題を説明するうえで用いられる因果応報のストーリーは過去にも当てはまる。地球環境の変化が人類の生存を脅かすという恐怖は、決して新しいものではない。

すでに述べたとおり、人間と大地がかつて、厳しい季節のないつねに完全な状態で共存していたという神話は多い。しかし黄金時代から見放された人類は、生存のため発明を行った。技術進歩によって、自然と人工物とのあいだに大きな乖離が生じるようになった。過密な畜産場、スモッグ、スマートフォンのブルーライトなどの危険が生み出された。肯定的な視点では、進歩が強調されるが、否定的な見方では、自然環境の搾取が強調される。人類は以前よりもはるかに破壊的な手段を利用できるようになったのだ。よく言われるように、自分たちが引き起こした環境破壊を理解した頃には、すでに手遅れになっている。

自然のリズムに憧れを持つのは今も昔も変わらないが、夏が永遠につづくような世界は御免こうむりたい（2021年8月第2週に筆者たちが経験したことだが、クロアチアのアドリア海沿いの美しい街でのバカンスは、猛暑のせいでかならずしも楽しいものではなかった）。古典の教師で研究者であるカスリーン・

ウィルソンの意見に、筆者たちは同調する。「学生たちと猛暑に耐えながら、ウェルギリウスの農業の描写について議論していると、現代の気候危機と、ウェルギリウスの黄金時代を喪失した悲しみがリンクするようになった[15]」

黄金時代から鉄の時代への変化の中には、静的で変化のない世界観が、動的で後戻りできないという世界観に転換したことも描き出されている。黄金時代には、時間による不可逆的変化を経験しなかった。一方向にしか進まない時間の矢によって年老いるという考えは、鉄の時代の産物だ。

古代ギリシャやローマの詩人の感性をどうにかして理解したいと思う人もいるだろう。第一に、人間と自然のあいだに調和があったが、いつのまにかこの結びつきは切断された。現代のわれわれも同じ状況にあると言える。技術進歩によって食料や衣料や電化製品が豊富に提供されるようになったが、生活の中には自然のリズムがなくなった。筆者たちが子どもの頃、冬にブドウが売られているのを見なかったが、今では、季節による消費の制限はない。「いつでも何でも買える」ことを実現するために、自然の調和を失った。読者の皆さんに次のことを言いたい。つまり、「季節に応じて」「地元産のもの」を食べることによって、選択肢は狭まるかもしれないが、自然との調和を高めることができる。

オランダの「黄金時代」と小氷期

気候変動に対する懸念は今に始まったことではない。現代の気候変動の規模とスピードとは異なるが、産業革命以前にも、自然の転換による気候の変化が生じた。過去の気象を研究する古気候学者たちは、過去の気温や降水量の長期的変化を示唆する証拠に注目してきた。

一般的に気温や降水量の変化は自然災害につながるが、新進気鋭の古気候学者ダゴマー・デフロートは、現在のオランダの前身となったオランダ共和国は、一般に「小氷期」と呼ばれる寒冷期にうまく対応することができたと示唆している[16,17]。この寒冷期は、北半球において、大規模な火山噴火による大量の灰と、太陽の活動水準の低下とが合わさって引き起こされた。海氷が拡大し、航海が困難になったため、北極海航路［訳者注：ユーラシア大陸の北を通る航路］と北西航路［訳者注：北アメリカ大陸の北を通る航路］にかわる航路が必要となっていた。また気流の変化を利用し、航行の速度を上げることができるようになり、航海の期間も短くなった。

今日、「地元産」食品のメリットが強調されているが、グローバリゼーション以前には食料消費はきわめて近い地域で完結していた。しかし、17世紀のオランダやベルギーは穀物を輸入しなければならなかった。南方からの輸入がとどこおると、バルト海地域からの穀物交易が登場し、穀物輸入に従事する人が大きく増加した。海上輸送は、陸揚げ、貯蔵、品質管理、製造業にかんする取引を必要とする。貿易会社は経済発展の原動力となった。バルト海の穀物は豊作時に備蓄され、ヨーロッパで食料不安が襲ったときには備蓄穀物が取り崩され、大きな利益をもたらした。「黄金時代」の慈善活動は有名であり、諸都市の貧民の生活を継続的に支援した。

オランダが関わった戦争は大半が、海上あるいは海の近くで行われたというのは不思議なことではない。気候の寒冷化は商人たちにも恩恵となったが、それ以上にオランダの軍隊と艦隊の利益にもなった。オランダは意図的に堤防を壊し、農地を水浸しにすることでスペインやフランスの侵攻を防いだ。この防衛法は、寒冷化にともなう降水量の上昇がなければ成功しなかっただろう。

地理的条件のおかげでオランダ人は、環境が変化すること、そしてその変化に順応する生き残り戦略が必要となることを学んだ。ここでの教訓は、気候変動に順応すればよい結果が得られるかもしれないということだ。しかし、ロンドンでオレンジ栽培ができるようになることが、気候変動のよい結果だと言いたくはない。

第５節　乳児の黄金時代

昔々とてもよい時代があった。それはどういう時代だったか。何よりもまず、安全だった。そして、すべてが快適だった。暖かく、食べ物が豊富にあり、母親の腕の中で揺られていた。先祖に対する信頼（原初的信頼）があれば、この世界は信頼に値するものであり、この世界で生きることはよいことであり、またこの世界は自分を守ってくれ、この世界に頼ることができると信じることができる。[18] この感覚は母胎の中ですでに形成され始め、その後、主に母親の愛情によっておおいに育まれる。原初的信頼が生後2年のあいだに十分に拡大すれば、子どもは勇気と自信を持って他人や外部の世界と関係を持とうとする。

胎児にとって、安全は最も重要なものだ。母親がストレスや恐怖を感じれば、胎児は心理的なダメージを受け、後に精神疾患をわずらう可能性がある。新生児は母親に完全に依存しており、たとえば恐怖や痛みや空腹のため泣くことで、助けを求めたとき愛情に満ちた反応があれば、新生児は、自己意識や安心感、そしてよい場所にいて愛されているという感覚を持つことができる。[19] 無条件の愛情で子どもを優しく受け入れる母親のおかげで、子どもは自己愛を育むことができる。この母親の反応はたんなる世話以上のものだ。つまり、赤ん坊の具体的ニーズに対する敏感な反応なのだ。感情のこもらない冷たい世話でも、子どもを育てることは可能だが、これでは、子どもが世界と向き合える雰囲気を生み出すことはできない。つまり、子どもは外部の世界を信頼できず、自分に対しても自信を持つことができない。子どもは不安と恐怖を抱えることになる。自信を持てない子どもは、存在意義を見失い、のちに精神疾患を発症する可能性がある。

乳児の黄金時代が5~7カ月のときだと考えられることについて言及するかどうか、筆者どうしで話し合ったことがある。ジュジャの感覚では、この時期は親にとって黄金時代だが、かならずしも子どもにとってはそうではない。親がこのように思うのは、伝統的な子どもの理想的な姿と関係している。この考えは、大人の頭の中にあるものであり、数カ月の乳児の心のうちを探ることは不可能だ。しかし参考になるのは、スウェーデンの教育学者エレン・ケイが、1900年に出版した有名な著作『児童の世紀』で、来るべき20世紀を児童の世紀と表現したことだ。[20]

ケイが描写したように、子どもを崇拝するような時代が到来したとは言えないが、たしかに、中間層の家族や地域社会にとって、子どもはますます大きな役割を果たしている。[21,22] 子どものような無垢な純粋さがこれまで何度も情緒的に描かれてきたが、教育学者のディーター・レンツェン（のちに長年ハンブルク大学学長を務めた）によれば、子どもの世界を理想的なものとしてとらえるのは大人にとって現実逃避だ。[23]

第6節　過去からのメッセージ

なぜわれわれは過去を懐かしむのか。「あのときに戻ることができれば、問題はすべて解決し、今よりもっと幸せになれたのに」と考えることがあるからだろう。ノスタルジーという言葉は、ギリシャ語で「戻る」ことを意味するノストスと、「痛み」を意味するアルゴスを組み合わせて作られたものだ。オデュッセウスは、故郷のイタケー島にいる妻のペーネロペーの元に戻ることを切望する。バビロン捕囚で移住させられたユダヤ民族は祖国の喪失を嘆く。「われわれはバビロンの川岸に座った。シオンでの古き良き日々を思い出しながら泣いた」（詩篇第137章第1節）。ノスタルジーは、ホームシックによってもたらされる一方で、離れた場所や遠い過去と現在を結びつけたり、一見バラバラの出来事を一貫したストーリーとして関連づけたりすることもできる。マルセル・プルーストの有名な言葉を借りれば、「過去の出来事の追憶は、かならずしもその出来事が実際に起こったとおりの追憶だとはかぎらない[24]」

黄金時代に対するノスタルジーは、ウディ・アレンの2011年の映画『ミッドナイト・イン・パリ』の中心的テーマだ。小説家のギル・ペンダーは、自分が不幸なのは現代という時代に生きているせいであり、もし1920年代のパリで生きることができたならもっと幸福になれるだろうと考えた。友人のポールは次のように言う。

ノスタルジーは否定だ。苦しい現在を否定しているんだ。この否定には名前があり、それは黄金時代妄想という。つまり、別の時代は今自分が生きている時代よりもよかったという間違った観念だ。これは、現在をうまく生きられない人の誤った考えだ。[25]

ギルは偶然に、1920年代のパリにタイムトラベルすることができ、ダリやヘミングウェイやピカソなどの著名な文化人と出会う。アドリアーナという女性とも出会うが、彼女は1920年代がパリの黄金時代だとは考えていなかった。そこで2人は、19世紀末のベルエポック（美しき時代）期のパリに、さらにタイムトラベルする。この時期は、ナポレオン戦争と第一次世界大戦とのあいだの黄金時代だと考えられている。映画はさらに、ベルエポック期の人々がルネサンス期を懐かしむ様子を描いている。

作り直しや修復の原動力としてのノスタルジー　ノスタルジーには二つのタイプ、つまり復元的ノスタルジーと反省的ノスタルジーがあり、それらは異なる機能をするようだ。[26, 27] 復元的ノスタルジーは、過去の状態を再構築したり、取り戻したりしようとするタイプのノスタルジーを指す。復古的ナショナリズムや宗教的復古主義はこのタイプだ。アメリカ南北戦争期の南軍のシンボルを崇拝するのは、想像上の過去への情緒的回顧だ。ルネサンスは、古代ギリシャやローマに対する「復元的ノスタルジー」と呼ぶことができる。

反省的ノスタルジーは、過去のことは過去のことだと受け入れることが前提となる。私（ペーテル）は最近、よい経験をした。前著『ランキング』のハンガリー語版がメディアでいくぶん注目を浴び、小中学校時の同級生で60年間会っていなかったレスリーからメールを受け取った。レスリーはクラスの中で抜群に数学が得意だったので、私は少しうらやましく思っていた。その後、彼は大きな会社の経営者として成功し、幸せな人生を送っている。同級生のネットワークは通常、とても密接だが、彼とはたまたま巡り合わせが悪く、会うことがなくなってしまった。そのメールの1カ月後、小さなグループでパーティを開き、サッカーに興じた（転倒が2回あったので、怪我をする前に終了した）。キャンプしたときの昔話や現在の世界情勢を話し合うことで、現在の状況と遠い過去を結びつけることができた。過去の一部を取り戻し、少し幸せを感じることができた。

反省的行動はさらに弱いものの場合もある。同級生の中には、過去を振り返るために積極的な行動を起こさなかった人もいただろう。その人は、何十年も前に一緒に編集した、黄ばんだ学級新聞を探そうとしたかもしれない。私には知る由もないが。

孤独は、心理的・社会的レベルにおける深刻な問題だ。コロナ禍での都市封鎖によって、多くの人がノスタルジーに耽るようになった。昔流行ったボードゲームが人気になった。伝説的なスポーツの試合や、コンサートや劇の上演の再放送を見た人も多いだろう。ノスタルジーのおかげで、孤独による悪いムードを打ち消すことができる場合もある。このような安定化メカニズムは第4章第1節(1)で論じる。現時点でのデータが信頼できるとすれば、コロナ禍でのノスタルジーは、中国でもイギリスでもアメリカでも、共通に見られる現象だ。[28]

第7節　教訓と展望

本章では、物事に乱れが生じる前のよい時代というテーマを中心的に扱った。エデンの園から追放されたことによる楽園喪失は、さまざまな時代の芸術家が何度も扱ってきたにもかかわらず、いまだにその意味は十分に理解されていない。古代ギリシャやローマ、そしてさまざまなアジアの黄金時代とその衰退は、人類史の中でも主要な関心事だ。

過去の別の時代に生きていればよかっただろうという懐古的感覚を、好んで持つ人も多い。黄金時代ではなくても、歴史の中には相対的によい時代があったということを学ぶことができる。よい時代がなぜ、どのようにして終わってしまったのかにかんする説明は前述のとおりだが、次の問いについて考えるときが来た。そもそも、なぜ物事は悪くなるのか、という問いだ。これまでと同様に、物、人、社会にかんする現象を議論していく。

第3章
なぜ物事は悪くなるのか

［要旨］

本章では、物事が悪くなるメカニズムについて議論する。本章の目標は、物や人や社会にかんする例をあげて、この現象が広範に存在することを説明することだ。まず物理的不可逆性を議論し、その後に、使用による摩耗について論じる。深刻な問題となっている新しい現象、つまり職場での「燃え尽き」現象を次に論じる。より大きな規模の問題に話題を移し、自然災害や大事故を引き起こす一般的メカニズムを論じる。その次には、大切な人間関係が、なぜ、どのようにして、苦痛に満ちた崩壊をしばしば迎えることになるのかについて論じる。最後に、敵対心に満ちた社会的分断が起こる原因について簡潔に論じる。

第1節　不可逆性の紆余曲折

よい物から悪い物へ　本書は「修復」にかんする考え方を論じるものだが、当初うまく機能していたもののみを修復することができる。

本章では、物事が悪くなるメカニズムについて議論する。本章の目標は、物や人や社会にかんする例をあげて、この現象が広範に存在することを説明することだ。まず物理的不可逆性を議論し、その後に、使用による摩耗について論じる。深刻な問題となっている新しい現象、つまり職場での「燃え尽き」現象を次に論じる。より大きな規模の問題に話題を移し、自然災害や大事故を引き起こす一般的メカニズムを論じる。その次には、大切な人間関係が、なぜ、どのようにして、苦痛に満ちた崩壊をしばしば迎えることになるのかについて論じる。最後に、敵対心に満ちた社会的分断が起こる原因について簡潔に論じる。

自然の巨視的現象は一定の方向に動きつづける。スープは、熱の放散によって冷めつづける。牛乳は時間が経つと酸っぱくなる。果物や野菜は腐る。熱烈な感情も冷める。人間は年老い、やがて死ぬ。不可逆的な変化は身のまわりに溢れている。

時間は一方向にのみ進むという観念は、物語には始まりがあり、いくつかの出来事を経て終局を迎えるという考えに依拠している。この時間の観念は西洋においては、古代ペルシャのツァラトゥストラ

（あるいはゾロアスター〔訳者注：ザラスシュトラとも表記される〕）に起源があると考えられている。ユダヤ教がこの観念を採用し、歴史的思考を生み出した。つまり、出来事が、出発点から中間的段階を経由し終点にいたる一連の流れの中に配置されるという思考だ。キリスト教とイスラム教はこの考えを受け継いだ（反対に、循環的な時間という観念、つまり宇宙には最終的状態というものがなく周期的な繰り返しの変化しかないというとらえ方は、古代社会に多く見られる。仏教にはサンサーラという概念があるが、これは有名な輪廻転生のことだ）。

われわれの日常的経験から、巨視的な自然現象が不可逆的だと考えるのは自然なことだが、分子レベルの微視的現象は可逆的であるし、ニュートン物理学も可逆的で循環的な運動を指し示している。原理上は、どのような現象に対しても可逆性を想定することができる。たとえば、映像フィルムを逆に再生すれば、まったく同じ映像を逆行して見ることができる。要するに、二つの領域がある。つまり、可逆的な運動をとらえる古典力学と、不可逆性にかんする理論と実践を扱う熱力学だ。

熱力学の第一および第二法則は、きわめて重要だ。第一の法則は、いわゆるエネルギー保存の法則であり、エネルギーの形態が変化したとしても（たとえば力学的仕事から熱のように）全体としては減少しないということを意味する。孤立系の総エネルギーは一定だ。第二の法則は、力学的仕事は熱に完全に変換することができる一方で、反対の転換は完全ではないということを述べるものだ。後者の場合には、エネルギーがいくぶん消失してしまう。ルドルフ・クラウジウス（1822－1888）は1854年に、「熱が低温物体から高温物体に移動するとき、かならず何らかの他の変化が生じる」と論じた。熱は、仕事に完全に転換することはできない。エントロピーはこの転換不可能性を計測する尺度だ。孤立系のエントロピーは増加する傾向があり、均衡状態のときに最大値となる。熱力学の第二法則は、あらゆる自然の自生的変化をとらえたものだ。

熱力学はたんなる熱にかんする理論ではなく、自然界の一般システム理論だ。より視野を広げてみると、熱力学の二つの基本法則はそれぞれ、一定性と変動性をとらえている。第一法則は自然の一定性を反映しており、そして第二法則は変化の方向を指示する。よく知られているように、C・P・スノーは、「とても教養のある」人文学者であってもこの二つの法則についてまったく無知だと述べた。

伝統的文化にかんして教養のある人々の集まりに何度も参加したことがあるが、彼らは、科学者の教養の低さに公然とあきれかえった。一度か二度、挑発されたように感じたので、熱力学の第二法則を説明できる人がいるかどうか尋ねてみた。反応は冷たいものだった。誰も知らなかったのだ。しかしこの質問は、科学者にとっては、シェークスピアを読んだことがあるかというのと実質的に同じなのである。

（C・P・スノー『二つの文化と科学革命』[1]）

歴史的には、熱力学の第二法則で示される不可逆性と、可逆的な力学的変化を調和させようとする理論的努力がなされ、これにともなって激しい論争が起こった。オーストリア・ウィーンで活躍したルートビヒ・ボルツマン（１８４４－１９０６）は、時間が経っても減少しない属性を持つ性質（具体的には、分子的特徴）を定義した。この性質は巨視的に定義されたエントロピー（科学上の抽象的概念としては最も論争を呼んだものの一つ）に比例する。ボルツマンは、統計的な仮定をおき、公式を導出した。これは、期と重なる。

「確率」や「無作為性」といった概念が近代科学において正当なものと受け入れられるようになった時

時間が一方向にのみ進むというとらえ方は、「時間の矢」という表現に反映されている。この表現は、イギリスの著名な物理学者・哲学者アーサー・スタンレー・エディントン（1882－1944）が生み出した。巨視的変化の不可逆性は、熱力学的な時間の矢として現れる。無秩序な状態をもたらすあらゆる変化が、エントロピーの増大によって説明される。熱的死というのは、宇宙に起こりうる一つの帰結だ。エントロピーは無秩序の尺度であり、熱力学の第二法則が示すように、自生的な孤立系では、不可逆的にエントロピーの増加が起こる。無秩序は、外部からの介入があれば減少することもある（もちろん、エントロピーの総量、つまりこの開放系とその環境とのエントロピーの和は減少することはない）。エネルギーがこの系を通過することによって、開放系の「散逸構造」が生じることが可能になる。これは、孤立系では起こりえない。生命体は周囲の環境と平衡状態にあるわけではない。人間の体温は室温と同じではなく、それゆえにわれわれは生きていると言える。もちろん人間はいずれ死ぬのだが、その理由は進化の理論が教えてくれる。

進化という観点から見た老化と死　ファビアンとフラットは進化論の観点から、老化と死について議論している。彼らは二つの仮説をおいた。「今日、老化は積極的に選択されるものではなく、あらかじめ定められた死への道のりであり、『種の利益』のために生じたものではないのはあきらかである」。自然選択が弱く、また、高齢者の生存や生殖や体細胞修復を維持するようには働かないために、老化が存在する。年齢とともに自然選択の影響が弱まるという観察にもとづいて、生命体が老化し死亡する理由を説明するため、二つの主要な仮説が提起された。つまり、突然変異蓄積（mutation accumulation）と拮抗的多面発現（antagonistic pleiotropy）だ。突然変異蓄積仮説のもとでは、自然選択によっては、高齢個体にのみ現れる有害な突然変異を排除できないため、老化が存在する。拮抗的多面発現のもとでは、自然選択によって若い個体の適合性が高まる一方で、その副作用として、高齢になったときに現れる有害な影響が遺伝的に生じるため、老化が存在する。老化はあきらかに寿命を縮めるが、生殖の機会を増やす自然選択によっても寿命は影響を受ける。寿命の進化は、生殖可能な期間を延長する自然選択の力と、死をもたらす固有の要因とのバランスによって決まる。不死の生命体が本当に存在するかどうかについては論争があるが、近年のエビデンスでは、老化はあらゆる細胞の必然的な特徴だということがたしかに示唆される。[2]

宇宙にかんする時間の矢は、この宇宙の拡大の方向を指し示す一方で、心理的な時間の矢は、年齢を重ねるなかで過去から将来に移行する感覚を表している。外部との相互作用がまったくない孤立系は崩壊していくことになるが、これを突き詰めれば、宇宙は熱的死にいたるという仮説になる。一般的に、不可逆性はかならずしも崩壊をもたらすことを意味しない。進化は不可逆的だ。熱力学におけるエントロピーの増加と、進化による複雑性の拡大とのあいだには矛盾があるように見えるが、実はそうではない。というのも、エントロピーは閉鎖系において増加するが、複雑性は開放系において増加するからだ。

ヴィクトリア女王の時代に、影響力のある考え方が二つ提示された（チャールズ・ダーウィンの進化論とカール・マルクスと唯物史観）。これらは、生物学的な時間の矢と歴史的な時間の矢が存在することを指し示している。

しかし、本章では、物事が悪くなるメカニズムについて議論している。『過労者のためのヒント』という著作は、医師のウィア・ミッチェルが１８７１年に、神経衰弱の原因と治療法について書いた有名な著作であり、精神的・感情的な摩耗について詳細に議論している。[3] 次節で、われわれは摩耗のメカニズムを議論する。

第2節 摩 耗

摩耗というのは、通常使用の必然的結果として緩やかに生じる損傷を意味する。突然の故障とは異なる。ここでは、やや恣意的ではあるが、大きく異なる三つの領域に分けて摩耗のメカニズムについて議論する。つまり、自然発生的なガラスの破損のような物体の摩耗、過労や燃え尽きのような人間の摩耗、そして衰退や崩壊を引き起こす社会の摩耗だ。

(1) 自然発生的なガラスの破損

自然発生的なガラスの破損というのは、明白な理由なく、ガラスが割れることを意味する。自然発生的にガラスが破損し、それによって高層ビルからガラスが落下した事例が、オースティン、シカゴ、ラスベガス、トロントなどで報告されている。

私（ペーテル）のリサーチアシスタントを務めてくれている学部生のジョジョ・リー（ニュージーランド・オークランド出身）は、コロナ禍の期間、文献調査を手伝ってくれたのだが、その際に『オタゴ・デイリー・タイムズ』〔訳者注：ニュージーランドのオタゴ地方で発行されている新聞〕に最近掲載された記事を見つけた。[4] 定年退職後の夫婦が朝食を終えようとしたとき、キッチンで大きな音が鳴ったのを耳にした。数十年使っていた電気フライパンの、強化ガラスでできたふたが勝手に破裂したのだった。多くの一般的な家具や食器類などがかつて強化ガラスで作られており、現在では、この種のガラスを用いた製品には警告が添えられている。

窓やベランダのガラスが自然発生的に破損し、高層ビルから落下することがある。これは、強化ガラスの中心が極度の圧力にさらされることにより発生する。些細で気づきにくい、さまざまな要因が破損につながる。[5]

・ガラスの淵に損傷があると、ガラスは割れやすくなる。
・気温変化や風や建物の振動などのストレス要因によって、ガラスは伸びたり縮んだりする。このような変化があると、ガラスに持続不可能なほどのストレスが生じ、破損につながる。
・金属フレームがうまく嵌められていなければ、フレームに接している部分でガラスに余分なストレスを与えることになる。

・ガラスの中に、高い割合で不純物が入っていると、ガラスに対してこの不純物の質量が変化することがあり、さらなるストレスを生む。

以上のような要因が同時に発生すると、一見、自然発生的だが、実際には長い時間をかけて蓄積した損傷が原因となって破損が起こる。

以上の議論からわかるとおり、物事が悪くなるのは、破壊をもたらす力が、回復をもたらす力によって相殺されないときなのだ。ガラスは摩耗によって破損する。つまり、多くのストレス要因が長い時間をかけて蓄積し、巨視的な悪い結果をもたらす。ストレス要因それ自体は、つねに目で見ることができるとはかぎらない。

自然発生的なガラスの破損のように、ほぼ前触れがない惨事を避けるためには、脆弱性を取り除くようにすればよい。脆弱なものを識別し、危険な状態になる前に処置をする。これは、一部の加熱処理がやろうとしていることだ。

起こりうる惨事がガラスの破損のように危険なものなら、実際に壊れる前に脆弱なものを取り替えなければならない。次は、ガラスの脆弱性ではなく、人間の脆弱性に話題を移そう。

(2) 過労と燃え尽き

人間にとって摩耗は日常生活の一部だ。しかし、それが極端になれば、いわゆる燃え尽きにおちいる。

近年、大きな注目を浴びている論文がある。この論文では、ミレニアル世代が燃え尽き世代となってしまった理由について分析される[6]。つねにコインの両面を見る必要があるが、この世代はたびたび怠け者でやる気がないという偏見を持たれる一方で、仕事中毒だとも言われる。若い人、なかでも女性は、ますますキャリアに執着するようになっている。特別な技能を要するキャリアは、非常に競争相手も多く、若い人は、生涯で何度も転職することを当然だと考えている。しかし同時に、期待するキャリアと現実の職場環境の不一致に悩む若者もいる。以前の世代と比べれば、これは新しい重要な変化だ。上昇志向のある若い人の中には、私的な人間関係や趣味、肉体的・精神的健康を犠牲にしてまで、キャリア上の競争相手に勝とうとするものも多い。それにもかかわらず、彼らの収入はたいていの場合、親の世代が同じ年頃に受け取っていた収入にはるかに及ばない。貯蓄もはるかに少なく、格差もずっと大きく、安定性もなく、比較できないほど大きな学生ローンを背負っている。

人々が燃え尽きたと感じるのは、自分の手元にある資源が尽きたときであり、燃え尽きが起こると仕事もできなくなるので、この悪循環を止めるのは難しい。韓国系ドイツ人の哲学者ビョンチョル・ハンは有名な著作の中で、燃え尽きを起こした人は、上司によってではなく、自分によって搾取されたのだと考えるべきだと指摘している[7]。人間は飽和効果を忘れがちだ。時間を無制限に投資することはできない。特別大きな活動力は、自己強化的な正のフィードバックを通じて拡大しつづけるのであり、自己安定的な負のフィードバック（つまり休息）をともなわない。しかしこれは、成功を勝ち取るためには、よい戦略ではない。週100時間も働きつづければ、かならず何らかの弊害が起こる。

科学の基本は定量化と計測だ。このため、燃え尽きを計測する方法について考えることは、自然なことだ。燃え尽きの計測手段として、マスラック燃え尽きチェックリスト〔訳者注：通常は、マスラック・バーンアウト・インベントリーとカタカナで表記されるようだが、意味を取りにくいので本書では上のように訳した〕が生み出された。[8] ここでは、情緒的消耗感、脱個人化、個人的達成感の低下の三つの基準が考慮される。一つ目の情緒的消耗感は、活発さがなくなってしまうことを意味し、二つ目の脱個人化は、仕事に対する虚無感や消極的態度のことであり、三つ目の個人的達成感の低下は、職場で有意義に働けていない、あるいは成果をあげられていないという感覚を指す。被験者は三つの基準すべてにかんして、プラスからマイナスへの連続的な尺度でスコアをつける。三つすべての基準にかんしてマイナスのスコアであれば、燃え尽きだと科学的に判定される。現実の燃え尽きは、休暇や旅行では回復しない。多くの場合、転職を必要とする。データによれば、あらゆる専門職でおよそ1割の人が燃え尽きを経験している。間違いなくコロナ禍によって、この数字は増加しただろう。確かなデータはないものの、2割にまで上昇したと考える専門家もいる。

燃え尽きは今や、世界共通の問題だ。ヨーロッパでも盛んに研究されており、何らかの政策対応が必要だと考えられている。[9] コロナ禍によって——さらには、政治的混乱や、ハリケーンや山火事のような自然災害も加わったため——潜在的に燃え尽きになる人が、急速に増加している。2020年のある研究では（統計的に偏りがある可能性もあるが）、アメリカの被雇用者の76パーセントが、仕事による燃え尽きを経験していた[10]（数字は恐ろしい）。

東アジア諸国では「過労死」が増加しており、深刻な状況を示唆している。多くの場合、心臓発作や精神的ストレスをともなっている。日本は、世界でも最も長時間働いている国の一つであり、日本の若い人々の中には、文字通り死ぬまで働きつづけるものもいることはよく知られている。日本には過労による死亡に特別な表現が与えている。つまり、「過労死」だ。プレミアム・フライデーという政府主導のキャンペーンが実施されており、毎月最後の金曜日には3時に退社することが奨励された。これは勧告であり、強制力を持たない。さらに、コロナ禍では、人々は外出を控えるようになったので、実質的にはプレミアム・フライデーは実行されなくなった。

ソフトウェアを保管するサイト、ギットハブ上で、やや皮肉めいたスローガンが、中国のコンピュータ・プログラマーのあいだで拡散した。"996・ICU"というものだ。これは、「1週間に6日間、午前9時から午後9時まで働けば、どこかの病院の集中治療室送りになる」という言葉を省略したものだ。中国の労働法では、1日8時間以上、週44時間以上働くことは認められていないが、ほとんど守られていない。地域的調査では、半分以上の回答者が毎日残業していることが報告された。

心理学でも計測は重要な問題であり、燃え尽きを評価する方法が、他にも多数存在するのは不思議なことではない。マスラック燃え尽きチェックリストの変種が、中国や日本やその他の国で用いられている。有効な計測手段があったとしても、問題自体を解決することにはならないが、少なくとも問題を可視化することができる。ある組織で燃え尽きが多く報告されたならば、それは個人の問題というよりも、環境による影響と見るべきだ。マスラック燃え尽きチェックリストを用いれば、許容量を上まわって仕事を課される職場を見つけることができる。昇進できない、あるいはクビになることを恐れて長時間働いているだけかもしれない。

人間の燃え尽きは、マイナスの力がプラスの力によって相殺されていないときに生じるようだ。累積的なストレスによって、注意力や積極性が急速に低下する。大きな事故でも起こらないかぎり、自分が燃え尽きだと気づけない人も多い。

ガラスの例と同じメカニズムが見えてきた。問題が起こってから事後的に修復を行うよりも、徐々に進行するストレスの蓄積を防ぐほうがはるかに有効だ。次章第1節で回復についての考え方を議論する。

(3) 社会の崩壊にいたる道

カリフォルニア大学ロサンゼルス校の著名な地理学教授ジャレド・ダイアモンドは、消滅した文明(マヤ文明のような)の終局を分析するなかで、以下の問いを立てた。つまり、なぜ文明は消滅するのか、そして文明が消滅しないようにするには、どのような教訓を導き出すべきかという問いだ。よく知られている仮説では、イースター島文明の崩壊は、最も古い木ではなく、最も若い木から舟を作っていれば防げただろうと考えられている。つまり、イースター島の人々自身が、環境を破壊し、文明の危機をもたらし、崩壊にいたったのだ。漁には舟が必要であり、舟は木から作られるので、この見方には一定の説得力がある。しかし慎重に考えることも必要だ。木々の消滅によって何か別の問題が発生するのではないか、つまり、魚という最も重要な食料資源を獲得するのに必要な道具を作ることができなくなる、と考えた人が誰もいなかったとは考えにくい。実際には、イースター島の人々は漁から農業に転換したのだが、その際に土地利用が適切に管理されていなかったため、土壌が枯れ、文明が崩壊した。

世代間の相違　団塊の世代とそれ以下の世代では、文明世界の崩壊が切迫していると考えるかどうかについて、違いがあるかもしれない。団塊の世代の人々は、世界大戦直後の世界を経験している。彼らは、核戦争の切迫した脅威によって、文明や自己存在に不安を感じていた。歴史上はじめて、大国のリーダーたち数人が、無数の人々を殺害する能力を手にした。これは憂慮すべき兆候だった。技術の進歩や世界経済の拡大とともに、以前よりも大きな規模の破壊をもたらすことが容易になった。この状況は、大衆文化に反映された。『未知への飛行』［訳者注：小説の原題は*fail safe*。シドニー・ルメット監督により映画化された］は、１９６０年代初頭に書かれた有名な軍事サスペンスであり、機械の誤作動によって、核の先制攻撃が行われるというストーリーだった。

より若い世代の人々にとっては、社会の緊張や崩壊は別の状況と結びついている。つまり、環境破壊、気候変動、監視技術、伝染病、天然資源に依存した経済だ。さらに、おそらく将来的に影響がある状況として、人工知能（ＡＩ）のさらなる進化や生物兵器の拡大もあげられる（人工知能の進化が、農業革命や産業革命に匹敵する影響を持つと考える人も多い）。コロナウイルスが研究機関から流出したという仮説は確かなものではないかもしれないが、遺伝子操作によって新しいウイルスを作り出すことは、今や可能だ。[11] 新しい世代の人々が新しい危機を認識するのは重要なことであり、新しい革命的な技術によって、はるかによりよい未来が待っているかもしれないが、その一方で、大惨事につながるリスクも高くなるかもしれない。

崩壊学　崩壊学と呼ばれる古くて新しい科学分野が存在する。温故知新の精神に則り、過去の社会の崩壊を分析することで、高度に発展した現代世界の崩壊の予兆をとらえようとするものだ。社会の崩壊の原因（内部から生じたものであれ、外部から来たものであれ）についていくつかの教訓が得られる。不完全だが、以下のような教訓があげられる。

- 資源の枯渇
- 気候変化
- 友好的な隣国からの支援の減少
- 敵対的な隣国からの圧力の増加
- 社会が問題を認識し、それに対応する能力を弱める政治的・経済的・社会的・文化的要因

社会の崩壊は突然、訪れる傾向がある。頂点を迎えた後、緩やかに下り坂を歩んでいくというよりも、突然現れる崖から転げ落ちるのだ。利用可能な資源量と資源消費量との不一致、あるいは経済的支出と経済的生産力との不一致が生じたとき、この傾向が現れやすい。

重要な点は、人間社会は問題を解決するための集団だということだ。社会の指導者層の短期的な利害と社会全体の長期的な利害が対立していると、問題解決はうまくいかない。より正確には、重大な局面

において適切な対応をとるための判断能力を、社会全体として欠いているとき崩壊が生じる。ソビエト連邦の崩壊は、問題解決能力を失ったことによって生じた典型的な失敗例だ。

1960年代の古いユダヤ人ジョーク

神は、世界の人々が罪を犯すことに不満を持ち、1週間後に大洪水を起こして人類を絶滅させることを決心した。神は事前に、雷のような天からの声で世界中の人々に警告した。このとき、世界の主要な政治家たちがそれぞれの国民に向かって話しかけた。アメリカの大統領はテレビ演説でこう言った。

「アメリカの同胞たち、1週間、断食や懺悔や施しをすることで天国へ行く努力をしよう」

ソビエトの党書記長はこう言った。

「同志たち、倉庫を解放し、食料とウォッカを家に持っていきなさい。1週間だけ豊かな生活を楽しもう」

イスラエルの総理大臣の演説は短かった。

「ユダヤ人たち、1週間で水中で生活できるようになろう」

このジョークの中のユダヤ人の努力が実ったかどうかはわからない。しかし、このジョークの教訓は次のことにある。生き残るためには、現実を直視し、問題に対処するために適切な手段を見つける努力をしなければならない、ということだ。

第3節　極端な出来事と予測可能性

(1)極端な出来事

極端な出来事はどのように生じるのか　自然現象であれ、社会現象であれ、極端な出来事――つまり地震、土砂崩れ、山火事、株価暴落、高層ビルの崩壊、製品設計の失敗、伝染病の大感染など――は突然、不意に現れるように見える。これらの極端な出来事はまれにしか起こらないものの、ひとたび発生すれば甚大な人的被害をもたらす。このような出来事を理解し、評価し、予測し、コントロールすることは可能だろうか。私（ペーテル）の専門分野である複雑系理論を用いれば、少なくとも、その背後に存在するメカニズムを理解することが可能になる。自然災害や大事故の影響は非常に大きいため、まれにしか起こらないにもかかわらず、極端な出来事を数理的に分析する研究は盛んに行われている。

本来、「極端」という言葉に悪い意味はない。よいことであっても通常から大きく逸脱していれば極端という言葉を使う（たとえば、「極端に生産的な人」とか「極端に成功した人」とか）。「1年以内にアイスランドで大きな地震が起きる確率はどれくらいか」、あるいは「明日起こりうる株価暴落はどの程度のものか」といった質問を聞くことがあるだろう。あるいはよい例として、「宝くじに当たる確率はどれくらいか」がある（確率論が誕生した当時は、ギャンブルでの勝ち方に強い関心があった）。地震の発生やてんかん発作、株価暴落にかんする研究は、それぞれまったく異なる伝統を持つ学問分野で行われてきた。しかし、複雑系研究では、これらの出来事のあいだに類似性があることが強調され、共通の方法を用いて、これらの現象について一定の予測をしたり、あるいは厳密な予測が不可能だということを理解したりすることが可能になる。

極端な出来事を適切に制御するためには、まずこれらの現象を生じさせるメカニズムを理解しなければならない。大地震は、途中で停止しない小さな地震だと考えることが可能だ。しかし、この考えのもとでは、重大な出来事には予兆が存在しないことになるため、絶対に予測不可能となってしまう。別の考え方は、重大な出来事、あるいは少なくともその一部は、一連の累積的な強化プロセスを通じて発生するというものだ。この考えが正しいとすれば、重大な出来事を予測することが可能な場合も存在する（予測不可能なものは「自己組織的臨界性」が原因であり、一定の予測可能性があるものは「間欠的臨界性」によって生じる[12,13]）。

補償されない正のフィードバック　フィードバックとは、システムの出力信号の一部がそのシステムへの入力として影響を及ぼすようなプロセスを表している。つまり、システムの中にループがあるということだ。フィードバックというメカニズムは、システムの動的なふるまいに根本的な作用を及ぼす。「正のフィードバック」や「負のフィードバック」という言葉は、制御理論に由来するものであり、システムが平衡状態に到達したり、あるいは平衡状態から逸脱したりする過程を説明するために用いられる。

おおまかに言って、負のフィードバックは目標状態との誤差や逸脱を減らし、安定化させる効果を持っている。負のフィードバックのおかげで、システムは期待どおりに機能する（たとえば、温度自動調節器（サーモスタット）のおかげで、室内の温度が高くなりすぎると暖房を停止し、室温が設定値の一定の範囲内でしか変化しないようにすることができる）。正のフィードバックは、初期状態からの逸脱を拡大させるものであり、不安定化をもたらす。

自然界のものであれ、技術的なものであれ、あるいは社会的なものであれ、システムにはフィードバック・メカニズムが多く含まれる。たとえば経済においては、需要と供給の均衡をもたらすフィードバック・ループが存在する。また、他の人の行動を真似しようとする人間の性質は、正のフィードバック・ループとして機能するので、株価の急上昇、およびその後にかならず起こるバブル崩壊の原因となりうる（バブル崩壊についてはあとでふたたび論ずる）。地震、株価暴落、ハイパーインフレーション、てんかん発作、政治的混乱といった現象の背後には一般的に、補償されない正のフィードバックがあると考えられる。

(2) 成長のしすぎも、しすぎであることに変わりない

無制限の成長　成長プロセスとは、大きさ、化学物質の濃度、人口密度、価格といった物理的、化学的、生物的、経済的、あるいはその他の状態変数の増加を表す。図3－1は、三つの成長パターンを示している。

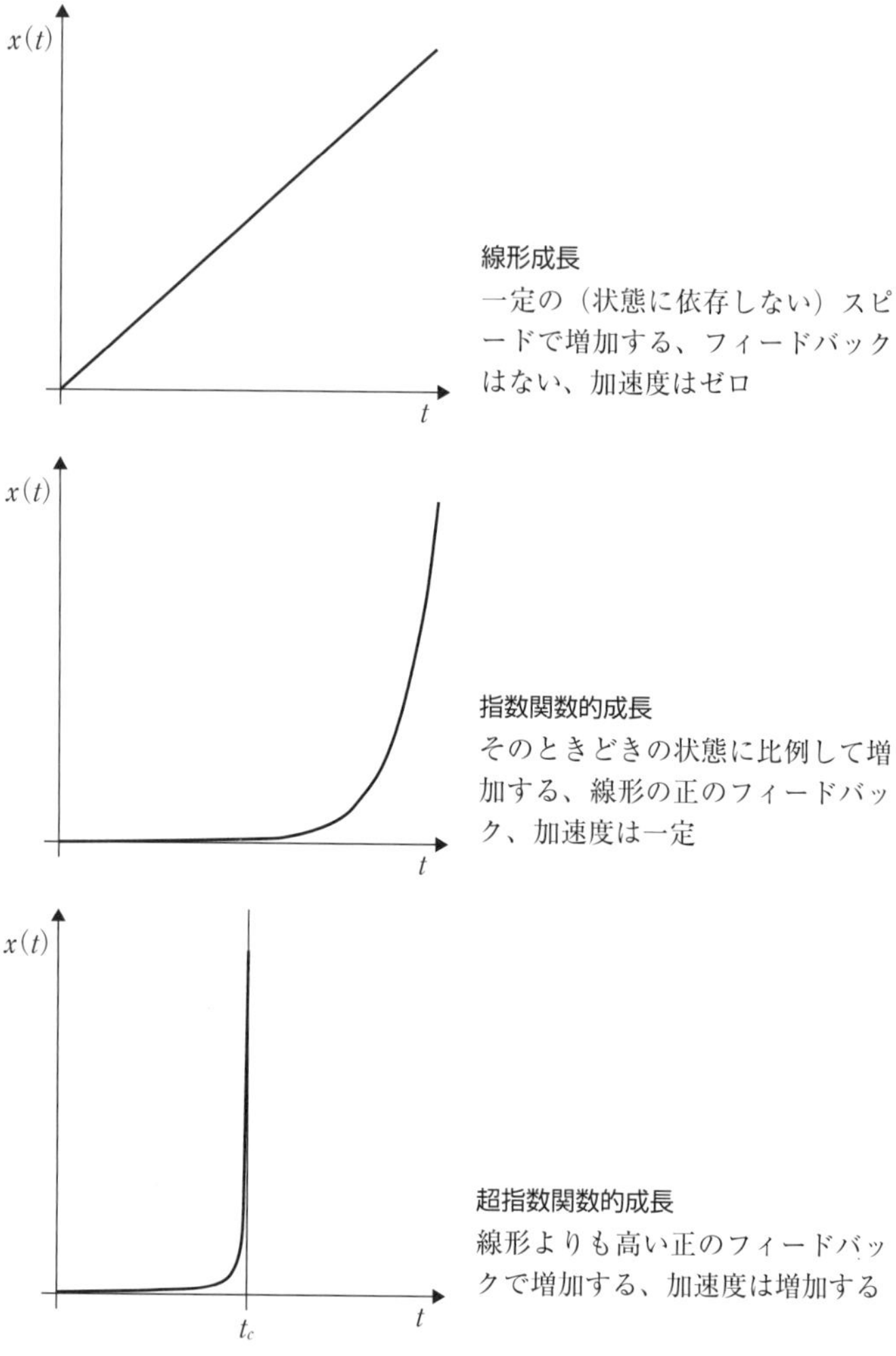
x(t)
t
線形成長
一定の（状態に依存しない）スピードで増加する、フィードバックはない、加速度はゼロ
x(t)
t
指数関数的成長
そのときどきの状態に比例して増加する、線形の正のフィードバック、加速度は一定
x(t)
t_c
t
超指数関数的成長
線形よりも高い正のフィードバックで増加する、加速度は増加する

図３－１　無制限の成長——有限および無限時間の特異性

上の図は、線形成長を示している。同じ時間間隔に対して同じ量だけ成長が起こる。一例としては、外部からの一定額の入金によって増加する所得をあげることができる（親から仕送りを受け取っている学生のように）。増加の速さは、それぞれの時点での水準に依存しない。中央の図は、指数関数的成長を示している。コロナ禍で「指数関数的」という言葉は一般にもよく使われるようになったため、指数関数的成長がどのようなものか、誰もが理解するようになった。増加幅は、時間が経つとともにより大きくなり、水準が高くなればなるほど、増加幅も大きくなる。より具体的には、増加幅はそれぞれの時点での水準と比例関係にある。つまり、速度と水準自体とのあいだに、線形の正のフィードバックがあることになる。フィードバックがあるということは、この成長は加速していくということを意味する。さらに、加速度（速度の変化）は一定でもある。線形成長と指数関数的成長は、時間とともにどこまでも成長していくという点では共通している。

指数関数的成長よりも急速な成長も考えることができる。それは、図3－1の下の図が示す超指数関数的成長だ。この場合、「倍化時間」、つまり水準が2倍になるのに必要な時間が有限期間内にゼロに近づく。この場合の正のフィードバックは「線形よりも高い」ものであり、これは、有限時間特異性という現象をもたらす一般的メカニズムだ。負のフィードバック・メカニズムによる安定化効果が存在しないため、爆発のような大惨事につながる可能性がある。有限時間特異性というのはおおまかに言って、動的変数が有限時間内に無限の値に到達することを意味する。中央の図の指数関数的成長は無限時間になってはじめて無限の値をとるため、このケースとは質的に異なる。

経済成長——望ましいものかどうか

まず、「成長は道徳的責務だ」という極端な表現について考えよう。誰もが、幸福に、健康に、豊かに生きられるようにするためには、この考え方はおおよそ正しいと言える。著名な経済学者タイラー・コーエンは、この考えを明確に主張している。[14]新古典派経済理論では、無限に経済を成長させることができると想定される。なぜなら、市場競争と技術革新によって効率的な生産が可能になるからだ。しかし原材料、あるいはより一般的に天然資源が枯渇すれば、どうなるだろうか？　このような懸念にもとづいて、脱成長という別の考え方も提示された。脱成長にかんしては、さまざまな運動が展開されている。この考えによれば、成長は不健全な強迫観念でしかない。イギリスの経済学者ケイト・ラワースは、限定的成長という新しい経済モデルを、ドーナツに似た図を使って説明した。[15]ドーナツの内円には、われわれがよい人生を送るうえで最低限必要なものが列挙される。国連総会は、２０１５年に持続可能な成長目標（ＳＤＧｓ）を発表したが、「よい人生」を具体化するうえでラワースは、これらの成長目標を参考にしている。持続可能な成長目標には、食料・飲み水や、最低限の住居、衛生設備、エネルギー、教育、医療、ジェンダー平等、所得、参政権が含まれることが明記されている。ドーナツの外周は、地球環境の持続可能性にとって必要な環境的上限を表している。この上限は、気候、土壌、海洋、オゾン層、淡水、生物多様性といったものに対して、どの程度までであればダメージを与えてもよいかを考察することで決定される。もちろん、ラワースのドーナツ図は、規範的なモデルだ。実際に経済がどのように機能しているかという問題ではなく、どのようにコントロールするべきかという問題を扱っている。このモデルによれば、ドーナツの内周と外周のあいだ、つまりドーナツの中に収まることが望ましいと示唆される。ドーナツ・モデルは、コロナ後の経済回復のため、アムステルダムで実践されている（たとえばイレーヌ・マルディーニ「アムステルダム・ドーナッツ」[16]を参照）［訳者注：説明を付け加えると、大きさの異なる二つの同心円があり、小さい円の中には経済の基礎として、人間の生活に必要なものが列挙され、大きい円の外側には、気候変動などの、環境対策に失敗したときの惨事が列挙される。人類は小さい円と大きい円の中間、つまりドーナツ上で生活することを目指すべきだと示唆される］。

われわれ筆者たちには、経済成長にかんするコーエンとラワースの見方を調和させる方法があるかどうかわからない。また、50年前に発表された有名な著作『成長の限界』のタイトルの言葉を、具体的にどう定義するべきかもわからない[17]。五つの変数（人口、食糧生産、工業化、汚染、再生可能でない天然資源の消費）を用いたコンピュータ・シミュレーションにもとづいて、『成長の限界』の著者たちは、当時の経済活動をそのまま続けていれば、数世代のうちに人口や工業生産力が突然、対処不可能な形で低下すると警告した。このモデルはやや単純すぎるものであり、定量的な詳細を示すことができないものだったが、基本的なメッセージはいまだに有効だ。つまり、「これまでどおりのやり方を続けていればよい」という考え方は、人類を破滅の淵まで追いやる、というメッセージだ。急速すぎる成長は安定的ではない。超指数関数的成長を目の当たりにすれば、陶酔感を感じるかもしれない。しかし、急速な拡大は急降下の前触れだ。ところで急降下と言えば、こんな話が思い浮かぶ。

鉄のカーテンの向こう側で語られたジョークをもう一つ。

資本主義はどこにある？

「崖の淵にある」

では、社会主義は？

「その一歩先」

有限時間特異性と急降下　負のフィードバックが存在しないときに、大惨事が生じる。建物などの崩壊事故、地震、株価暴落、ハイパーインフレーション、ウイルスの蔓延、てんかん発作などの極端な出来事は、補償されない超指数関数的成長としても表すことができる。[18]

需要と供給の均衡を基礎とする伝統的な経済理論によれば、市場価格が均衡価格から乖離すると、需要量と供給量が反対の方向に変化することによって、価格は均衡価格に回帰する。しかし、複雑系研究では、人々が他人の行動をまねるという想定を加えた場合、際限なく需要が増加しつづける状況があり、それにより特異性が生じることが示唆される。負のフィードバックによって、正のフィードバックの効果が相殺される場合には、均衡理論は機能する。「正常な状態」では、「買い手」と「売り手」の行動がお互いの行動を相殺しあうが、「危機の状態」では、他者を模倣することによって協調的な効果が現れる（「他のみんなが買っているので自分も買いたい」）。つまり、正のフィードバックは線形よりも高い。（不合理な期待にもとづく）超指数関数的増加は、永遠には持続しない。というのも、この増加は本質的に不安定であり、持続可能ではないからだ。結果として、逆の変化、つまり株価暴落が後に起こることになる。

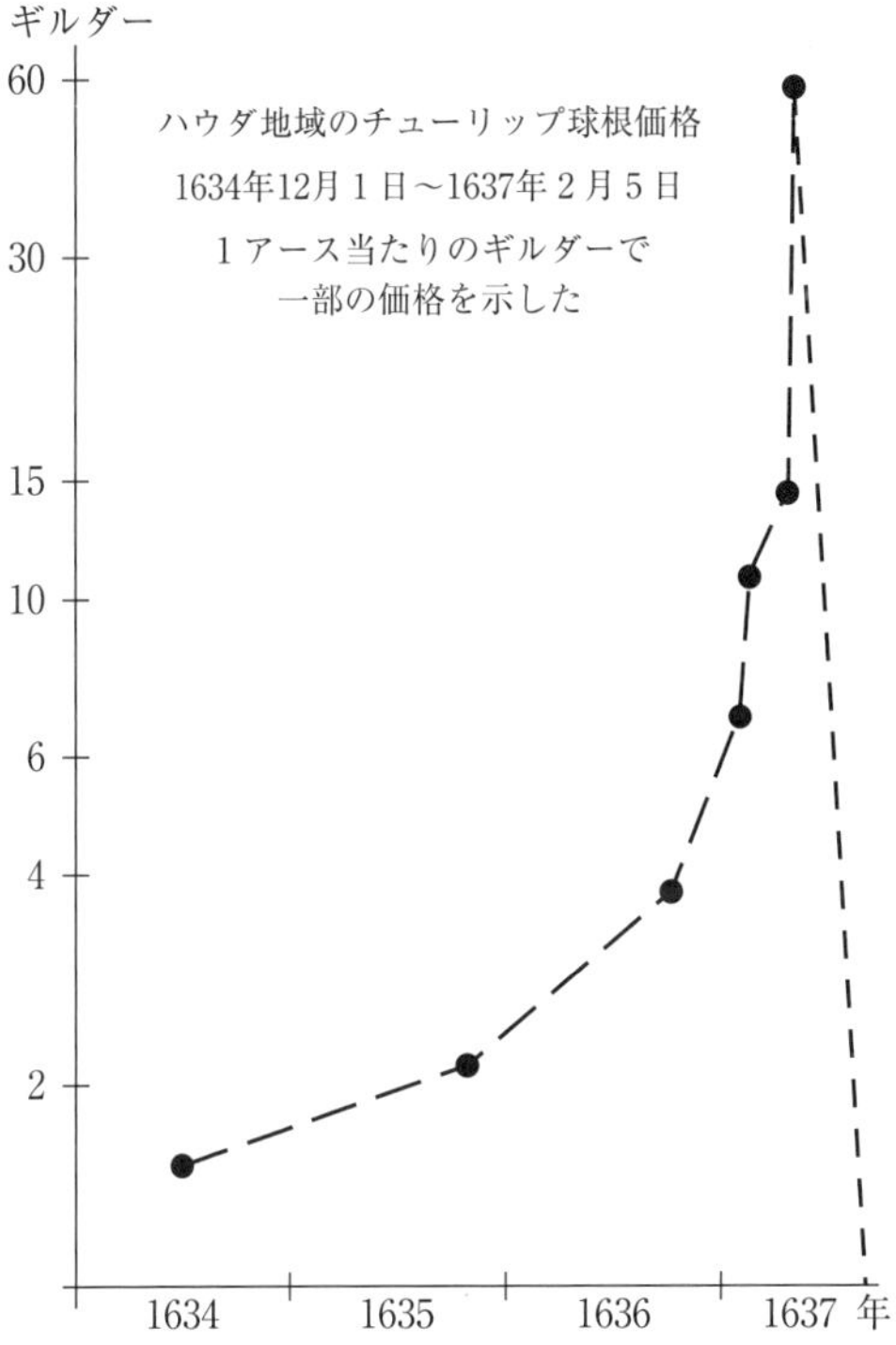

図3－2　チューリップ球根バブル期の価格変動

http://www.stock-market-crash.net/tulip-mania. htm から転載。©Elliot Wave International
訳者注：1アースは重さの単位、約0.05グラム

チューリップの球根をめぐる狂乱

一般的に、最初の経済バブルと考えられている事件は、オランダの黄金時代の最中である1635年に発生した。チューリップの球根は当初は、花の美しさを求めて購入されたが、球根の価格が上昇するにつれて、（多額の）利益を上げる目的で売り買いされる対象となった。ひと月で球根の価値が20倍に上昇したこともあった。オランダ政府はこの狂乱を問題視し、対策をとろうとした。政府の規制によって、機敏な投機家は、価格がこれ以上上がらないことを悟り、球根を売り始めた。他の人もすぐに、球根への需要が続かないと気づいた。先行きに対する悲観は急速に人々のあいだに広まり、社会的なパニックが起こった。球根の価格は、6週間のあいだに90パーセントも下落した。図3－

2を参照。

補償されない正のフィードバック――てんかんと金融危機　二つの真逆の金融危機、つまり株価暴落とハイパーインフレションは、実際の成長率と期待成長率とのあいだに、正のフィードバックが働くことで発生する。[13] 大規模な株価暴落は、大地震やてんかん発作と類似した現象だ（類似しているといっても、適切な範囲や制限のもとでのみだ）。ディディエ・ソルネットによれば、株価暴落は、一つの局所的な出来事（利子率の引き上げや政府の規制導入など）のみで引き起こされるものではなく、過度に急速な株価上昇が原因となる。投機的な株価上昇は、市場を不安定にする。最終的に、わずかな撹乱要因が引き金となって株価が大暴落する。過度に急速な株価上昇は、てんかん患者の脳の過剰興奮と類似している。たしかに、てんかんも金融危機も、悪循環というメカニズムで説明できる。

てんかん原性の神経生物学的説明　「発作が発作を生む」という、てんかん発作の発症と悪化を説明するための表現は、19世紀イギリスの神経学者サー・ウィリアム・ガワーズ（1845－1915）に由来する。現代的な表現を用いれば、てんかん発作は正のフィードバック・ループによってもたらされる。複雑系研究によって、てんかんはより広い観点から考察されるようになった。てんかんが複雑系にかんする出来事と見なされるようになってからは、てんかん原性やその悪化をもたらす単一のメカニズムのみでてんかんを説明することは難しくなった。この疾病の悪化につながる分子的・細胞的なメカニズムを発見しようとする試みは、有望ではなくなった。というのも、ネットワーク同期のような突発的現象が、普遍的に、あるいは線形的にてんかんと関連づけられるとは考えにくいからだ[19,20]。

脳が安定的に機能するためには、興奮性および抑制性の作用のバランスが必要だ。抑制性のシナプス伝達が損傷すれば、てんかん発作の発症につながる。ニューロンの膜電位が「異常」な強さで同期するとき、一定のニューロン集団内で、てんかんの作用が発生する。海馬のCA3領域に一般的な同期メカニズムが存在することが、実験によっても理論的考察によっても示唆されている。シナプス抑制は、錐体ニューロンの発火をコントロールしている。実験においては、GABA－A受容体をブロックする薬剤を投与することで抑制を弱めることができる（GABAは最も重要な抑制性伝達物質だ）。抑制が臨界値を下まわれば、同期の程度が正常なパターンの閾値を上まわり、てんかんが引き起こされる。抑制低下剤を用いたてんかんの場合のような、神経ネットワーク全体で生じる現象は、生理学的見地とコンピュータ・シミュレーションの両方を用いて研究する必要がある。

経済学は、てんかんとの類似から何を学べるだろうか。少なくとも二つの点で、上記の手法を転用することができる。つまり、前兆の発見と治療に対する考え方だ。極端な出来事を専門的に研究する分野では、脳波記録の統計的特徴を考察することで、てんかん発作の初期兆候を発見する手法が提示されている[21]。類似の統計的特徴（つまり、短期間で大きな株価変動が生じること）が金融危機にも見出せることを知っておくのは有益だ。

地震や金融危機、てんかん発作のような極端な出来事に対する予測の精度を引き上げることは可能だろうか。一般的に言えることは、制御機能が損傷を受けたときに極端な出来事が頻繁に生じるということだ。複雑系理論によれば、前兆を発見することで極端な出来事を予測でき、物理現象であれ、社会現象であれ、疾病であれ、共通の手法を用いて「重大な出来事」を分析したり、モデル化できることが示唆される。この分野では、有意義な成果がすでにあげられている一方で、解決されるべき問題も多くある。近年書かれた論文のタイトルは、同分野の理論的研究のジレンマをよく表している。つまり、「われわれは予測不可能なものを予測できるのか？」だ。[22]

人間関係以上に予測不可能なものはないのではなかろうか？　そこで次に、社会心理学の知見を用いて、人間関係の崩壊の予兆をとらえることができるかを議論する。人間関係を維持できる可能性はどれくらいあるのか？　また、どのようなときに付き合いをやめてしまったほうがよいと考えるべきなのか？

第4節　人間関係崩壊のパターン

シェークスピアのソネット117番

こう私を告発してくれ。つまり、きみの大いなる恩愛に
むくいるのを、まったくなおざりにしていたと、
日々に、あらゆる絆が私をきみの高貴な愛に

結びつけるのに、その愛に訴えるのを忘れていたと。
また、素性も知れぬやからと慣れ親しみ、
きみが高値で買いとった権利をむざむざくれてやったと、
また、きみの姿から遠ざけてくれる風が吹けば、
どの風であれ帆をあげたと、そう私を責めてくれ。
故意の罪も、過失の罪も、ともに書きとどめてくれ。
確かな証拠のうえに推測も積み重ねてくれ。
私がきみの不興の的になるのは仕方のないことだ。
でも、ほんとうに憎んで射つのはやめてくれ。
　私は、ただ、強固不変なきみの愛がどんなものか
試しただけだ、とわが上訴の弁は述べているのだから。

シェイクスピア『ソネット集』（高松雄一訳、岩波文庫、1986年、161-162頁）

(1) 安定的な人間関係の維持

人間関係を厳密に定義するのは難しい。その理由の一つは、異なるタイプの人間関係が重複することだ。同僚が友人である場合もあれば、配偶者が共同経営者である場合もあり、上司が恋人である場合もある。親密さは、近しい人間関係（恋愛関係であれ、友人であれ）の重要な特徴だが、たんなるよい感情としてではなく、さまざまな強度や頻度を持った相互関係のある状態としてとらえるべきだ。何らかの

関係性を有する人どうしの態度――そして、そのような態度が相互に一致する程度――によって、両者のあいだで考えや感情や行動が影響しあうかどうか、また意思決定や将来見通しに影響を及ぼすかどうかが決まる。とりわけ、このような態度や相互性によって、関係を維持したいかどうかが決まってくる。

確かなことが一つある。つまり、人間には安定的な人間関係が必要だということだ。精神的健康にとっても、それが最善だ。というのも、関係が停止すれば、社会的にも、物理的にも、精神的にも大きなダメージが生じるからだ。もちろん、長期間持続している人間関係であっても、危機の瞬間は訪れる。恋愛感情がなくなっても、関係を完全に断ち切る十分な理由とは言えない。長期間にわたる人間関係を持つことは健全なことだ。

『31年目の夫婦げんか』（2012）という映画で、メリル・ストリープとトミー・リー・ジョーンズは、壊れた関係を再生する夫婦を演じた。セラピストのフェルド医師はこの夫婦に、最も恵まれた夫婦であってもよい時と悪い時があると伝える。そして、あきらめずに夫婦関係を維持する努力を続けるべきだと忠告する。

つねに問題は生じる。次章第1節(1)では、安定性という概念について議論する。多少うまくいかなくなった関係を安定化させるためには、まず次のような点について考える必要がある。

何がダメになったのか。どのようにして現状にいたったのか。当初は、今とは違う関係性を期待していたのか、あるいは期待が時間とともに変化したのか。つながりが弱くなったとき、どのようなサインが現れるか。人間関係に問題があり、気持ちがますます離れていっているにもかかわらず、それに気づかないのは、まるで目隠しをされていたかのようだ。第３節⑴で論じたように、安定化要因をともなわない正のフィードバックがあるとき、わずかな対立であっても劇的に強められる。

ロビン・ダンバーは、友情にかんする大部の近刊著作で、イギリスの社会心理学者マイケル・アーガイル（１９２５‐２００２）の研究グループが、１９８０年代に友情のルールについて行った多くの実験について論じている。[23・24] この実験をもとに、安定的な人間関係を維持するための六つのルールが示された。

①友人がいない場でその友人を弁護する。
②友人に重要なニュースを伝える。
③必要なときには、友人を慰めたり励ましたりする。
④お互いへの信頼を持つ。
⑤必要なときには、助けを申し出る。
⑥相手を幸せにしようと努力する。

アーガイルの研究グループによれば、この六つのルールのうち守らないものが増えれば、友情は弱まる。さらに、被験者は疎遠になった友人関係を想起するとき、自分よりも相手のほうに責任があったという傾向があることも見出された。これは心理学の研究では典型的な行動だ（正確には「基本的な帰属の誤り」と呼ばれる。基本的な帰属の誤りとは、他人の行動を説明するとき状況的要因を軽視し、その個人の人格的要因を過度に強調する傾向があることを言う。たとえば、大切な人が病院に送られたのを知って急いでいる人と道でぶつかったとする。そのとき、この人がおかれた状況を想像するよりも、この人の人格を悪く言う人のほうが多い。誰しもこの考え方には馴染みがあるだろう。ダンバーが言うように、「悪いのは私ではなく、他人だ」)。

(2)なぜ人間関係は崩壊するか

人間関係から得られる恩恵のうち最も重要なのは、心理的な緊密さだ。心を開くことで、お互いをよく知ることができるようになり、協力関係をスムーズにし、お互いの要求に合わせることができるようになり、信頼が深まる。恋愛関係では、親密さや、感情と行動をともなう誠実さが必要だということは言うまでもない。恋愛関係が長く続き、結びつきが強くなればなるほど、その関係への「投資」(共同の所有物や、共通の友人など)が大きくなる一方で、別れる際の「負担」も大きくなる。

ダンバーの研究グループは、被験者に対して、人間関係崩壊につながりうる11の理由を示し、どれが実体験に当てはまるかを尋ねる調査を行った。

・配慮の欠如
・意思疎通の不足
・自然と離れていった

・嫉妬心
・アルコールや薬物にかんする問題
・関係にかんする不安
・ライバルとの争い
・他人の介入
・飽き
・誤解
・文化の違い

最も回答が多かったのは、配慮の欠如、意思疎通の不足、嫉妬心の三つだった。

このうちの最初の二つの理由には、三つの根本的原因が存在する。第一は、関係に費やす時間の低下だ。関係が強固なもので、以前ほど頻繁に会ったり、連絡したりする必要がないと思うと、関係に費やす時間が低下する。これは第二の理由とも関連する。それは注意の欠如だ。これが持続すれば、第三の理由である誤解（ダンバーのリストにも含まれていた）も増えることになる。誤解はわずかなものであっても嫉妬心につながる。

移行理論（第5章で論じる）やデータが示唆するように、人間関係は緩やかに壊れていく場合と、突然の大事件で崩壊する場合がある。人間関係崩壊の予兆については、本節(3)で言及する。その前にまず、ジュジャの実体験について紹介したい。

いくつかのとても短いお話　ジュジャのもとで社会学を学んでいるフランチェスカは、年齢、ジェンダー、職業の異なる30人ほどの人々に詳細なインタビューを行った。フランチェスカは、人間関係の崩壊には典型的なパターンが存在することを示そうとした。

中年女性のイブは、夫婦関係が不釣り合いだと述べた。イブは結婚後すぐに仕事をやめ、育児と家事に専念した。反対に、イブの夫は金銭の管理をした。子どもたちが10代になった頃、イブと夫とのあいだに、大きな感情の不一致ができたことがあきらかになった。それまでは、はっきりとそれに気づくことはなかった。

ヘレンとケイトは古い友人で、21～22歳のときに、一緒に左派の学生運動に加わった。しかし、ケイトの政治観は2、3年のうちに変化し、ヘレンとの会話は口論になることが多くなり、関係崩壊にいたってしまった。

マーゴは、夫のグレゴリーが彼女に関心がないと確信するようになった。仕事から帰宅しても、グレゴリーは彼女の日々の出来事について何も尋ねないし、特別なことがないかぎり自分のことについても話さない。セラピストに通うなかで、グレゴリーは、マーゴに関心がないわけではなく、たんに話し下手で受け身な性格だということがわかったが、そのときには、夫婦の関係はすでに修復不可能だった。

ポールとマイケルはとても親しい大学の友人で、同じ物理学の大学院に進学し、研究を進めた。しかし、ポールはすぐに多額の国際的研究助成金を獲得したため、マイケルは仲間はずれになったように感じた。助成金獲得の知らせは、ある火曜日の日に届き、マイケルはその翌日挨拶をしにポールのところに行った。数週間後、マイケルは大学院をやめた。

以上の人間関係を念頭におきながら、次に、関係崩壊の危険サインについて議論する。人間関係の問題に直面したら、彼らの体験を思い出すとよいかもしれない。

(3) 人間関係崩壊の危険サイン

関心がずれていったり、一緒に過ごす時間が少なくなったりすれば、その人間関係には問題があると心配し始めるだろう。たとえば、映画や小説や音楽やスポーツなどの趣味が一致しなければ、関係は弱まるかもしれない。

よくある人間関係のパターンは、上昇した後、巡航高度に到達するというものだ。全体で8時間の国際便では、そのうち7時間ほどが巡航高度での飛行になる。関係の始まりのときには、双方がともにエネルギーを費やし、相手を喜ばせるために機会を探る。時間が経つと、熱意は落ち込む。巡航高度に到達し、特別なことをしなくても関係が持続するようになる。

機械のメンテナンスに喩えてみよう。自動車の場合、エンジンやブレーキなど重要な部品が適切に機能するように、特別な注意が払われる。他人との感情的つながりの場合には、どの部分に最も注意を払うべきだろうか。ジェニス・ビルハワーによれば、敬意や愛情、相手へのサポート、相互義務が、健全な人間関係にとっての重要な基礎であり、このうちどれもないがしろにすることはできない。[25] 愛情と言っても、重要なのは感情ではなく行動だ。相手に対する愛情は、その人に接する態度に現れる。つまり、丁寧さや誠実さや寛容さ、またサポートや慈しみや、さらには許しや賞賛として行動に現れる。

相手への注意が弱まると、楽しい会話がなくなり、相手への無関心から、わめき合い、脅し、責任のなすりつけ合いが増える。これらは関係悪化が起こったサインだ。誰にとっても、関心や配慮に根ざした深く誠実な会話が必要だ。相手をよく知ろうという気持ちがあれば、人間関係に熱意がともなうようになる。夫婦がお互いへの関心を失ったり、何も話すことがないとか、考えや感情を共有できないと感じたりするようになれば、どこかに問題があるはずだ。しかし、お互いへの注意があれば、相手が必要な存在だと感じることができるようになる。

もう一つの人間関係崩壊のサインは、疑心暗鬼だ。多くの場合、疑心暗鬼は幼児期のトラウマに由来する。かつては信頼に溢れた人どうしが、沈黙やヒソヒソ話に終始したり、嘘をついたり、プライバシーを侵害したり、疑いを持って相手を問い質したりするようになると考えてみよう。この場合には、あきらかに信頼が喪失している。疑心暗鬼は不安によって始まり、山火事のように急速に広がっていく。山火事については次章で論じるが、人間関係の崩壊とも類似した要素がある。漠然と相手が信頼できないと感じるところから始まり、根拠のないまま疑念が確信に変わる。

世界的に有名な心理学者ジョン・ゴットマンは、人間関係悪化にかんする明白なサインが四つあると指摘している。[26] 四騎士［訳者注：新約聖書で世界の終わりに現れるとされる「黙示録の四騎士」から］とも呼ばれるこの四つのサインとは、人格攻撃、自己防衛、軽蔑、無視を指す。対立そのものは不健全ではないことに注意してほしい。そうではなく、期待を相手に伝えることは生産的である場合もある。パートナー間の「契約」は、状況に応じて話し合いで変更する必要がある。「のんびりしすぎだ」という言葉は、「家事を手伝ってほしい」という気持ちの表れかもしれない。自己防衛とは、責任を回避し、相手になすりつける行為のことだ。第三のサインは軽蔑であり、あきれた表情をしたり、「ユーモア」で相手の自尊心を傷つけたりするのは、優越感を示すための典型的なやり方だ。最も危険度が高いものが、最後のサインである無視だ。反応を示さないことを意味するが、関係を解消してもよいと思っていることを意味する。

ゴットマンは離別にいたる段階を考察し、以下の特徴を見出した。

・夫婦関係に深刻な問題があると認識したとき
・一緒に話し合うことができず、各自で問題を解決しようとするとき
・接点のない生活をしているとき
・孤独が当たり前になったとき

多くの場合、コミュニケーションをとるのが、関係を修復するための最善の方法だ。もちろんこれは、修復する気持ちがあれば、の話だ。人によっては、表面的な対応で、見かけをとりつくろっているにすぎないと思われるかもしれないが、態度が変わるだけでも成果が現れるものだ。肯定的で、安心できるコミュニケーションができるようになれば、夫婦関係に横たわるさまざまな問題に、より自信を持って向き合うことができる。要するにコミュニケーションは、人間集団の問題を解決するための確かな方法なのだ。有意義なコミュニケーションが成立しないときには、持ち手の緩んだハンマーのように、壊れ

た道具で柵を直すようなものだ。

有意義なコミュニケーションを行う方法はたくさんある。つねに注意するべきなのは、相手にメッセージを伝え、そこに誤解がないように努めることだ。相手に質問をすることで、誤解がないことを確認することができる。つまり、コミュニケーションのもう一つの重要な要素は、相手の反応を確認することと、定期的に行うことだ。ある人間関係においてコミュニケーションの方法がうまく確立されれば、対立がエスカレートする可能性はおおいに減少する。というのも、関係がよいときに対立点について話し合ったり、解決したりすることができるからだ。

ゴットマンは、以下のアナロジーから、セットポイントという概念についても議論している。つまり人間には、基礎体重というものがあり、恒常性（ホメオスタシス）によって、ダイエットをしているかどうかにかかわらず、体がその体重を維持する（恒常性については次章第1節で論じる）。定期的な運動と食事管理によって代謝作用を変えないかぎり、体重を大きく減らすことはできない。ゴットマンは夫婦生活にかんして、基礎感情を高く設定すると、それを低く設定した場合とくらべて、感情的つながりを弱めるのに、より多くの負の経験が必要となると指摘している。後者の場合には修復することは、ずっと難しくなる。ゴットマンは、自分のワークショップに参加する夫婦の大半が、たいていの夫婦には対立があり、なかにはかなり深刻な対立を抱えた夫婦もいると聞いて安心することを見出した。重要なのは、夫婦関係を修復できるかどうかだ。言い換えれば、関係を再生するカギとなるのは、対立をどのように処理するかではなく、喧嘩していないときの行動なのだ。

われわれはつねに、夫婦関係に注意を払っているわけではないため、危険サインに気づくのに遅れてしまう。なかには、意図的に関係を悪化させる場合もある。関係を悪化させる方法にはいくつかある。無言の抵抗は、相対的に控えめな方法だ。「私は何もしたくない。なるようになればよい」。以前同意したことをくつがえす行為のような挑発行為は、効果的に関係を悪化させるための積極的方法だ。これらは、明示的かどうか、あるいは意識的かどうかにかかわらず、離別を検討しているサインだ。

危険サインは、夫婦や友人や雇用関係で生じた撹乱要因に対する反応だ。危険サインが頻繁に見られるようになれば、その原因、つまりこの人間関係のどこに問題があるかに注意を払わなければならない。人間関係には、過去と将来がある。相手が将来に――明日、来週、来年に――何を期待しているかがわからなければ、離別が待っているかもしれない。

ポジティブな言い方をするなら、問題のある人間関係を立て直すために意識的な努力をするべきだということだ。ときには、関係を断ち切る判断をすることも重要だ。身体的・心理的に脅威を感じているなら、確実に危険が差し迫っており、対処が必要だ。人間関係は、双方がともに関係改善に前向きであるときのみ立て直すことができる。

ここまでは個人的な関係について議論した。しかし社会関係の多くは、集団的状況において発生するものであり、組織は人間社会の基本的特徴だ。より大きな単位で社会関係が悪化する状況について見てみよう。

⑷集団の崩壊——分裂と二極化

規模の大小にかかわらず集団が崩壊する一つのメカニズムは二極化だ。政治学者が書いた著名な論文では、感情的分極化という現象が考察されている。より正確には、以下のように分析される。[27]

従来、分極化は主として、特定の問題にかんして見られるものだったが、近年新しいタイプの分裂が世論の中に登場した。一般的なアメリカ人はますます、自分とは違う政党を支持する人々を嫌悪し、不信感を持つようになっている。民主党支持者と共和党支持者はともに、相手のことを偽善的で利己的で、閉鎖的だと考えるようになり、党派を超えて人付き合いをすることを避けるようになった。このような政党間の敵対心は、感情的分極化を呼ばれる。

一方の党を支持する人が別の党を支持する人を嫌悪し、不信感を持つという状況は、21世紀の最も顕著な政治現象であり、ヨーロッパ諸国の多くでも見られる。コロナ禍がこれにどのような影響を与えただろうか。

コロナ禍は、社会的・政治的二極化に強く拍車をかけたと考えることができる。先に論じたように、正のフィードバック・メカニズムによって、意見の対立が強化され、社会対立がエスカレートしている。事務労働に従事する高い教育を受けた人々は、スムーズに自宅勤務に移行したが、それ以外の人々は労働時間が減少したり、職を失ったりした。さらに、エッセンシャル・ワーカーと呼ばれる人々は、他人との接触をともなう肉体労働を継続し、感染の危険にさらされることになった。コロナ禍は、豊かな地域と貧しい地域との格差を広げることにもなった[28]。

コロナ禍において、公衆衛生当局の勧告に従う人と、その勧告に抵抗する人の二極化も生じた。2021年の年末には、ワクチン接種の義務化が法的に認められるかどうかが議論された。「ワクチン接種の義務化によって基本的な自由の権利が侵害されると認定した、主要な憲法裁判所や国際裁判所は存在しない」ようだ[29]。

二極化が拡大している場合、架け橋（ブリッジ）の役割をする人がとても重要だ。ネットワーク理論では、連結していないクラスターどうしを結びつけるものを、ブリッジと呼ぶ。ブリッジを破壊すれば、他とはまったく接点を持たない孤立した集団に分裂してしまう。世界を修復するには、第1章第1節(1)で論じたように、まず橋を架け直すことに着手するべきかもしれない。第1章第3節(1)で見たように、弱いつながりでも遠くの集団を結びつける重要な役割を果たすことができる。

第5節　教訓と展望

厳密な物理法則と、それほど厳密でない社会法則がともに示唆するのは、物事や関係性が可変的だということだ。熱力学の二法則は、一定性と変動性を指し示している。変動は不可逆的であり、あらゆるものが摩耗による劣化を受ける。物であっても、人であっても、摩耗することに変わりはない。とくに燃え尽きは摩耗が極端に進んでしまった状態だ。新しい世代の人々が、職場で出世欲の犠牲にならないように願ってやまない。

社会の崩壊にかんしては、最悪の状況に対する準備を怠ってはいけない。大部分の政治家は短期的視野でしか行動しないため、長期的視野に立って政治を行うことは不可能だと考える人は多いだろう。視野が短期に制限されれば、社会全体の崩壊に容易につながりうる[30]。本章では、社会が崩壊するメカニズム、および極端な出来事が発生するメカニズムについて議論したが、議論の核心は、補償されない正のフィードバックによって爆発的現象が生じるということだ。

安定的な人間関係はきわめて重要であり、関係崩壊の予兆となる危険サインについて議論した。人間関係を改善することは可能だが、そのためには双方が関係改善に前向きでなければならない。人間関係修復の大原則は、修復一般にかんする原則と変わらない。つまり、ベンジャミン・フランクリン（1706－1790）の有名な格言の「百の治療より一つの予防」だ。たとえうまくいっているときでも、人間関係を定期的に見直すことで、長期的に問題になりうる原因を見つけることができるだろう。前もって対処することで、問題が拡大し、エスカレートしたり、関係そのものを崩壊させたりするのを予防することができる。

人間関係の崩壊は、今後生じうる移行を理解することで防ぐことができる。今日、社会科学者はこの問題について考察し、研究を発表している。これを通じて、あらゆる人間関係を良好に保つ方法を提供しようとしている。ジュジャと知り合いの60代の夫婦は、休日に孫と出かけたりすることで、娘夫婦が二人きりで過ごし、親密さを維持できるようにしている。継続と刷新が人間関係の基礎だ。自立した存在でありながら、社会やチームの一部でもなければならないという、われわれの根本的でときに矛盾した特徴とも関連している。これを理解し、たとえば愛情が2、3年後に変化することや、中年夫婦が経験する空の巣（エンプティ・ネスト）症候群というものが存在することを知っていれば、夫婦関係悪化への対策を今から行うことができるだろう。

マーフィーの法則には、「物事が悪くなる可能性がある場合、かならず実際にそうなる」という有名なものがある。工業製品による事故はほぼつねに、注意不足や、意思疎通の失敗や、技能欠如といった、人的ミスから発生する。われわれ人間は失敗を認めるのを嫌うので、ソフトウェアのバグや神の行いなどの言い訳を探し、マーフィーの法則のせいにしようとする。マーフィーの法則を避けることができるだろうか。個人の責任を受け入れるほうが、他人のせいにするよりよい結果を生むだろう。いずれにせよ、工業製品の設計者はフェイルセーフやイディオット・プルーフ装置［訳者注：イディオット、つまりバカな（idiot）人が触っても大きな影響が生じないように製品を設計すること］を組み込む必要を理解しており、それによって人的ミスのリスクを小さくしようとする。現代、社会が機能するには、イディオット・プルーフな政治制度が必要だ。

要するに、われわれは使い捨て社会から修復社会への移行することが必要だ。次章では、物や建物、大小の人間集団といったさまざまな事例において、混乱した状態を修復する方法について考察する[31,32,33]。

第4章
「正常」に戻る経路

[要 旨]

本章では、撹乱要因に対応し、元の状態に復帰するための基本的メカニズムを検討する。自然界には、環境変化に適応するための補償メカニズムが存在する。ルシャトリエの原理は、熱力学的平衡状態の安定性にかんするものだが、その考え方は生命体や社会組織にも拡張できる。恒常性（ホメオスタシス）は、生命体の機能的安定性を保証する一般的な修復メカニズムととらえるべきだ。生命体は、物質やエネルギーや情報の流入・流出を通じて、たえず環境と相互作用を行っている。生命体や社会組織の安定的働きは、正のフィードバック・ループと負のフィードバック・ループのバランスによって維持される。このバランスが崩れれば、社会的格差や気候変動のような大規模な機能障害が起こる。回復力（レジリエンス）という概念は生態学に由来するが、自然災害や大事故という観点で、この概念の重要性や応用範囲が大きくなっている。あるシステムにレジリエンスがあるということは、逆境においてもそれが機能しつづけることを意味する。以下で、個人であれ、建物であれ、さまざまな規模の社会集団であれ、さまざまな階層においてレジリエンスが担保されることが重要だということを議論する。

第1節　安定性、恒常性、レジリエンス

(1) 安定性

本章では、物事がよくなるメカニズム、より正確には、損害を受ける前と同程度によくなるメカニズムについて論じる。

図4－1に示したように、小さな撹乱要因が発生した後に、一定の状態に回復する一般的メカニズムが存在する。この状態は、安定的平衡状態と呼ばれる。その定義は物理学や化学に由来するが、以下のリストが示すように、社会システムにも適用可能だ。[1]

・コップの中に入れたボールは、コップが強い衝撃を受けても、元の同じ場所に戻る。
・ロウソクの火は、わずかな風であれば、揺らいだ後、元の形に戻る。
・ある川からマスを取り尽くしても、川の保護が十分であれば、マスの数は元に戻る。
・軽い病気で体重を落とした子どもは、病気をしなかった場合になっていただろう体重に戻ってくる。
・経済は、小さな変化に適応するような安定的均衡を示す。需要と供給が均衡することで、均衡価格が決まる。このとき、小さな撹乱要因が発生しても、市場を均衡状態に戻すような作用が発生する。

最も単純な修復メカニズムは、小さな撹乱要因が起こった後に、システムを元の状態に戻すようなメ

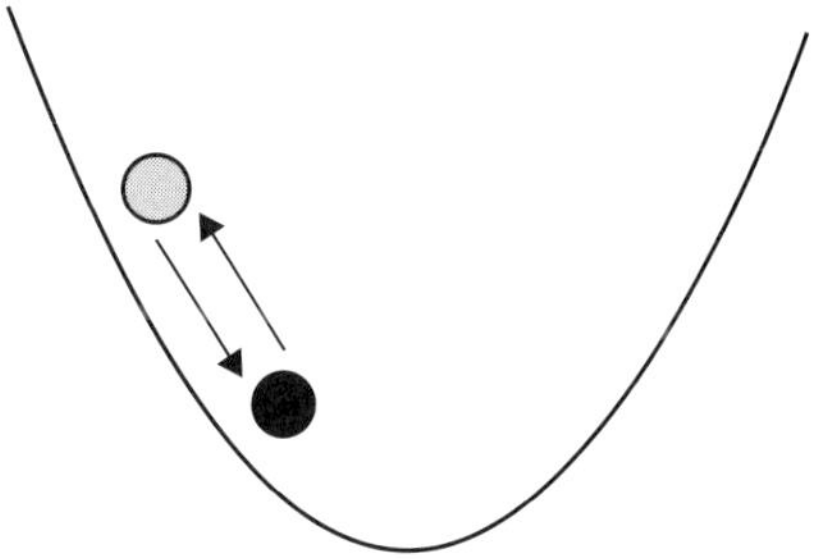

図4－1　小さな撹乱要因が生じた場合システムは平衡状態に戻る

カニズムだ。このようなシステムは安定的といえる。しかし、安定性が強すぎれば、環境変化に適応できない。この安定性と順応性のトレードオフをしばしば、安定性と可塑性のジレンマと呼ぶ。しかしこの概念を議論する前に、まず微小なレベルの化学的変化の中に存在する修復メカニズムを議論しよう。

ルシャトリエの原理と、自然界や人間社会への応用　ルシャトリエの原理は、化学反応の平衡状態をとらえたものだ。同原理は、物理的・化学的条件が変化したとき、たとえば、物質の温度、圧力、体積、濃度が変化したとき、新しい平衡状態をもたらす反対の変化が生じることを定式化したものだ。同原理が定式化された後、多くの科学者が、自然界や人間社会の事象を説明するために、この原理の考え方を応用することができると考えた。より一般的には、平衡状態にあるシステムが外部からの圧力にさらされると、この圧力の影響を抑えるように、新しい平衡状態が生じる。言い換えれば、システムに変化が生じると、それに対する反発が生じ、新しい平衡状態に移行する。たとえばポール・サムエルソン（1915－2009）は、この原理を経済学に拡張した。サムエルソンは、物理的な状態変数を、需要と供給と価格に置き換え、市場が需要や供給の変化にどのように反応するかを説明した。[2]

コロナウイルスやその他の疾病とルシャトリエの原理　現在われわれは、新型コロナウイルスの大感染やその他の困難に直面しているが、科学者たちはそれらをよりよく理解するために、アナロジーやモデルを用いる。たとえば、臨床生化学者エレフテリオス・P・ディアマンディスは、ルシャトリエの原理を応用し、人類の強欲さが、山火事や津波、洪水、猛暑、新しい伝染病といった反応を引き起こしていると主張した。「われわれが地球を酷使すればするほど、地球は抵抗を示し、何倍にもなって仕返しをしてくる」[3]。SARSやMERS、エボラ熱は強い警告だった。100年前には、スペイン風邪が5000万人の命を奪った。しかし人類はすぐに忘れてしまう。

ルシャトリエの原理の教訓
「地球の平衡状態を乱しつづければ、必然的に反発が起こり、犠牲を払うことを覚悟しなければならない[3]」

恒常性　生命体は、環境に変化が生じ、それが継続すると、自己防衛する機能を持っている。このように生命体が自己防衛する手段は、基本的な修復メカニズムと見なすことができる。近代的実験生理学を確立したフランスの生理学者クロード・ベルナール（1813－1878）は、生命体が、変化しつづける外部環境からの影響を緩和し、自身を保護するための内的安定性という性質を持っていることを発見した、おそらく最初の人物だ。恒常性とは、環境変化に対する一般的な修復メカニズムだと理解されるべきだ[4]。生命体は静的なものというよりも、動的な自己調整システムなのだ。一定性あるいは安定性は、負のフィードバック・ループと正のフィードバック・ループの相互作用を通じて維持される。これは、前章で議論したとおりだ。

ノーバート・ウィーナー（1894－1964）は『サイバネティックス』で、生命体のフィードバック制御について、初めて厳格な数理的分析を行った。[5] 生理的システムのモデルには、積極的に制御理論が応用されたが、より重要なことは、ウィーナーが、恒常性の概念を個体レベルから社会レベルに一般化したことだった。ウィーナーの著作名と同じサイバネティックスという学術領域では、その関係性や応用について議論される。同著作の副題は、「動物および機械の制御と通信」であった。無意識に作動する（自律）神経系が、体内環境（たとえばベルナールの有名な「内部環境」）を制御していることについて生理学者はすでに理解していたが、ウィーナーは、この概念を拡張し、意図的に設計された神経系のフィードバック・メカニズムによって、外的環境を維持することができると主張した。目的志向行動の理論では、動物、人間、コンピュータ、そして急速に変化している社会のふるまいを理解するための新しい枠組みが提示される。

学習と安定性・可塑性のジレンマ　学習システムでは、「一定性と変動性」の対立はやや異なる形で生じる。われわれ人間は、新しい情報を大量に吸収することと、そのうちの一部を忘れることを、適度にバランスさせている。学習は生命体の中で生じるが、ビッグデータの時代では人工知能や機械学習も注目を浴びている。われわれは、人生を通じて大量の情報をすばやく吸収することができる。そしてこれらの情報を総合し、一つの意識的な経験に転換することができる。現代脳科学のパイオニア、スティーブン・グロスバーグが言うように、「情報を吸収する能力がいかに優れているかを知るためには、映画を一度見るだけでよい。というのも、映画の1シーン1シーンはあっという間に過ぎ去るにもかかわらず、映画を観た後、それを友人に詳しく伝えることができるからだ[6・7]」。

より一般的に、人間は新しい環境で活動するとき、たとえその環境のルールについて誰も説明してくれなくても、すばやく学習することができる。自らすすんで、おどろくべき速さで新しい事柄を学習する一方で、学習したことを急速に忘れてしまう。だからといって、学校や職場で新しい知人の顔を覚えると、家族や古い友人の顔を忘れてしまうのではないかと恐れる必要はない。このような性質はしばしば、「破局的忘却」と呼ばれる。グロスバーグの「適応共鳴理論」は、たえず変化する世界の中で、物や出来事を無意識に分類し、認識し、予測する神経メカニズム・モデルとして提案された。本書の目的にてらせば、これは、複雑な記憶システムを維持・更新する神経メカニズムということができる。

(2) フィードバック・ループはあらゆる場所に存在する

温度自動調節器（サーモスタット）は、バランス型フィードバックを組み込んだ装置だ。その働きは、望ましい状態（快適な温度）の前後でシステム（住宅）をバランスさせることだ。サーモスタットは二つのことを行っている。温度が低すぎるとき熱を加え、高すぎるとき暖房をオフにする。そこには、負のフィードバックが使われている。というのも、システムに加えられた力と反対の方向に作用するからだ（窓を開けて室温が下がれば、暖房を稼働させるようにサーモスタットは働く。つまりシステムの変化を強めるのではなく、弱めるように作用する）。前章第3節(1)で、補償されない正のフィードバックという概念を説明した。ここでの論点は修復メカニズムなので、もう少し具体例を見ていこう。

エスカレーションから協定へ　毎年私（ペーテル）は、学生とあるゲームをする。私が静かに「イエス」と言うと、それよりも大きな声で「ノー」と答えるように学生に指示する。その後に私は、さらに大きな声で「イエス」と言い、学生は、それよりもさらに大きな声で「ノー」と答える。「イエス」と「ノー」の喚き合いを聞いて、同僚の教員が廊下から講義室をのぞき込み、殴り合いが起こっているわけではないとわかって安心するのだ。この現象は、誰もが知っているだろう。相手の顔を叩けば、それよりも強く叩き返される。つまり、お互いがお互いを強め合っているのだ。喧嘩を止めるには、何らかの減衰メカニズムが必要となる。個人どうしはもちろん、国どうしについてもこれは当てはまる。歴史を見れば、国家間の戦争の背景や、平和を維持するメカニズムとしての不可侵協定について学ぶことができる。協定があれば通常、情報の交換が増え、戦争をもたらしかねない不確実性を小さくすることができる。

成功がさらなる成功を呼び込む　アルバート＝ラズロ・バラバシは、成功の法則にかんする著作の中で、当初のわずかな差異がどんどん大きくなることを説明した。当初、比較的多く引用された論文は、そうでない論文よりも再度引用される可能性が高い[8]（バラバシは、ワールド・ワイド・ウェブの進化において「優先的アタッチメント」メカニズムを発見したことで多く引用されるようになった）。研究資金を獲得し、よい研究設備やアシスタントを揃えることができれば、別の研究資金を獲得するチャンスを高めることができる。

富の格差——発散プロセスを止め、恒常性を取り戻す方法　トマ・ピケティの有名な著作『21世紀の資本』では、アメリカの経済的格差（やおそらく他の社会的特徴）は、一般に考えられているよりも悪化しており、現在の資本主義体制のもとではさらに悪化していくだろうとした[9]。

１９７０年代においては、アメリカの上位０・１パーセントの家計は、わずかに国全体の資産のうち７パーセントしか保有していなかったのに対して、現在では25パーセントを保有している。ピケティによれば、今日の資本主義は、資本の収益率（r）が経済成長率（g）よりも高いという基本的特徴を持っている。$r>g$の条件のもとでは、資産は豊かな一部の人々に集中することになる。現在のアメリカの経済システムでは、「金持ちはさらに金持ちになる」というメカニズムが働いているのは明白だ。平均的なＣＥＯの給料は、この10年間に56パーセント上昇したが、給料の中央値は18パーセントしか上昇していない。企業幹部と一般従業員の給料の比率は、２０１８年には２８７対１であった[10]。

経済的影響力は、政治的影響力にも転換しやすく、このとき、格差拡大という発散プロセスはさらに加速する。最も直接的な、安定化のための負のフィードバックは、累進課税などの手段で富を再分配することだ。複雑系理論が示唆するように、そのような介入が社会の恒常性を回復させると願いたい。2021年の秋に民主党は、最も豊かなアメリカ人から税を徴収する富裕者税を導入することを主張したが、この案は実現しそうにはない。上院が真っ二つに分裂した現状では、中道派の民主党上院議員が一人でも反対票を投じれば、この法案は成立しない。

もちろん、格差は複雑な現象だ。しかし、正のフィードバック・メカニズムによる累積プロセスと、安定性をもたらす再分配プロセスというシンプルなモデルを用いて議論することができる。

経済格差の問題と同様に、正のフィードバック・メカニズムによって気候変動がもたらされていると考えることができるが、この問題に対してどのように負のフィードバックを導入することができるかはあきらかではない。

フィードバック・ループと気候変動　気候変動や気候危機といった言葉を、毎日何回も耳にすることだろう。NASAの報告書が示しているように、気象理論において気候変動の要因は、以下の三つに分類される。つまり強制力、フィードバック・ループ、そして転換点だ。[11]

強制力とは、気候に影響を及ぼす原動力のことだ。最も重要なものには以下のものがある。

- 太陽放射
- 温室効果ガスの排出

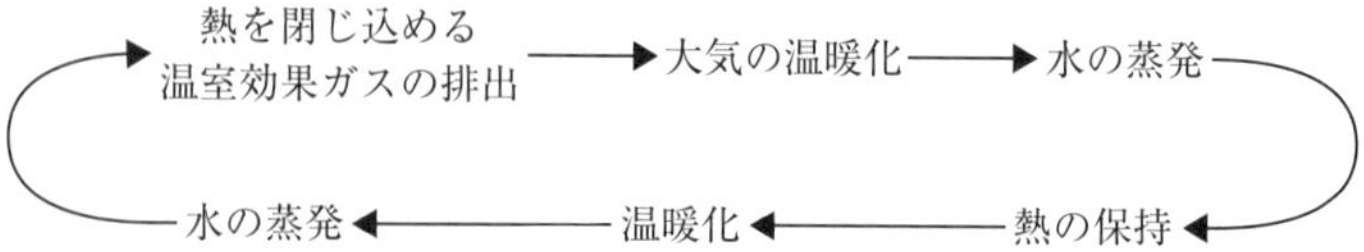

図４－２　気候変動における正のフィードバックの一例：
水の蒸発サイクル

・大気中の粒子や粉塵や煤煙

ＮＡＳＡの報告書によれば、これら三つのうち後者二つは、人間活動に由来するものだ。温室効果ガスの大気中濃度は、指数関数的に増加し（つまり、おそらく今のところは超指数関数的増加ではない）、地球規模の温暖化と気候変動の原因となっている。

この悪循環を断ち切る負のフィードバックがなければ、地球環境は転換点に達してしまう（気候変動の正のフィードバックの一例については図4-2を参照）。一見小さな変化が積み重なることによって、激しい不可逆的な変化が生じ、海流の変化や、海氷の消失や、メタンガスの急激な放出が起こる。

まだ転換点には達していないという、やや楽観的な見方もある。ノーベル賞受賞者で、元アメリカ副大統領のアル・ゴアが会長を務めるクライメート・リアリティ・プロジェクトのブログでは、「気候危機の最悪の影響を抑制し、安全で持続可能な未来を守るためにまだまだやれることはたくさんある」と指摘されている。[12]

(3) レジリエンス

レジリエンスとは何か　さらに別の重要な概念が存在する。レジリエンス（回復力）だ。エコロジー経済学の創始者の一人C・S・ホリング（1930－2019）は、1973年に生態学の分野でレジリエンスという概念を詳しく論じた[13]。レジリエンスというのは、システムの持続性の尺度であり、変化や撹乱要因を吸収しながらも、そこに生息する個体間あるいは状態変数間の関係を変化させない能力の尺度のことだ。「安定性は、一時的な撹乱要因があった後にシステムが平衡状態に戻る能力を表している。平衡状態から逸脱する期間が短ければ短いほど、また、変動幅が小さければ小さいほど、そのシステムは安定しているといえる」。ホリングは、二つのタイプのレジリエンスを区別した。一つは、撹乱要因の発生後、システムが定常状態に戻る場合であり、もう一つは、新しい状態に移行する場合だ（近年、一般に「新しい日常」（ニューノーマル）という言葉が使われるが、これは後者の一例だ。これについては第5章で論じる）。

レジリエンスは、自然科学、社会科学、工学を横断する学際的トピックであり、個人、家計、地域社会、国、世界といったさまざまなレベルでの広範囲な応用がなされている。個人的なつらい出来事や自然災害、大事故の後に、安定した生活を取り戻す方法を議論することが、レジリエンスの目的だ。

たとえば気候変動によって、軽い怪我から死亡にいたるまでの、さまざまな人間の健康被害やインフラ、個人の財産、環境資源への損害が生じる。コロナ禍以前であっても、地球全体で毎年およそ1億人の人々が、気候に関連した自然災害によって何らかの損害を受けた[14]。アフリカや南・東南アジアにおいて、このようなリスクが最も高い。というのも、これらの地域の人々は相対的に貧しいので、気候変動の影響への対策を取ることができないからだ。「自然災害」とは呼んでいるが、対策が不十分であることによって被害が大きくなっているため、人災の部分もあることを理解するべきだ。

近年の災害（たくさんあるうちの一部） 熱波を引き起こす要因は多様であり、熱質量が高く、アルベドが低く、透水性が低い素材が使われていることなどが含まれる（アルベドとは、太陽のエネルギーを反射する物質表面の能力のことであり、黒を0、白を1で表す）。広く報道されているように、近年ミズーリ州セントルイスに猛烈な熱波が襲っている。[15] しかし実際には、これは近年にかぎったものではない。1936年の夏にも、「セントルイスは37日連続で、華氏100度以上の気温に耐えた」［訳者注：華氏100度は摂氏約37・8度］。

旱魃は世界中で起こっているが、世界のどの地域よりも、アフリカの角と呼ばれる地域で最も頻繁に起こっている。一見すると、大西洋とインド洋の両方に面したケープタウンで、日常的に水不足の危機に瀕しているのは、不思議なことだと思われるだろう。2015年から2018年までの3年間、ケープタウン当局は旱魃に対処するため大幅な水の使用制限を導入しなければならなかった。しかし、ここで環境のレジリエンスが起こり、2020年に十分な降水量があったため、ダムの貯水量が回復した。2019年には、インドのチェンナイでも同様の旱魃が発生した。[16]

オーストラリアでは、気温上昇によって山火事が多発するようになったが、山火事の後には、たびたび旱魃が起こる。2019年と2020年の夏の期間を通じて、およそ1860万ヘクタールの森林と、

6000の家屋が焼失した。山火事はきわめて対応が難しく、8カ月の消火活動の後にようやく鎮火することができた。その一方で、予測モデルが導入され、山火事の予測精度が劇的に高まっている。

同様の事例は他にもたくさんある。洪水や海面上昇が起これば、個人レベルでも地域レベルでも、人々や建造物に大きな影響を与える。気候関連災害を簡潔に考察したので、次は異なるレベルでのレジリエンスについて議論しよう。

個人レベルでのレジリエンス　一般的に言って、われわれは、人間関係が悪化しているかどうかを判断することはできる。つらい出来事が頭から離れないような場合もある。悲しいトラウマ的出来事が連続して起これば、人生すべてが破綻しており、修復が必要だと感じるだろう。問題を解決しようとすることによって、われわれは自分のレジリエンスを高めることができる。では、どのようにすればよいだろうか。

ジュジャの同僚のアンソニーは、離婚を経験した後、有益な方法を実践するようになった。インターネットで離婚日記と離婚エクササイズを見つけ、トレーニングをすることで最もつらい数カ月間を乗り切った。さらに、離婚を描いた映画をたくさん視聴したのだが、自分の状況を客観視するうえで、見た映画のほとんどすべてが役に立った。アンソニーは自分自身の離婚を分析する――分解し、総合する――過程で、自分自身を分析することにもなった。離婚を経験する以前よりも強い人間になって、より高いレジリエンスを獲得した。

知人のイーディスは、親しい兄弟が事故で突然死亡し、悲嘆にくれた。ある人の助言で、イーディスは悲嘆支援グループに参加した。グループの支援は、イーディスにとって大きな癒しとなった。当初は、他人の悲嘆を共有すれば、自分の悲しみが大きくなるのではないかと恐れたが、実際にはまったく反対のことが起こった。グループでは、話したくないときには話さなくてもよいが、他人の前で、当初は恥ずかしくて表現できなかった感情についても、次第に話せるようになった。イーディスの苦しみは、すぐに穏やかになった。グループの人々は、イーディスのやり場のない怒りを理解してくれた。また、同様の状況にいる人々の感情や考えに触れることで得た洞察も、イーディスには有益であった。

アンソニーとイーディスはどちらも、苦痛からの回復を通じてレジリエンスを獲得した。ここでの教訓は、誰でもレジリエンスを高める行動や考えを習得することができるということだ。つまりレジリエンスは、人並外れた能力ではなく、とても一般的な特徴なのだ。人によって、悪い変化から受ける影響はさまざまであり、不安や悲痛な感情がどのようにやってくるかも、人さまざまだ。しかし、たいていの人は、時間をかけてつらい状況に適応することができる。つまり、レジリエンスを高めることができるのだ[17]。

レジリエンスとは、適応であり、回復であり、精神的な意味での個人の成長だ。人生にはつねに、コントロールしたり、変更したりできるものが多くあり、その部分は改善したり、伸ばしたりすることができる。

大多数の人に有効な考え方や手段がある。前向きさ、時間、訓練が必要だが、自分の感情を認めてくれる、信頼できる仲間も必要だ。友人・知人や自分の属するコミュニティがあれば、孤立せずにすみ、支援や楽しい感情を得るきっかけにもなる。

自己療法も必要だ。結局のところ、ストレスはたんなる感情の問題ではなく、肉体的問題でもあるので、正しいライフスタイル（運動や十分な睡眠、健康的な食事）によって、不安による負担を減らすことができる。マインドフルネス（つまり、その瞬間の知覚や感情に強く集中する一種の瞑想）は、ミレニアル世代のあいだでますます注目されるようになっているが、評判が先行しすぎていないかどうかを確認するためには、さらに科学的研究がなされる必要がある。[18] われわれは他人の世話をすることで、自分を回復させることもできる。たとえば、ボランティアをすることで、困難な状態にある人の苦痛をやわらげることができれば、自己肯定感を高めることができる。

なかには耐え忍ぶしかないつらい出来事もある。しかし、以前の困難な経験を思い出すことによって、受けた苦痛に対する解釈や反応の仕方、そして対処法の探し方は変えることができる。変えることのできないものを受け入れるのか、あるいはそれを大惨事と見なすのか。ラインホルド・ニーバー（1892－1971）の静穏の祈りはいまだに広く応用できる。[19]「神よ、変えることのできないものを受け入れる平静な心、変えることのできるものを変える勇気を、そしてこれらの違いを知る知恵を与えたまえ」

レジリエンスは、困難な状況やトラウマ、逆境に適応するための能力だ。つまり、苦痛や怒りを覚えたときでも、肉体的および精神的に正常な状態を維持する能力だ。言い換えれば、レジリエンスとは、ストレスへの対処法を改善したり、直近の問題に囚われすぎず、人生の喜びを見つけたり、将来に目を向け、希望を持ったりすることを指す。将来を考えたり希望を持ったりすることができれば、物事に対して積極的になり、計画的に行動したり、意識的に将来の出来事への準備をしたりすることができるようになる。[20]

個人レベルでのレジリエンスについて、最後に一つ付け足すことがある。近年、レジリエンスの格差という概念が議論されるようになった。「豊かな」人々にとっては、コロナ禍の経済的影響はせいぜい一時的であった。反対に貯えのない人は、わずかな所得の喪失であっても、生活に深刻な影響が生じることがあきらかになった。レジリエンスの格差は、所得の格差にもつながり、長期的には資産の格差にもつながる。

建築物のレジリエンス　気象の激甚化に備えるため、建築家やエンジニアや都市計画家は、洪水、大嵐、海水面の上昇、山火事といった、気象にかんする極端な出来事にも耐えられる建物の設計・建築について考えなければならなくなった。

国連環境計画は、激甚気象に対してレジリエンスのある建物および社会にかんする実践的指針を提示している。[21]しかし、建物のレジリエンスとは何を意味するのだろうか。建物は、たとえ外部の環境が変化しても、安全で確実で快適な利用が可能であるべきだ。つまり、旱魃や洪水、猛烈な雨、熱波が起こっても、問題なく利用できる必要がある（ルシャトリエの原理がここでも生きている。ある変化によって不快感が生じたら、人々は快適さを取り戻すために何らかの対応をするだろう）。

歴史を通じて日本では、何度も大地震が襲い、建物を破壊し、人々の命を奪ってきた。２０１１年の東日本大震災は、最近では最も大きな被害を出したが、これは毎年日本を襲う多くの地震活動の一つにすぎない。このため日本では、レジリエンスのある建築物を設計するように、厳格なルールが導入されている。小さな建物や一時的にしか利用されない施設であっても例外とはならない。日本のエンジニアには、二つの課題が課せられる。第一の課題は、建築物の寿命内に3度か4度は起こると想定される小規模な地震に対して、修復を必要とする損害を発生させないようにすることだ（言い換えれば、建築物は完全に機能しつづけるように十分な強度を持っていなければならない）。第二の課題は、まれに起こる大地震が起こったときにも、死傷者を出さないようにすることだ。この目標を達成するため、地震エネルギーを可能なかぎり吸収するように建物が設計される。巨大なゴムの塊によって地面と建物を分離させる装置が用いられる場合もある。免震装置のある高層ビルでは、1・5メートルも振動するが、2階ごとに緩衝材を設置することで損傷のリスクを大きく減らすことができる。現在世界で2番目に高い構造物である東京スカイツリーの場合には、このような緩衝材によって地震エネルギーの半分を吸収することができると考えられている。この技術によって、高層ビルの高さとレジリエンスを両立させることができる。

レジリエンスのある建物には以下の特徴がある。

・電気やガスが長期間途絶えても、生活できる状態を維持できる。

・水の保存について考慮されており、雨水を貯蔵し、それを主要な、あるいは非常用の給水源として利用する機能がある。
・井戸水の利用を含む緊急時のための非常用給水源あるいは貯水施設がある。
・自治体の下水処理システムが機能しなくなったときのため、コンポストトイレや無水小便器のような汚水処理の方法がある。
・少なくとも最低限の電力供給が可能な、非常用発電設備がある。たとえば、燃料を用いた発電機やバッテリーを備えた太陽光発電設備など。
・3～6カ月程度のあいだ住民に提供しつづけられる保存食の備蓄がある（缶詰やドライフルーツなどの乾燥食品）。

地域レベルのレジリエンス　レジリエンスのある地域社会とはどのようなものだろうか。物理的要素と社会的要素を両方とも考慮する必要がある。物理的なインフラとして、交通システム（道路、橋、トンネル、港、鉄道、空港）や、ガス・電気・水道の工場および配管システム（発電所、上下水道、燃料、電信システム）があげられる。地域社会のつながりを強めるための社会構造も必要だ。集会所やドッグラン、私書箱、地域掲示板が例にあげられる。緊急時に電気や水道が停止した場合には、指定避難所［訳者注：原著ではレジリエンス・ハブ。ただし、すぐ次の段落のレジリエンス・ハブとは異なる意味で用いられている］などで、給水サービスや、携帯電話の充電サービスを行うことができる。エネルギーや水などの天然資源や、建物や地域社会のインフラにかんする理解を促進するプログラムが、学校で行われるべきだ。

2020年に国連は、「都市のレジリエンス化2030イニシアティブ」（MCR2030）を立ち上げた。2021年には、ヨーロッパの4都市（バルセロナ、マンチェスター都市圏、ヘルシンボリ、ミラノ）が「レジリエンス・ハブ」に指定され、気象災害リスクの高まりへの対策や戦略が強化された。

日本の「交番」には見習うべき点がある。日本は、世界で最も治安のよい国の一つとして有名だ。この治安のよさに貢献している重要な要因が、ポリスボックスとも呼ばれる交番だ（ポリスボックスという名前は電話ボックスから来ている）。地域社会の犯罪抑止以外にも、交番には役割がある。迷子の子どもの世話をしたり、道案内をしたり、落とし物を保管し持ち主に返したり、地域住民の悩み事に耳を傾けたりする。

地方レベルでのレジリエンス　地方レベルでのレジリエンスは、人々が気候変動や景気悪化に適応するための最も有効な手段となる。具体的には、「レジリエンスのある都市、つまり気候変動の最悪の影響への対策をしつつ、低炭素社会への転換に向けて努力している都市が、世界中の政府や地方自治体から、関心と注目を集めている」[22]。好き嫌いは別にして、われわれのまわりにはつねにランキングが存在する[23]。2014年に、不動産投資会社のグロブナーは、環境などによる脅威への対応力に応じて都市を格付けする調査報告を発表した。世界で最もレジリエンスのある都市ベスト10は以下のとおりだ[24]。

1　トロント

2　バンクーバー
3　カルガリー
4　シカゴ
5　ピッツバーグ
6　ストックホルム
7　ボストン
8　チューリッヒ
9　ワシントンＤＣ
10　アトランタ

ランキングは主観と客観の入り混じったものであることには注意が必要であり、カナダの都市がやや過大評価されているといえるかもしれない。２０２１年、国連は世界で最もレジリエンスのある都市としてドバイをあげた。[25]

レジリエンスのある社会　アメリカ社会では、サプライチェーン（製造業の部品供給網）にかんする政策論争で、レジリエンスへの懸念が強く示されている。２０２１年2月、バイデン大統領は、アメリカのサプライチェーンにかんする大統領令に署名し、重要品目のサプライチェーンにおける脆弱性を調査し、レジリエンスを高める戦略を作成するように連邦機関に指示した。[26]大統領はそこで古いことわざに言及した。「釘一本がないので蹄鉄が使えない。蹄鉄がないので馬が使えない。こうやってどんどん問題が大きくなり、最後は国全体が機能しなくなる」[27]。サプライチェーンの一部で些細な障害が発生しただけであっても、雇用や家族の生活、ひいては地域社会やアメリカの安全保障にも影響がおよぶ可能性がある。大統領令のもとで作成された報告書では、四つの重要品目が指定された。つまり、半導体、電気自動車用大容量バッテリー、防衛産業にとって重要なレアアースやレアメタル、そして医薬品だ。この報告書は、国内産業の保護にも積極的で、アメリカが国内製造業の生産を回復することで、サプライチェーンの信頼性を高められると述べられている。

世界全体に視野を広げると、コロナ禍のもとで人間社会のレジリエンスが問い直されるようになった。『レジリエンスのある社会』という著作でマルクス・ブルネルマイアーは、新しい社会契約が必要だと提案している[28]。コロナ禍で、プラスの変化とマイナスの変化が両方生じたし、今後さらにどうなるかわからないが、将来においても、感染症やサイバー攻撃、自然災害などに備えなければならないことは確かだ。よいこととしては、科学の進歩によって迅速にワクチン開発がなされたことがあげられる。他方で、ワクチンを疑いの目で見る人が多かったことは、悪いことに数えられる。アメリカでは、連邦レベルのワクチン接種義務化は、複数の州で反対にあった。地方の政争によって、合理的な科学的知見がないがしろにされないことを祈る。2021年年末の時点では、世界のワクチン接種率はすでに十分高いため、今後の経済回復が見込めるが、世界的なサプライチェーンの障害は長期間持続するだろう。店頭に商品が並べられていない光景をすでに目にしている（そしてオミクロン株がやってきた）。

ここでの教訓は、まったく新しい自然災害や大事故が起こるかもしれないという悲観に囚われる必要はないということだ。むしろ、世界全体でレジリエンスのある体制、つまり損害からの回復が可能な体制を作る必要がある。

第2節 正常への回帰——いくつかの事例

(1) 燃え尽きからの回復

前章第2節(2)で論じたように、燃え尽きは、外部からの（そして自分自身が課す）ストレスの影響によって、ますます頻繁に生じているようだ。燃え尽きから回復するための万能薬は存在しない。脳の神経生理学的状態に着目した解決策もあるが、別の回復方法もある。

典型的な受け身の方法は、ネットフリックスでドラマを一気見したり、大量に飲酒をしたりすることだ。このような手段では、脳内にドーパミンが放出され、当初はよい気持ちに浸ることができる。しかし、睡眠リズムを乱し、中毒症状をもたらし、人間関係や仕事などに悪影響をもたらす。激しい運動やヨガ、森の中の散歩などは、これとは反対に主体的な方法だ[29]。1回の週末で燃え尽きから回復するということはない。長い時間が必要だ。以下のような指針が有益だろう[30]。

・燃え尽き状態にあることを認める。

・あなたの人生に足りないものや、そこから取り除くべきものを認識する。
・友人や家族に連絡する。
・一日20分、週に5日は外出する。
・メディアに触れる時間を制限する。
・仕事量を減らし、仕事に役立つ資源を増やす。

⑵建物を復元する技術

古い建物を保存・復元するのは、過去とのつながりを大切にしている人にとってはとても重要だ。現在の偉業は、過去にてらして判断することができるし、過去の足跡が歴史を形作っている。古い建物は、過去の人々のさまざまな習慣や伝統を理解する手助けとなる。復元は、物理的な処置であるだけでなく、過去と現在と未来をつなぐ象徴的な行為でもある。先祖に敬意を表し、人々の記憶を将来世代に受け渡すためにも、歴史的建造物の保存・修復は、われわれの道徳的責任だ。

修復に向けた視点の変化　フランスの考古学者アドルフ・ナポレオン・ディドロン（1806－1867）が言ったとされる格言がある。「古代の遺跡にかんしては、修復するより補強するほうがよく、復元するよりも修理するのがよく、再建するより復元するのがよい[31]」。名称にかんしてはやや恣意的だが、以下のような二つの考え方を支持する人たちがいる。第一に、保守派の考え方があり、これは建造物は現状のまま保護・維持されるべきという考え方だ。この考えのもとでは、さらなる損傷や劣化を防ぐことが目標となる。第二に、復元派は、現代の材料や設計法、技術を用いて歴史的建造物を改善するべきという考え方だ。

イギリスでは、19世紀のヴィクトリア女王の時代に、中世に建てられた教会が多数復元されたが、これは、現在では一般的に残念なことだと見なされている。ヴィクトリア女王の治世において、ケンブリッジ・カムデン協会とオックスフォード運動がイギリス国教会の支援のもとで組織され、教会を生活の中心にすえる中世的生活を取り戻すことが目指された。カムデン協会は、装飾的なゴシック期（13世紀後期）の特徴を取り入れて、最も純粋な教会建築の様式を復元するように提言した。中世の教会にはすべて、この装飾的な様式が少なくとも部分的に残っていた。イングランドとウェールズの7000以上の教区教会が、19世紀半ばの数十年間のあいだに復元された。しかし、「復元」を追求する過程で、実際には存在しなかった過去の理想的状態が生み出された。このような態度は、実際には存在しなかった黄金時代への回帰欲求を思い起こさせる。

一般的に言って、文化財保護の専門家たちは、再建に反対する傾向がある。というのも、実際には存在しなかった架空の場所を作り出すことによって、歴史を捏造することになるからだ[32]。どのような状況であれば再建を行ってもよいか、専門家のあいだでも議論が続いている。「忠実性という点にかんして、考古学的遺跡や歴史的建造物、歴史的地域を再建するのは、例外的な状況でのみ正当化できる。推測ではなく、完全で詳細な資料的根拠にもとづいて再建される場合のみ、認めることができる[33]」。

現在、自然災害や人為的破壊などによって、以前よりも多くの文化遺産が破壊されている。自然災害による破壊の例として、ネパールのカトマンズ周辺での２０１５年の地震をあげることができる。この地震では、死者が1万人近くにのぼった。世界遺産に登録されている建造物のうち、数百点が何らかの影響を受けた。２００1年にタリバンが破壊したアフガニスタン・バーミヤン渓谷の古代の仏像や、シリア内戦で破壊された古代のパルミラ文明の遺跡、アレッポの遺跡は、深刻な文化的損失だ。

建物診断から意思決定へ　材料科学の分析は通常、収集されたサンプルに対してなされる。しかし、一般的に文化遺産の場合には、サンプルを採ることは禁止されている。したがって、必要な情報を入手するために非侵襲的・非接触的手法が用いられる。目視調査や赤外線サーモグラフィーはもちろん、レーザースキャンなどの画像化技術を用いることで、歴史学者や考古学者たちは、遺産を保存しながら、その構造を研究することができる。各部の大きさや材料などの、建築的、歴史的データが収集され、計算アルゴリズムと専門家の知見を組み合わせて、建造物の現状が評価される。

そのような評価のうえで、将来の展望と、とるべき対策が議論される。そこでは、文化財保護の専門家たちの哲学的な理由づけが重要な役割を果たす。哲学的理由づけを分類すると、以下のような三つに分けられる[34]。

《純粋主義》建造物の保全にかんして、どのようなアプローチを採用してもよいという考え方は、大きな誤解を招く恐れがある。正しい考えは厳密に守られるべきだ。

《現実主義》一般的に正しい方向、つまり忠実性という方向を向いていればよい。実際にそれをどのように具体化するかにかんしては、建造物や周囲の環境に応じて臨機応変に調整されるべきだ。もし必要な情報がすべて手元にあるのであれば、自ずとなすべきことはわかる。

《虚無主義》文化財保護は、完全に人為的な営みであり、劣化という自然の流れに逆らうものだ。保護にかんする考え方はすべて、必然的に人為的なものだ。

純粋主義と虚無主義は、おそらく極端すぎるだろう。修復技術の選択には、倫理的判断と技術的判断の両方が必要となる。

アメリカ合衆国における国家歴史登録財への指定と取り扱い　アメリカ内務省による基準によれば、建造物が国家歴史登録財に指定されるには、50年以上前に建てられたものでなければならない。10万件の建造物が歴史登録財として指定されている。[35]

保存、復旧、復元、再建の定義

- 保存とは、現存の歴史的素材を維持・修理し、長い時間を経た現在の建造物の形状を維持すること。
- 復旧とは、歴史的建造物の特徴を維持しつつ、今後の使用方法に適した変更を加えることを認めること。
- 復元とは、過去の一時点における建造物の姿を描き出し、他の時代の特徴を取り除くこと。

・再建とは、歴史的理解を深めるために、建造物のうちの、消滅し現存していない部分を建て直すこと。

一例をあげよう。ニューヨーク市は、２０２０年に火事で損傷したチャイナタウンの歴史的建造物を復元する計画を発表した。この計画は、建物の外観の保存と復元をしつつ、2階分のフロアを増築するものだった。

２０１９年4月に起こったパリのノートルダム大聖堂の火事を記憶している読者も多いだろう。まるで映画のように、炎が屋根を飲み込み、象徴的な尖塔と天井を破壊した。ノートルダム大聖堂は、当然ながら唯一無二の文化財であり、フランスだけでなく世界全体にとっても大きな損失となった。フランスのエマヌエル・マクロン大統領は、夏のオリンピックが開かれる２０２４年7月までに修理することを宣言した。そのときまでには、建物の中に入ることができるだろうが、復元はかならずしも終わってはいないだろう。ノートルダム大聖堂は、世界で最も有名な文化財の一つであるのは確かだ。２０２１年の秋の時点では、個人や企業から復元のための寄付としておよそ9億５０００万ドルが集まった。また、再建のため公有林および私有林から、およそ一千本の樫の木が寄付された。すでに尖塔を復元するための足場が大聖堂の周囲に組まれているが、コロナ禍で3カ月の遅れが生じている。

他の国に目を移そう。日本の城は、地域の歴史や、かつて居住した著名な歴史的人物を結びつける重要な文化遺産だ。城に対する人々の態度は、時代とともに変化した。19世紀の終わりには、城はいまわしい過去の象徴と見なされ、多くが破壊された。１９２０年代に日本の軍国主義が拡大すると、城は日本の軍事力を象徴するようになった。まず大阪城が再建され、第二次世界大戦後には、多くの城が立て直された。一般的に、鉄筋コンクリートなどの現代の素材が、多くの城の再建に用いられた。伝統を重んじながら、技術の近代化に熱心なのは、日本に特徴的なことのように思われる。外観は歴史的威厳をたたえているが、内部はエレベーターとエアコンが備わった近代的建築なのだ。

(3) ハリケーン・カトリーナ後のレジリエンス――われわれは今、どこにいるのか

何が起こったか　2005年8月29日に、ハリケーン・カトリーナは、ルイジアナを含むアメリカのメキシコ湾岸地域を襲った。その1日前には、ニューオーリンズのレイ・ネイギン市長が、同市始まって以来最初の強制避難命令を発動した。ネイギン市長はさらに、ニューオーリンズ中心部に近く、比較的海抜の高い場所にあるスーパードーム・スタジアムを「最後の避難所」として利用するように勧告した。ハリケーン・カトリーナの被害には大きな関心が寄せられており、非常に多くの研究がなされている[36・37・38・39]（ユーチューブで視聴可能なドキュメンタリーもある[40]）。

このハリケーンによって甚大な被害がもたらされ、大惨事となった。第一に、死者数は1863人にのぼった。沿岸警備隊はニューオーリンズだけで約3万4000人を救助した。しかし、連邦政府の対応は遅れた。とくに、連邦緊急事態管理局（FEMA）には明確な対応方針がなかったようであり、計画を立て行動を起こすまでに数日を要した。

大惨事につながった人的ミス ニューオーリンズにハリケーンはつきものであり、洪水の危険性が高いことはよく知られていた。ハリケーンが来ることが予想されていたにもかかわらず、ハード面でも、ソフト面でも十分な準備がなされていなかった。

ハード面の準備にかんしては、陸軍工兵部隊が河川の堤防や防波堤を築いていた。ニューオーリンズの南側にあるミシシッピ川沿いの堤防は、十分な強度があり洪水を招くことはなかった。しかし、同市の東側と西側の堤防は、強度が十分ではなかった。陸軍工兵部隊は自分たちに一定の責任があったことを認め、時代遅れで問題のある土木技術が使われたために堤防が決壊したことを認めた。

ソフト面の準備として、財政的対応が十分でなかったことが指摘できる。連邦緊急事態管理局は、ハリケーン・カトリーナが来る以前には、ニューオーリンズの大部分を氾濫危険地域に指定していなかった。氾濫危険地域に住む住民は、国家洪水保険制度の洪水保険に加入することが推奨される。住民たちは保険に加入しなかったことで保険料を払わずにすんだかもしれないが、被害の補償を受け取ることはできなかった。

復興プロセス 端的に言えば、ニューオーリンズの復興はいまだ道半ばであり、一部の被害はこれからも対処されることはないだろう。しかし、ニューオーリンズの人口は、カトリーナ以前の90パーセントにまで回復し、陸軍工兵部隊は同市の周囲に新しい堤防を建てた。

復興に協力している建築家フレデリック・シュウォーツは、この状況を創造的破壊と形容した。創造的破壊については次章第1節⑵節で議論する。

大惨事（自然災害であろうと、事件や事故であろうと）に直面した都市の復興を計画する場合には、短期的な応急処置にとどまってはいけない。周辺地域を含んだ都市計画や地域政治について再考するチャンスだ。つまり、都市を再定義したり、環境保護や社会正義、地域社会の創造といった価値観を示したり、良質で、安価で、持続可能な住宅供給プログラムによって低所得層の人々を支援したりするチャンスなのだ[41]。

ハリケーン・カトリーナの教訓　災害は、混乱やトラウマや恐怖をもたらす。しかし、人々が力を結集し、お互いを対等な存在として助け合う機会にもなる。当然ながら、公式・非公式にかかわらず、さまざまな人脈のある人のほうが、孤立した孤独な人よりも元の生活を早く取り戻すことができる。

災害が生じる前に普段から、緊急事態への準備をする重要性が、徐々に理解されるようになった。地域社会のレジリエンスを高めるには、ハード面とソフト面の両方に注意する必要がある。インフラ（建物、道路、堤防など）を復旧し、被害予測の精度を高め、災害対応を迅速に発動することが、レジリエンスを高めることになる。レジリエンスのある地域社会を作るためのアドバイスは、具体性を欠いた精神論に陥りやすい。具体的なアドバイスとして、以下のものがあげられる。第一に、近隣の人との協力関係があれば、緊急時の意思疎通を改善できる。第二に、設計段階への関与は帰属意識を高めることができる。そして第三に、社会から取り残された人たちを支援制度の中に取り込むことで、一体感のある地域社会を形成することができる。

やや逆説的な表現だが、カトリーナのような災害が起こることで、変化を起こすことは可能だということに気づくことができる。地元住民の相互協力を密にし、災害への効果的な対応ができる社会を築くことは可能なのだ。個々人が協力し、団結を示すときにのみ、地域社会はレジリエンスを獲得できる。つまり、個人個人がレジリエンスを発揮しなければならないのだ。

(4) 新型コロナウイルス――急速に変化しつづける視点

われわれ筆者は、タイムリーな雑誌記事を書いているわけではなく、今後何年にもわたって読んでもらえるようにこの本を書いている。また、現在の深刻なコロナウイルス感染症に対する「特効薬」を提示できるわけでもない。しかし、この話題を無視することはできない。新型コロナウイルスへの対応は、科学技術の進歩と希望的観測が相まって日々変化した。大きな視点で物事を見るなら、一朝一夕で新型コロナウイルスがこの世から消えてなくなることがないのは確かだ。感染症対策の一般的原則にもとづけば、当初は解決策と見られていた世界的集団免疫を目指すのは現実的ではない。新しい変異株が発生すれば、感染の再爆発がいつ起こってもおかしくない。

一般的に言って、新しい問題は古い解決法では対応できない。新型コロナウイルスの感染は世界的なものだが、主として地方自治体や各国政府が、対策の責務を担っている。科学的知見に理解のある政府であっても、次の選挙のことを考えなければならず、コロナ対策は短期的な政治的利害の影響を受けやすい。

複雑系理論の観点では、より包括的な戦略的思考が必要であることはあきらかだ。世界的感染に適切に対応するべきだった国際機関にも、改革が必要だ[42]。ナショナリズムが台頭しているため、各国が協調して国際的公衆衛生体制を改革することができるかどうかは不透明だ。

感染拡大の初期において、中国とアメリカの政治家たちが無責任な判断を下したことは否定できない。世界をリードする科学研究機関を有するアメリカが、世界人口の4パーセントでしかないのに、感染拡大後の最初の1年間で、世界の感染者数の25パーセント、死者数の20パーセントを占めたのは、まったく予想外のことだった。

しかし、ワクチン開発は確かな成功物語だ。製薬・生物工学企業と各国政府が協調し、迅速に有効なワクチンを生み出した。メッセンジャーRNA（mRNA）ワクチンは体内の細胞に、免疫反応を発動するタンパク質を生成するように指令を与える。ワクチンの元となった科学的知見は何十年も前から知られているものだったが、新型コロナウイルスとの闘いにおいて最も重要な技術となった。

ワクチンの登場は確かな成功だったが、その配布にかんしてはそうとも言い切れない。ワクチンを融通しあう二国間協定はないよりはマシといえるが、最もよい方法ではない。世界全体でワクチン配布を調整する機関は存在しない。豊かな国々は、貧しい国々とワクチンを分け合うことに消極的だ。中国は2億回分のワクチンを輸出したが、中国の開発したワクチンはかならずしも十分な臨床試験は行われていない。

最も野心的な国際的試みとして、新型コロナウイルス・ワクチン・グローバル・アクセス（Covid-19 Vaccines Global Access：ＣＯＶＡＸ）をあげることができる。ＣＯＶＡＸは、主に欧米諸国が主導する国際的取り組みで、中低所得国にワクチンを分配することを目的としている。ＣＯＶＡＸは、２０２１年に20億回分のワクチンを提供することを約束した。実際には、その半分にも達しないだろう[43]。世界保健機関（ＷＨＯ）はワクチン接種率の目標を40パーセントに設定したが、２０２１年の年末時点では、アフリカ大陸の人々のたった9パーセントしか、2回目のワクチン接種を受けていない。十分なインフラや、医療スタッフの訓練・雇用のための資金が存在しないことが一因となっている。

現状と今後の展望　第一に、規範的な提案がある（つまり、われわれがなすべきことを提示する）。

・豊かな国々は、新型コロナウイルス・ワクチンの改良版の開発に投資するべきだ。製造コストが低く、冷凍保存が必要でなく、1回の注射ですみ、訓練していない人でも打てるワクチンだ。

・国連は、「健康リスクにかんする国際会議」を創設するべきだ。この会議は世界保健機関と協力する一方で、それとは別の組織として運営される。この会議は各国の責任を明確にするべきだ。

・世界全体で協力して、今回の世界的感染の影響を軽減し、次の大感染を防ぐための持続的体制を構築する必要がある。

第二に、これらの提言を実行できるかどうかという大問題がある。「ワクチン・ナショナリスト」と国際協調主義者が、互いに論争を繰り広げている。[44] 慎重な楽観主義者として筆者たちは、何らかの新しい国際機関が創設され、各国の調整をしてくれるのではないかと期待したい。

スイス・ジュネーブのブロシェール財団が開いた2020年9月のワークショップでは、世界的感染へのレジリエンスを高める方法について分析された。そこでの提案は、保健体制に加えて、経済や環境、行政を一体として議論するべきというものだった。社会のレジリエンスは、さまざまなレベルの社会・行政組織の複雑系の帰結だ。[45]

第3節 リペア権と修理を求める闘い

数年前、ジュジャの家にあった洗濯機が、購入からたった4年しか経っていないのに壊れた。修理工3人に見てもらったが3人とも、モーターがひどく壊れていて取り替える必要があるので、すぐに新しい洗濯機を買ったほうがよいという意見だった。ジュジャは耳を疑った。3人の子どもがおり、1週間で4~5回の洗濯をしていたが、その程度でこれほど短期間に洗濯機が壊れるとは！　今後4年ごとに洗濯機を買い換えないといけないのか？　3人目の修理工は困ったように頭をかき、申し訳なさそうに買い替えたほうがいいと言った。この修理工は、どのブランドの洗濯機を買うべきか教えてくれ、それ以来、洗濯機は正常に動いている。どのブランドが丈夫な製品を販売しているか調べるべきだと言いたいのではなく、経験を積んだ専門家の意見は価値があるということだ。正直なところ、熟練の修理工が憤慨しながら製品の問題点を指摘するのは、見ていて楽しかった。

使い捨てと修理のジレンマ　以下では「リペア権運動」、および自分が所有する製品を捨てるのではなく、修理したいという消費者の願望の高まりについて論じる。そのほうがよいと思えるのに、企業はかならずしも修理に前向きではない。

オンタリオ自由党の政治家マイケル・コトーは、娘のスマートフォンが壊れ、その修理費用の見積りが新機種の値段よりも高いのを知って憤慨した。2019年にオンタリオ州地方議会に電子機器の「リペア権」法案を提出したのは、コトーだった[46]。

数十年前には企業は、販売する製品すべてにかんして、各部品の仕様を記載した資料を提供していた。一方、今日では、壊れた製品修理そのものを不可能にしたり、あるいは、非常に高価にして容易に修理できないようにしたりするために、込み入った手段を用いている。技術は日々急速に進歩しているが、耐久性を高めることは目的にはなっていない。むしろ、製品寿命を厳密に規定している（企業にとって製品寿命は長すぎないほうがよい）。修理は、企業にとって収益機会の損失だが、環境や消費者にとって利益となる。これが修理のジレンマだ。最近買ったミキサーが突然壊れたとしよう。このとき、メーカーのサービスセンターで修理してもらうのに、購入価格の7～8割もの金額を支払ってもよいと思う人はいないだろう。まして、部品が届くのに数週間かかるとすればなおさらだ。その部品には製品IDが付与されていて、独立の電機修理店で部品を交換しても、機能しない場合もある。時間とお金があれば、修理店を訴えて代金を取り戻せるかもしれないが、通常は泣き寝入りするしかない。

近年の調査によれば、EU加盟国の人々の80パーセント近くは、電気機器が故障した場合、買い換えるより修理したいと思っている。しかし、一般的には「理にかなっている」人の大部分が、「理にかなっていない」状況のせいで、物を無駄にしてしまっている。大多数の人が、電子機器を容易に修理できるようにメーカーに法的義務を課すべきだと考えている。[47]

先ほどのミキサーを、仮に3年間使用していたとすれば、複雑でお金のかかる修理をするよりは、新しい機種を買うほうがよい選択だとたいていの人は考えるだろう。しかし、修理店の見積りが手頃で、納期も長くなければ、修理してもらうことに躊躇しないだろう。消費者、そして地球環境にとっては、修理が望ましいが、メーカーはそうは思わない。むしろ、利益の喪失だと見なす。可能なかぎり短い時間で、可能なかぎり多くの製品を販売することが、彼らの営業目的だからだ。

スマートフォンやノートパソコンは、ミキサーよりも生活に不可欠なものだ。今日、廃棄された製品から取り外した部品を、他の製品に取り付けたり、メーカーが認可していない修理工が修理したりすることを禁止することが法的に認められている。

しかしこれは、電化製品を購入するのに高い値段を支払った所有者の権利を大きく制限することになる。部品の交換は製品そのものを買い替えるよりはあきらかに安価なはずであり、修理できる製品をすぐに捨てたりしなくなるだろう。つまり一方では、有害な廃棄物を出さなくてもすむし、他方では、別の製品を製造するのに用いられる資源も節約することができる。修理工は自覚していなくても環境保護を実践しているのだ。

しかしメーカーは、消費者に対して高い値段で新しい商品を買い、壊れたら捨てるという選択肢しか認めていない。それによって、有害な廃棄物が増えることになる。これが修理のジレンマだ。消費者は修理できるのなら捨てたくないし、捨てざるを得なくなるまで新しい製品を購入しようとしない。これは、メーカーの利益に反するのだ。

ランプから飛び出した魔神　誰しも、製品を購入する時点では、1回故障したからといってすぐに捨てようとはしないだろう。故障しても直せるだろうと思うはずだ。しかし問題はここにある。メーカーは、修理可能な製品を設計するべきであり、専門の修理工や修理業者のサービスもきわめて重要だ。2019年9月以降、ヨーロッパの複数の団体は共通の方法で修理できる権利を要求している[47]。そのような団体の一つとして、ベルギーに拠点を置くECOSをあげることができる。ECOSは、環境に優しい技術基準や法制度を推進している。もう一つの団体が欧州環境団体事務所（European Environmental Bureau）であり、これは、ヨーロッパで最大の市民環境団体の連合だ。この団体は、消費者がより安価に電化製品を修理でき、新しい製品を買わなくてもすむようにしたり、修理業者が複数のブランドの修理サービスを提供できるようにしたりすることを提唱している。

iFixitというウェブサイトは、次のようなスローガンを掲げている。「直せないなら、所有していないのと同じことだ」。修理はリサイクルよりも望ましい。物を長く使いつづけるのは、天然資源を採掘して新しい製品を作るよりも、効率的で、費用対効果も高い。ドイツに拠点をおくiFixitのヨーロッパ支部は、誰でも編集可能で、無料で利用できる修理情報のオンラインデータベース（無料修理マニュアル）を提供しており、そこでは5万点の修理マニュアルが保存されている。[48] 毎月、数億人の閲覧者が同ウェブサイトを訪問し、修理の方法を学んでいる。消費者にとってお金の節約になるのはもちろん、電化製品の廃棄を減らすこともできる。

リサイクルは、浪費的な消費者の良心を満足させるお手軽な方法だ。廃棄物から資源がリサイクルされていると信じることができるのであれば、携帯電話の場合のように希少金属を含む複雑な製品を廃棄するのは、気分的に楽だろう。実際にはリサイクルは十分ではない。電子廃棄物の5分の1もリサイクルされていないのだ。[49]

リペア権を求める運動は急速に広がっており、ヨーロッパの16の国々の40以上の団体がこの問題に取り組んでいる。これらの団体は、地域の修理ボランティアや環境活動家、非営利団体、独立のリペア権運動家、そして修理に関心のある一般市民を代表している。彼らは、製品修理や製品寿命の延長を実現するために努力し、修理を難しくしているメーカーを非難しているのだ。

製品は、たんに機能するだけでなく、長いあいだ使用可能で、必要なときには修理可能であるように設計されるべきだ。上記のヨーロッパの運動は、容易に主要部品を取り外し、交換することができるような最低限の製品設計基準を定める法律をEU内で制定することを要求している。[50] この基準には、交換部品と修理マニュアルが容易に入手可能であることや、現在すでに利用されている省エネ・ラベルの一環として「修理の容易さにかんする格付け制度」の導入が含まれる。[51] ちなみに、iFixitはすでにリペア指数を用いており、修理費用や修理の容易さを反映して1から10の評価を各製品に付与している。

リペア権運動のメッセージは、政治家に向けられている。消費者が修理できるようにするためには、政府が大企業に対して、修理にかんする情報公開を要求しなければならない。しかし、この運動は、電化製品の修理にかんするマニュアルや製品基準や案内にとどまらず、人々の考え方や態度を変えようとしていることにも注目するべきだ。

たしかに、政治家や公的機関にこの問題を重要だと思わせ、メーカーへの規制を導入させることができるのは、消費者だけだ。しかし、先走りしすぎてはいけない。あらゆる製品の修理を実現するための適切な規制が導入されるまでには、まだ何年もかかるだろう。

メーカーは短期間で利潤をあげることに関心があるのに対して、消費者は持続可能な成長に関心がある。この運動にとどまらず、情報や修理にかんするインフラを改革する必要がある。メーカーは、修理案内やソースコードや仕様を公開するようになれば、ハッカーや詐欺師、サイバー犯罪者が電子機器を操作しやすくなるという反論をするだろう。知的所有権を軽視すれば、技術開発を阻害するとも主張するだろう。しかしメーカーは、消費者が自社運営の修理店を利用しなくなることでメーカーの収益源が失われることにほとんど言及しない。

革命は始まった　近年、リペア権はますます注目を浴びるようになっている。急速な技術変化ととももに、リペア権に対するメーカーの態度も変わりつつある。消費者には、物を買う権利があり、壊れたら元の状態に修理してもらう権利もある。

アメリカではマサチューセッツ州がリペア権運動を主導している。2013年の同州の法律では、自動車メーカーに対して、2015年以降に製造された自動車の修理・診断情報を一般に公開することを義務化し、独立の自動車修理店がそれを利用できるようになった。この法律はマサチューセッツ州でのみ有効だが、自動車メーカーは、アメリカの他の州でも情報提供を行っている。[52]

連邦レベルでも同様の試みが見られる。2021年の夏、ジョー・バイデン大統領は、連邦取引委員会〔訳者注：日本の公正取引委員会に相当する機関〕に対して、農具や農業機械の修理および部品の供給にかんする一律のルールを作成するように指示する大統領令に署名した。このルールが導入されれば、農家は機械を容易に修理することができるようになるだろう。[53] ニューヨーク州では、メーカーに修理・診断情報を公開することを義務づける公正修理法が州上院議会を通過した。[54]

2020年、ヨーロッパ議会でリペア権決議が、395人の賛成、94人の反対、207人の棄権のもとで採用された。このため、製品寿命や修理の容易さにかんする表示の義務化がなされることが期待できる。2021年3月には、テレビ、食器洗い機、ヘアドライヤー、冷蔵庫のリペア権にかんする規制を実施した。これらの機器のメーカーは、10年間は修理ができるようにすることが義務づけられる。加えて、想定される製品寿命を示すラベルが貼り付けられることになるだろう。修理説明書が添付され、一般的な工具で部品を取り外して交換できるように製造されるようになるだろう。

２０２１年１月、フランスは、スマートフォンやノートパソコンを含む電子機器５品目に対して修理しやすさ指数を導入した。この指数は、製品を購入する前にどのような修理が可能かを消費者に通知するものだ。

このような新しい試みによって、お金の節約や環境保護に責任を感じている一般の人々には、新しい世界が開かれることになる。キッチンにある冷蔵庫が馴染み深いものになったり、電気調理器を数年ごとに買い替えずにすむようになったりするだろう。馴染み深いものには、親しみを覚えるようになり、家庭の安心や快適さを増すことになるだろう。私（ジュジャ）の祖母はいつも、コーヒーミルを大切に扱っていた。というのも一度修理をしたことがあったからだ。祖母は、壊れたコーヒーミルを捨てなかった。修理したことで、むしろコーヒーミルとの関係性が変化し、損傷に耐えた貴重な品として、以前より大切に扱われるようになった。ポスト使い捨て社会では、多くの人が祖母の考え方に共感するようになるだろう。

ダビデとゴリアテ　ゴリアテのような巨大企業に対して、ますます多くの「ダビデ」たちが声を上げ始め、リペア権を求めて大企業を追及している。その一人である33歳のルイス・アンソニー・ロスマンは、ニューヨークで独立の修理工として働くかたわら、リペア権運動家として公共の場で発言し、リペア権にかんする公聴会で証言を提供している。２０１８年のＣＢＣニュースの調査報道によれば、ロスマンはアップル製品を公式のサービスセンターよりも早く修理できる。[55] ロスマンは、高い人気を誇る自分のユーチューブ・チャンネルで、修理法や人生観などについて語っている。[56]

もう一人の「ダビデ」としてオランダ人のヨアンナ・ファン・デル・ザンデンをあげることができる。ファン・デル・ザンデンは修理工ではなく、美術館の学芸員であり、修理を文化として定着させることを提唱している。もし修理がわれわれの思考や行動の中心となったら、多くの点でよい社会が実現すると主張している。ファン・デル・ザンデンによれば、修理をすることは、人間の生活全体に関わる重要な営みであり、人間関係や、生物多様性や、さまざまなシステムの修理・修復につながる。今すぐ修復に取り掛かろう！　これが彼女の考え方だ。[57]

ファン・デル・ザンデンは、２００９年に始まった修理カフェの発起人だ。修理カフェはそれ以来、ジャーナリストのマルティーネ・ポストマの熱心な広報活動のおかげで有力な社会運動となった。ファン・デル・ザンデンは、リサイクルをする前に修理することを検討するべきだと考えている。そうすれば、廃棄物はもっと削減することができる。しかし、修理の重要性をふたたび人々に認識させ、主流の文化として実践していくことが必要だ。ファン・デル・ザンデンは「修理マニフェスト」の著者でもある。このマニフェストは、オランダ・アムステルダムのデザイナー集団プラットフォーム21と、芸術家でデザイナーのシンシア・ハサウェイとともに書き上げられたものであり、多くの言語に翻訳されている。[58]同マニフェストは、以下のような点を強調している。

・製品デザイナーは修理しやすい製品を設計するべきだ。

・消費者はリサイクルする前に修理できるかどうか考えるべきだ。
・修理は創造力を発揮する機会となる。
・物を直すことによって、物の歴史に貢献することができる。
・修理は景気の良し悪しにかかわらず重要だ。不況だから修理を勧めているわけではない。お金の問題ではなく、精神的な豊かさの問題だ。

「修理マニフェスト」は、政策的関心からはあまり議論されない点についても触れている。それは、修理することの喜びだ。つまり、壊れたものの内部をのぞき込み、各部品と全体の機能との関係性や、目立たない部品の重要性を知ることの喜びだ。修理する過程自体が楽しいのだ。修理が終わり、もしかすると形が変わっていたり、今までとは違う音がしたり、新しい部品が追加されたりしているかもしれないが、ふたたび使えるようになるのを確認するのはすばらしいことだ。ドライバー一式があれば、引き出しの取っ手が緩んでもすぐに直せるという安心感や自立心を味わえることや、自分が知っている修理法を子どもと共有することによって広がる自由の感覚についても、同マニフェストは言及している。

その一方で、より大きな注目を集めているのは、思想よりも行動のほうだ。今日、世界中で2200以上の修理カフェがある。[59] 修理カフェでは、道具や材料が提供され、ボランティアの専門スタッフの支援を受けながら、地域住民が、衣服や家具、自転車、電化製品などを無償で修理することができる。住民たちはお互いに助け合ったり、お茶やコーヒーを飲みながら、日曜大工にかんする共用の本を読んだりすることもできる。

世界では、数多くの著名な運動家のもとでリペア権運動が展開されている。さらにもう一人、紹介するに値する人がいる。というのも、その人物はアップルの共同創業者だからだ。スティーブ・ウォズニアックは1970年代に、その後、巨大IT企業となるアップルの誕生・成長・転換に立ち会ったが、現在では、同社の思想の変化を問題視し、リペア権の重要性を強調している。[60]

メーカーと修理コミュニティの双方から、激しい論争が繰り広げられている。現時点では、両者のあいだで冷静な対話が成立しているとは言えない。メーカーは、はるかに大きな資金を投入して政治家に働きかけることができるため、その対抗策として、修理カフェで起こっている小さな変化はとても重要だ。学校で修理の重要性を訴える試みも始まっている。[61]

修理第一主義　毎年販売されている無数の製品には、販売そのもの以外に三つの重要な利益発生源がある。それは、別売り付属品の販売、保守サービス料および税金だ。税金の徴収は国家によって独占されているが、他の二つは、リペア文化を資本主義と敵対させることになる。修理は、現代の世界にはびこる強欲な資本主義と真っ向から対立する。メーカーにとっては、修理は将来発生するはずの利益を失わせることになる。製品を長く使えば使うほど、販売台数は少なくなる。

電化製品にかんする有名なマーフィーの法則がある。それは、壊れる可能性のあるものは確実に壊れる、というものだ。細心の注意を払って作られたものであっても、問題は起きる。手を滑らせて、携帯電話を落としてしまうこともある。しかし、修理できるものは修理するべきだ。

時間が経つにつれて、製品にかんする不満は増していく。携帯電話を必要とするサービスが増えている。ＱＲコードの読み取りやカメラ、ＧＰＳが好例だ。われわれの日常生活がますます携帯電話に依存するようになっている。このように、携帯電話の役割が拡大することで、住んでいる地域などのさまざまな条件によってサービスが利用できない人に不便を強いることになる。

修理を難しくしているもう一つの障害が、計画的陳腐化だ。第１章第２節(2)節で議論したように、計画的陳腐化（早すぎる陳腐化とも呼ばれる）はメーカーにとって望ましい。というのも、消費者が新品を買うサイクルを短くすることができるからだ。しかし、早すぎる陳腐化は、意図的に製品に問題を埋め込む以外の方法でも実現される。つまり、サービスセンターに交換部品が届くのを故意に遅らせたり、交換部品だけを購入することができず、当該ブランドのサービスセンターの高い労賃が確実に上乗せされたりする場合だ。高い修理費用が提示されれば、消費者は新しい製品を買おうという気持ちになるだろう。古い製品のソフトウェア更新を遅らせたり、サービスセンターがまばらにしかなかったり、その他さまざまな不都合によって修理が妨害される。つまり、修理は時間と費用がかかる複雑なプロセスなのだ。

さらにいうと、われわれは、リサイクルという口実を持ち出して問題から目をそむけている。携帯電話や電気ケトル、スポーツ用品、おもちゃ、テレビなどの廃棄によって生み出される電子廃棄物は、世界中で毎年２０００万トンずつ増加している。２０２１年の１年間に出された電子廃棄物の体積は、中国の万里の長城よりも大きい（この比較はややシンプルすぎることは認める）。この推計は、電化製品や電子機器の廃棄という国際的問題に対応する多国籍の専門家グループであるWEEEフォーラムが行ったものであり、同フォーラムは、電子廃棄物の価値がだいたいの国のGDPを上まわるとも推計している。[62]国連の持続可能サイクル（SCYCLE）プログラムのディレクター、リュディガー・キュールによれば、「廃棄された携帯電話1トンには、金鉱石1トンよりも多くの金が含まれる」[49]

電子廃棄物はますます増加しており、毎年5300万トンが廃棄されている。これを削減するには、製品を修理するのが最もよい方法だ。新しい製品を購入するのに使うお金を減らし、廃棄物を減らすことは、消費者個人にとっても、人類にとっても利益となる。

電化製品にかんするマーフィーの法則が何といおうと、修理できるものは修理するべきだ。

第4節 教訓と展望

本章では、システムに撹乱要因が発生したとき、それが元の状態に戻るための基本的メカニズムを検討した。自然界には、変化しつづける環境に適応するための補償メカニズムが存在する。ルシャトリエの原理は、熱力学的平衡状態の安定性を説明するものだが、その考え方は、生命体や社会システムにも容易に応用できる。

恒常性は、生命体が安定的に機能しつづけるための一般的修復メカニズムと見なせる。生命体は、物質やエネルギーや情報の流入・流出を通じて、継続的に外部環境と相互作用している。

かつて注目された分野であるサイバネティックスから学べることとして、生命体や社会システムが安定的に機能するには、正のフィードバックと負のフィードバックのバランスが必要だということがあげられる。単純すぎるように聞こえるかもしれないが、これは基本的に正しい。このバランスが乱されれば、社会的格差や気候変動のような深刻な問題が生じる。

レジリエンスという概念は生態学で生み出されたものだが、自然災害や大事故という観点において、この概念の重要性は増している。困難な状況でも機能しつづけるようなシステムはレジリエンスがあるといえる。一人の人間や、建物や、社会のような階層的組織のさまざまなレベルでレジリエンスを確保することが重要だ。

使い捨て社会から修理社会への転換が進むなか、少なくとも二つの側面で戦いが始まっている。精神的な側面では、かつて誰もが知っていたのに、今では多くの人が忘れかけていることを学び直すべきだ。危機に対する最初の反応は、修理したり、機能を取り戻したりする方法について検討することであるべきだ。法的な側面では、リペア権運動が影響力を増している。巨大企業が譲歩の姿勢を示し始めているが、まだこの戦いは終わっていない。

第５章
ニューノーマルへの経路

［要 旨］

本章では、かなり大きな撹乱要因が生じ、元の安定的な状態に戻れなくなった場合に、かつての正常な状態から「新しい正常状態」（ニューノーマル）に移行するための一般的メカニズムを考察する。生物学者や社会科学者は、異なる安定的な段階、つまり平衡状態のあいだでの移行をとらえる物理学の理論を、生物や社会の現象に応用した。要するに、この変動的な世界における大多数の事例では、撹乱を受けた後に元の状態に戻ることはできないのだ。このため、ニューノーマルなふるまいや状態を見出す必要がある。自然界のシステムや、社会技術システムは多くの場合、臨界点（転換点とも言われる）、つまりわずかなきっかけで劇的な結果が生じる点の近くで作動している。人類は、負の転換点に近づいているかもしれない。しかし、使い捨て社会からリペア社会への転換がすでに始まっていると信じたい。

第1節 修復を試みるべきとき、あきらめるべきとき

システムが何らかの撹乱を受けたとき、そのまま見過ごすか、あるいは手を加えて修復するか、決断しなければならない。乗っている自動車が故障した場合に、費用と便益を比較して、新しく車を買い替えるほうがよいと判断するなら、故障した自動車は手放すべきだ。外国語の先生が文法ばかり指導し、会話のレッスンをしてくれないなどの理由で不満を持っているなら、まずは自分の学習目的を明確に伝え、それに合った指導に変えてくれるかどうかを様子見するべきだろう。しかし、本質的に自分の希望と合わないのだとしたら、修復することはできないだろう。ことわざにあるように、「ヒョウは毛皮の模様を変えられない」。他のことわざでは、「魚は泳ぐしかないし、鳥は飛ぶしかない」［訳者注：日本のことわざ「三つ子の魂百まで」と同様の意味］

かなり大きな撹乱要因が生じ、元の安定的な状態に戻れなくなった場合に、かつての正常な状態から「ニューノーマル」の状態に移行するための一般的メカニズムがある。

図5－1がこれを示している。

われわれは、物や人が正常な状態にあると考えるのを好む。しかし、あらゆるものが、条件や環境の影響によって何らかの変化を被る。水は、液体であれば「正常」だと一般的に考えられている。環境的条件を変え、温度を一定以上下げれば、あるいは上げれば、「ニューノーマル」の状態、つまり硬い氷

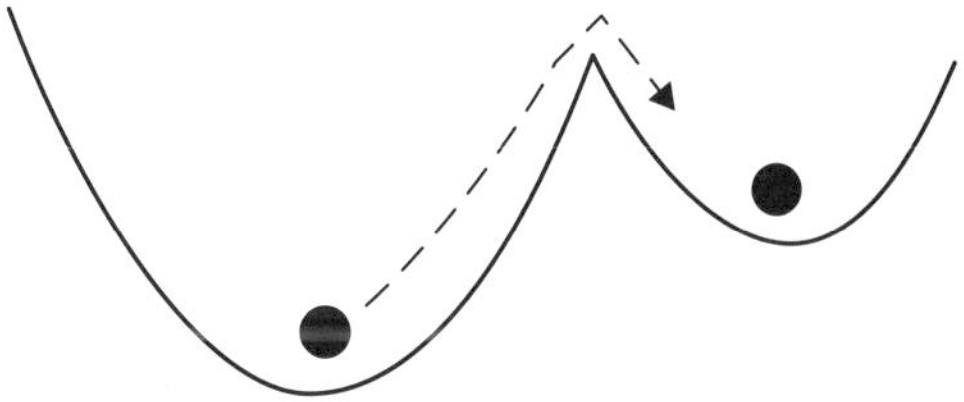

図5−1　大きな撹乱要因が生じるとシステムは新しい平衡状態に到達する

や水蒸気に変化する。物質の基本的状態は、固体、液体、気体であり、相転移のプロセスによって物理システムはある相から別の相へ変化する。臨界点と呼ばれる特別な状態が存在する。液体と気体の臨界点は、液体と気体が共存できる条件を決定する圧力温度曲線の終点として定義される。

　興味深いことに、生物学者や社会科学者は、異なる安定的な段階、つまり平衡状態のあいだでの移行をとらえる物理学の理論を生物や社会の現象に応用した。要するに、この変動的な世界における大多数の事例では、撹乱を受けた後に元の状態に戻ることはできないのだ。一般的には「ジャンプ」、つまり急激な変化を経由して、「ニューノーマル」なふるまいや状態を見出す必要がある。システムに小さな変化が生じただけで、劇的な影響が突然生じてしまう場合があり、これはときに、青天の霹靂のように思われる。このような現象を大惨事（カタストロフィー）ととらえるカタストロフィー理論は、かつての正常とニューノーマルのあいだのジャンプを説明する数理的枠組みとして当初盛んに議論されたが、後には注目されなくなった。

(1) カタストロフィー理論の盛衰

若くしてフィールズ賞［訳者注：優れた業績をあげた若手数学者に与えられる賞。数学界のノーベル賞とも言われる］を受賞したフランスの数学者ルネ・トム（1

923‐2002）は、突然のジャンプを「カタストロフィー」と分類した最初の研究者であった。[1] トムは、生物の形態形成に対して厳密な数学理論を適用した。この理論が広まるにつれて、戦争や経済成長、突然の物価変動、株価暴落、軍拡競争、刑務所での暴動などの社会現象を説明するためにも（ときに表面的にのみ）用いられるようになった。

これらのシステムの基本的特徴には、①双安定性、②非連続性、③履歴現象が含まれる。双安定性とは二つの安定的な状態が存在することを示す（たとえば、次に述べる石油価格の例のように、「低価格」均衡と「高価格」均衡）。非連続性は「小さな変化が生じただけで劇的な影響が生じる」ことを示している。システムがタイムラグをともなって、変動的な環境的刺激に反応するとすると、二つの別々の経路を歩むことが考えられる（刺激が増加したときの経路と、刺激が減少したときの経路）。この現象を履歴現象と呼ぶ。

カタストロフィー理論にもとづく石油価格モデル　仮想データを用いたカタストロフィー理論の応用の一つが、シンプルな石油価格モデルだ。暗黙の前提として、石油価格は高いか、低いかのどちらかであり、それらのあいだでまったく異なる状況が実現するというものだ。小さな変化が生じただけでも、ある状況から別の状況へとジャンプする場合がある。このモデルでは、二つの制御変数が定義され、図5‐2は、これらの変数に応じて生じる尖点、つまりカタストロフィーを示している。図の下部には、ジャンプが起こりうる因果関係の流れが説明されている。モデル全体の流れは、厳密なものではなく、直

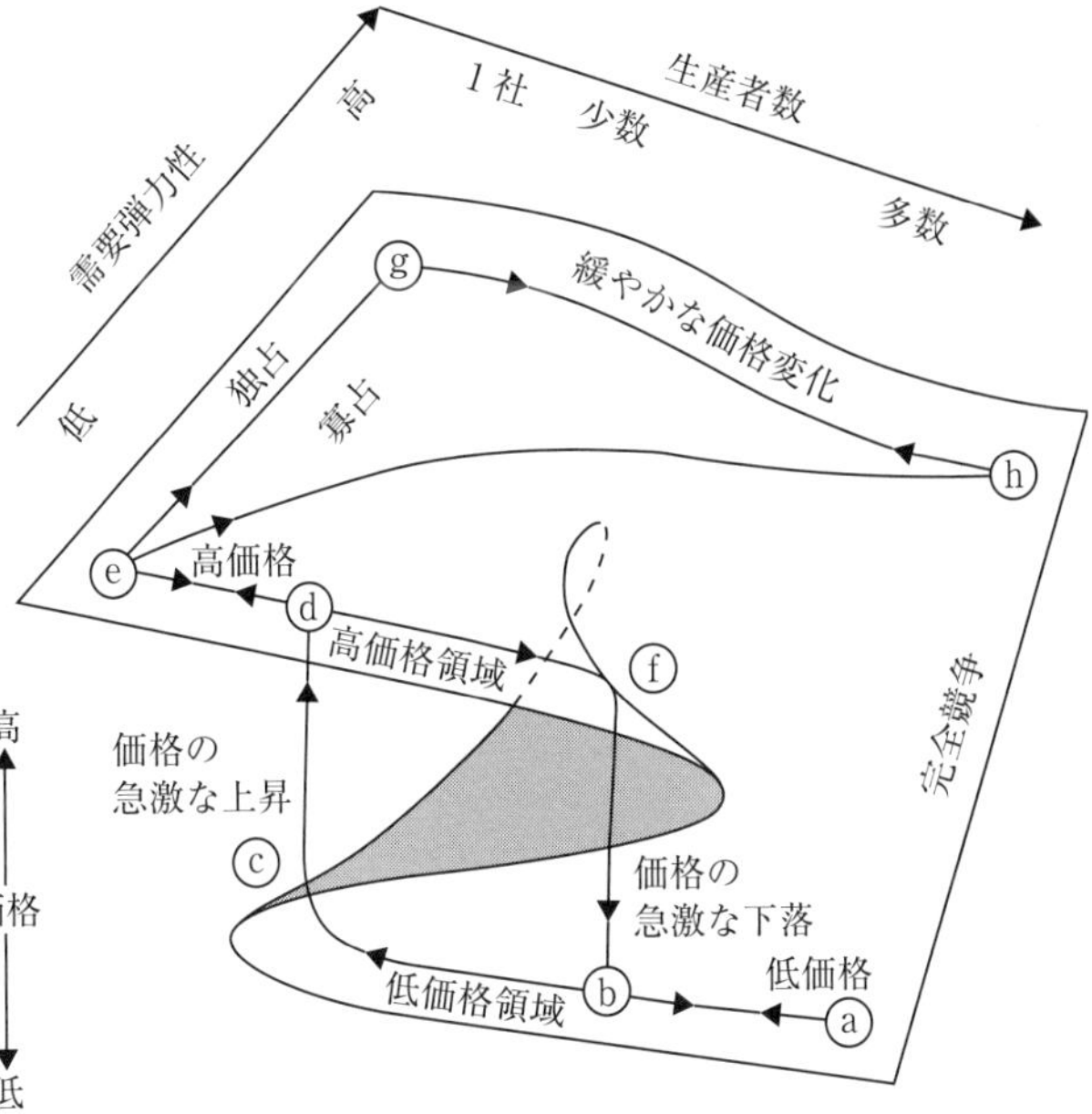

図5－2　原油市場における需要の弾力性と競争の強さ

曲面の高さは、原油価格を示している。このモデルでは、独占・寡占・完全競争のそれぞれの状況が示される。曲面が折り重なっている箇所は、ある条件のものでは高価格と低価格の両方の状況が生じうることを表している。曲面上の（ⓐ→ⓑ→ⓒ→ⓓ→ⓔ）という経路は、競争が弱まることで価格が急激に上昇する様子を描いている。（ⓔ→ⓓ→ⓕ→ⓑ→ⓐ）という経路は、市場に新しい供給元が現れて競争が強まったため、価格が急激に下落する状況を示している。需要の弾力性が上昇すると、一定の条件のもとでは、緩やかな価格変化が起こる（ⓔ→ⓗやⓔ→ⓖのような経路)。ウッドコックの図から改変を加えて転載した。

Érdi, P. (2007). *Complexity Explained*. Springer Verlag

感的なものだ。

このモデルから言えることは、それがたんなる喩えであるかもしれないとしても、ニューノーマルへの移行経路には一定のパターンが存在するということだ。臨界点の周囲では、小さな変化が劇的な結果をもたらす。元の正常状態に戻るのは不可能ではないが、それは異なる経路で生じる。カタストロフィー理論は、表面的な応用しかできないという理由で、注目されることはなくなった。しかし、同理論がかつて注目を浴び、そして衰退していった経緯は、科学の歴史の中でも興味深いものだ[2,3]。カタストロフィー理論は、成功したがゆえに、また開拓者が大きな野心を持っていたがゆえに衰退した（トム以外に、イギリスの数学者クリストファー・ジーマン（1925－2016）も、理論面と応用面の両方で同理論を積極的に活用した）[4]。ザーラーとズスマンは、カタストロフィー理論とその応用研究の大部分を厳しく批判した[5]。同理論を用いたモデル化の試みは、物理学や工学に限定されるべきであり、生物学や社会科学には適さないと主張した。カタストロフィー理論の応用がほとんど行われなくなった一方で、高名な数学者ウラジーミル・アーノルド（1937－2010）は、同理論の数学的基礎を深めることに貢献した[6]。

激しい論争をもたらした感情的態度の要因として、自然科学と社会科学のあいだに方法論上の差異があることがあげられるだろう。しかし、批判はやや的外れであった。第一に、トムとジーマンは数学者として訓練を受け、数学者として研究をしていた。第二に、一部の応用は過剰に多次元化しており、問題があったのは事実だが、その一方で、社会科学で数理モデルを利用する研究者の立場を悪くすることにもつながった。

次に、自然界や人間社会のさまざまなシステムに見出される、自己組織化という一般的組織原理を論じよう。自己修復メカニズムを通じて、安定的状態を回復するうえでも、古い安定的状態がもはや安定的でなくなったときに新しい安定的状態を形成するうえでも、自己組織化は重要だ。

(2) 自己組織化――ニューノーマルへの移行

概念　自己組織化は、自然界にも人間社会にも生じる秩序だったふるまいを維持・形成するためのメカニズムだ。[7] 当初、あるシステムが撹乱されていたときに、そのシステムの各部分が局所的に相互作用することで、巨視的な自生的秩序が生じる。この原理が当てはまるような多数の事例が存在する。具体的には、レーザー物理学や化学システム、生命体の時空間パターン、地域や都市の形成、景気循環があげられる。本書の目的からすると、自己組織化は、外部からの撹乱要因に対する自己修復、あるいはある状態から別の状態への移行をもたらす作用だ。当初の状態が安定的であるとき、つまり一定の撹乱要因の後に当初の状態が復元可能であるとき、自己修復が起きる。しかし、システムが安定的でなくなったら、新しい状態に移行する。自己組織化は多くの場合、パターン形成という現象をもたらす。パターンとは、構成要素の秩序だった配列を意味する（構成要素の例として、化学系での分子、生態系での種、株価、有権者などがあげられる）。時間的パターン、空間的パターン、そして時空間的パターンがある。パターン形成とは、以前の単純なパターンが不安定になり、「ニューノーマル」と呼べるような、より複雑なパターンが現れるプロセスを指す。非線形動的システムを研究する、分岐理論という数学の一分野では、移行が生じる条件の説明や具体的なパターンの描写がなされる。[8] 以下では、さまざまなパターンやパターン間の移行にかんする具体例を示そう。

時間的パターン　図5－3は、三つの基本的な時間的パターンを示している。図Aは、平衡状態に収

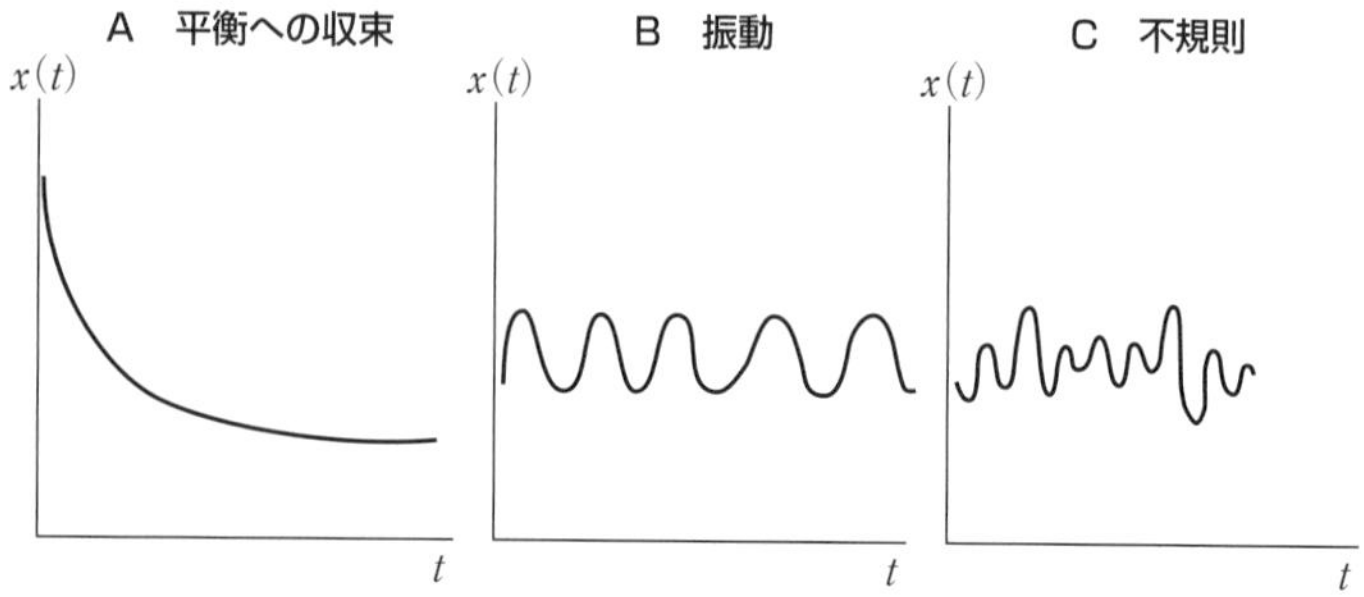

図5－3　時間的パターン

状態間の移行はニューノーマルの状態への移行を表している場合もある。

束するパターンだ。第3章の無制限成長プロセスは無限大に向かったが、ここでのプロセスは有限の平衡点に向かう。

熱力学的な時間の矢によれば、開放系では平衡状態に向かう傾向があると考えられるが、物理的・化学的・生物的・社会的システムでは、規則的な振動パターンや不規則な無秩序パターンが生じる場合もある。減衰しない振り子や休息時の心拍は、最も典型的な例だが、他にも応用科学の分野では多くの事例がある。たとえば、振幅的化学反応や体内時計、一部の電気回路、景気循環モデルがあげられる。図Bは、持続的な振動を示しており、理想的には一定の振幅と周波数を持っている。図Cは、無秩序なプロセスによる不規則な変動を示している。ごく単純な非線形動的システムであっても、予測不可能な動きを示すことがある。つまり、その動きを生み出すアルゴリズムが決定性を持っていても、ランダムであるように見えるのだ。一見すると予測不可能な動きをしばしば、無秩序（カオス）と呼ぶ。読者に、ある実験に参加してもらいたい。今日（2022年1月10日）、「カオスは新しい正常状態だ」（chaos is the new normal）という検索ワードに対して、

Googleは「一・〇七秒で約33万1000件」の検索結果を示した。あなたは今、何件の検索結果を見られるだろうか？

近年の研究では、新型コロナウイルス感染は、無秩序パターンなのかどうかという問いが検討されている。世界的感染は、個人レベルから世界レベルまでの、複数の時間軸と空間軸で同時に進行した。感染症のパターンは、システム内の自己組織化メカニズムによって生じた。無秩序な変動は複雑系では一般的であり、異なる国で感染拡大を予測するのが難しいのは、おそらくこの動的システムの根本的特徴だ。[9]

空間的パターン　計算機科学の研究者たちは、1936年頃のアラン・チューリング（1912－1954）の計算可能性にかんする偉大な貢献に感謝している。認知科学者は、チューリングの1950年の論文「計算機械と知性」を偉大な業績と考えている。生物学者（とくに数理生物学者）にとってのチューリングの主要な貢献は、1952年の英国王立協会の論文「形態形成の化学的基礎」だ。周知のとおり、チューリングは、第二次世界大戦中にドイツの暗号を解読するうえで大きな役割を果たした。さまざまな分野でのチューリングの貢献には、共通性が存在する。それは、構成要素間の局所的相互作用を表すアルゴリズムが、秩序だった構造を生み出しうるというものだ。

チューリングは、空間的に異質な（しかし固定的な）安定的構造が、（空間的に）同質的な構造の撹乱によって生じる可能性を示したかった。やや誇張して言えば、チューリングは、無から有を生み出すにはどうすればよいかという問いに向き合ったのだ。より具体的に言えば、空間的秩序の原因とは何だろうか、ということだ。一つのありうる哲学的な答えは、秩序は何らかの外部の作用によって生み出されるというものであり、もう一つの答えは、構成要素のあいだの相互作用によって生み出されるというものだ。

チューリングの論文では、数理化学で論じられる反応拡散モデルを用いて、胚状態における動物の成長期間にパターンのある構造が生み出されることが示された。動物は単細胞から出発し、何度も分裂を繰り返し、完全な一個体になる。初期の段階では、小さな球状の細胞であり、完全に画一的で同質的だが、そこから、シマウマやヒョウ、キリン、蝶、エンゼルフィッシュのような印象的な模様を作り出す。チューリングは、画一的な細胞の球から、空間的に異質的だが、安定的なパターン（シマウマの縞模様などの）が生じうることを示した。チューリングは、異なる条件のもとで、それぞれの動物が持っている見事なパターンを生み出す数理モデルを発案したのだ。チューリング構造の実験的証明や本格的な研究は、ほぼ半世紀経ってから始まった。図5‐4で、基本的なパターンを一部示している。

「どうしてヒョウの毛皮には斑点模様ができるのか」という質問に関心を持たれる読者がいれば、高名な数理生物学者が1行の方程式も使わずに見事な論文を書いているので、そちらを参照されたい。[10] チューリングの一般的な問い——現代の用語を用いれば、外部からの作用なしにどのようにして画一的だがランダムな構造から空間的秩序が生じるかという問い——や自己組織化の原理は、社会科学にも応用された。

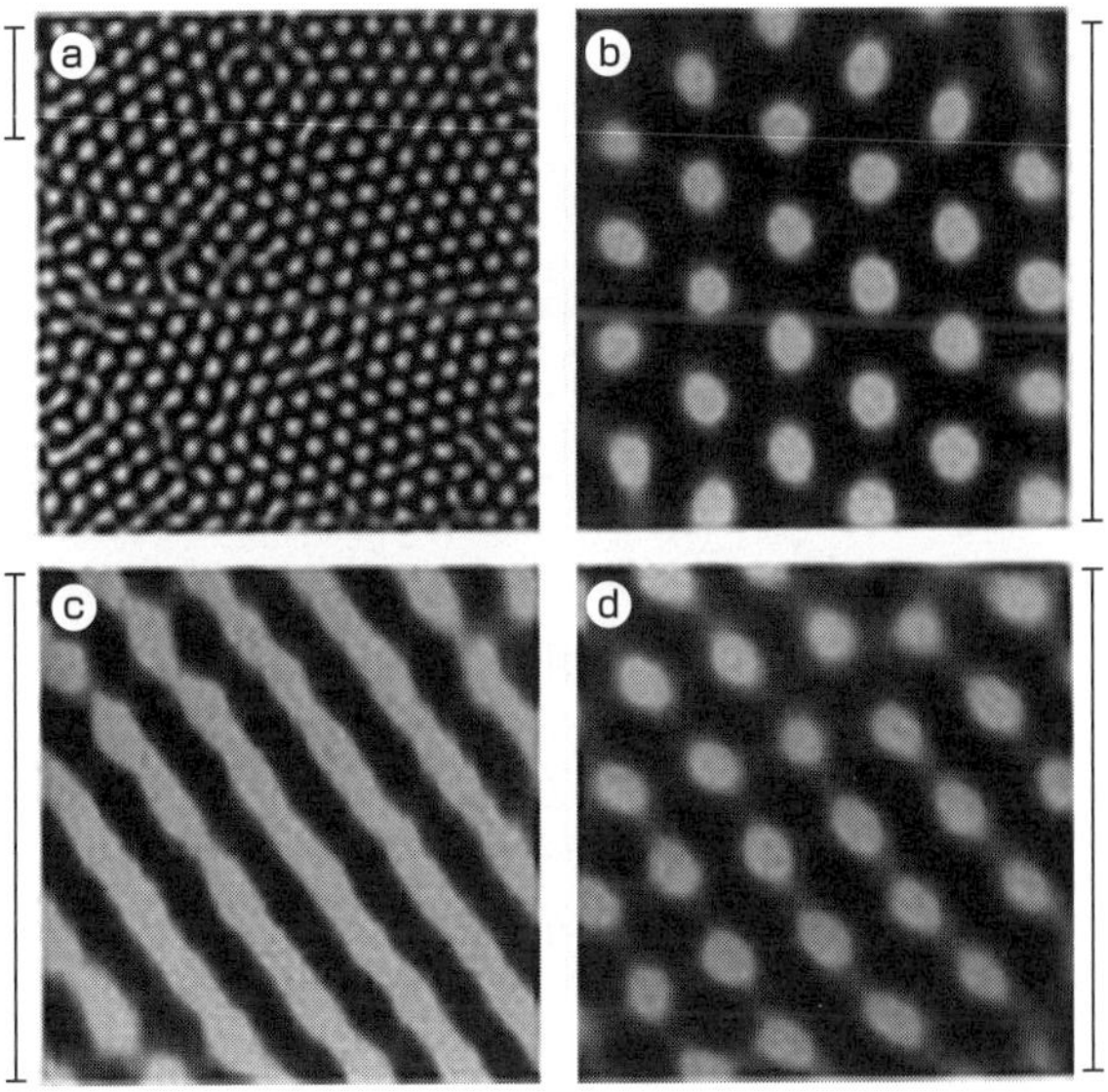

図5－4　斑点模様や縞模様などのさまざまな空間的パターン

チューリング構造と呼ばれる空間パターンが同じシステムのもとで媒介変数を変えると生じてくる。

Ouyang, Q. & Swinney, H. L. (1991). Transition from a uniform state to hexagonal and striped Turing patterns. *Nature*, 352, 610-612. https://doi.org/10.1038/352610a0

都市部の人種隔離は、そのような空間的パターンの有名な一例だ。トマス・シェリング（1921－2016）は、1971年に「人種隔離の動的モデル」という論文を発表し、後の人種問題研究に大きな影響を与えた。[11] この重要な論文では、局所的ルール（シェリングの言葉では「微視的動機」（micro-motives））が、全体の秩序だった社会構造（「巨視的作用」）を生み出すことが示された。専門的に言えば、このモデルは一次元あるいは二次元空間におけるセルラーオートマトンを用いたモデルだ［訳者注：セルラーオートマトンは、各構成要素（セル）が隣の

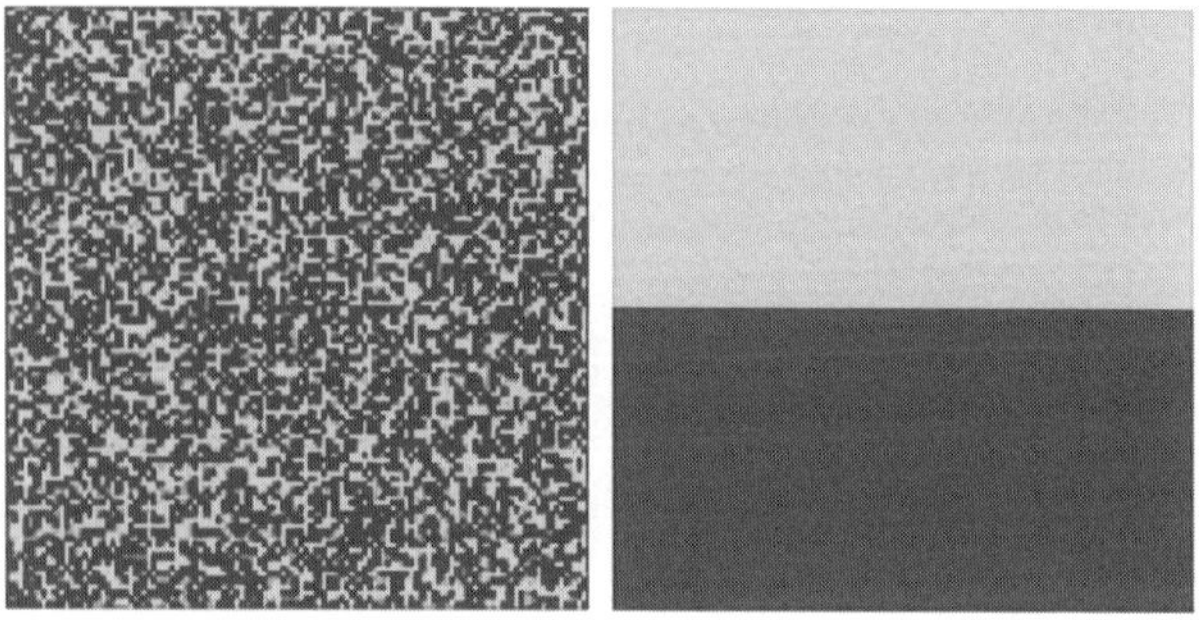

図5－5　ランダムに混じり合ったパターンと
完全に隔離されたパターン

構成要素との相互作用によって絶えず変化しつづけ、複雑な空間的パターンを示すアルゴリズムを指す］。各プレイヤー（あるいは主体）は、格子状に配置された多数の点の一つで表され、周囲を他のプレイヤーに囲まれている（各点は、隣家と接する住宅に住む個人だと考えてもらえればよい）。プレイヤーには、濃淡という最重要な変数が与えられる。このモデルは人種隔離をとらえるものであるため、濃淡はプレイヤーの人種に対応している。図5－5は、ランダムに入り混じったパターンと完全に隔離されたパターンを示している。隔離パターンは、チューリング構造と類似しているが、同一のものではない。類似している理由は、パターンを生成するルールが局所的だが、お互いを強化したり、抑制したりする信号を送るものだということにある。しかし、同一ではないというのは、このモデルの相互作用は、反応拡散とは異なるからだ。

住み分けによる人種隔離は、多くの国で見出される。写真家トゥカ・ビエイラが撮影した、ブラジル・サンパウロの人種隔離を映すとても有名な写真がある。ファベーラ［訳者注：ブラジルの貧民街を表す］の一つのパライソポリスは、モルンビという裕福な地域と隣接している。[12]わずか数ブロック先に、極端な貧困と極端な豊かさが併存している見事な事例だ。ブラジルには極端な所得格差があり、全人口の半数の所得を足し合わせても、国民所得の15パーセントにしかならない。全人口のおよそ10パーセントが都市部のファベーラに住んでいる。[13] 正のフィードバックが格差を広げているかのようだ。

格差の悪循環を打ち破るには、どのような政策が必要だろうか。ある文書によれば、次のような政策が必要だ。[14]

・住宅を手に入れやすくする政策。つまり、住宅開発を過剰に制限しない土地利用規制や、一部の人に不利が集中しないような適切な社会住宅制度が含まれる。
・個人が成功を収めるチャンスを長期的な視点で促進する政策。都市レベルで、質の高い教育や職業訓練を十分に提供することが例としてあげられる。
・交通手段と職場へのアクセスを促進する政策。つまり、職場と住宅地を結びつける交通政策を実施することなどが考えられる。
・孤立を防ぐ政策。人々の交流を促す公共空間や生活しやすい地域社会を構築することが必要だ。

これらの提言は一般的なものであるため、より重要なのは、実際に各地域でこれらをどのように実践するかという問題だ。

都市部の人種隔離は、社会現象における自己組織化の有名な事例だが、他にも例をあげることができる。

社会現象における自己組織化――他のいくつかの事例

隠遁生活をしている人もなかにはいるだろうが、われわれは通常、社会の中で生活している。人間社会が通常、分裂してしまわないのは、人々が社会のルールに従っているからだ。しかし、人々は強制的に社会のルールに従わされているのではなく、自己組織化メカニズムによって自分から従っているのだ。

人間社会は、小規模で、平等主義的な部族から発展してきた。かつては、単純な社会構造しかなく、小さな集団が孤立して存在していた。この小集団が互いに競争したり、協調したりすることで、最終的に先進工業国の複雑な社会構造が現れるようになった。資源は有限であるため、部族集団は、他の集団との対立関係の中で自分たちの利益を優先し、利己的に行動した。しかし、歴史家や人類学者によれば、戦時のように激しい競争にさらされている状況でも、部族集団が協調的行動をとることもあった。集団内での協調が強まることで、社会的結合が強固になり、技術進歩を促し（軍事的応用や組織化の進歩も含む）、人口増加をもたらした。一人の人が維持できる社会関係の数には認知的限界があるため（ダンバー数がおよそ150だということにはすでに第1章で言及した）、進化論的メカニズムを通じて、文化的、言語的、宗教的区別などに応じた社会集団の分化が進んだ。人口の増加にともない、人類はますます大きな社会階層を作り上げ、数十億の人々からなる社会群を形成するようになった。

すでに述べたように、人間社会は、自然災害や事件・事故、社会経済的格差、気候災害、世界的大感染、政治不安などの大きな課題に直面している。自然界のシステムや社会技術システムは多くの場合、臨界点までもうすぐのところで何とか機能している。このとき、小さなきっかけがあれば、それだけで大規模な危機が生じてしまう。たとえば、一人のデモ参加者が石を一つ投げただけで、暴動という大規模な集団的現象が生じる可能性がある。いったん始まってしまうと、容易には抑えることができなくなる。大衆が集団として「平和」的手段にとどまるのか、あるいは「暴力」的手段に訴えるのか、ここには非常に大きな質的違いがある。他人を傷つけるか、そうでないかという、きわめて大きな違いだ。

シェリングは、個人の判断が集団内の他人の行動に影響を受けるような社会現象を多く考察してきた。他人が赤信号で立ち止まれば、自分もそうする。隣近所の人が買ったものと同じようなものを自分も買う。シェリングは直感的に、基本的に二つの結果が生じる（つまり双安定性がある）、つまり、人々の微視的動機から二つの巨視的作用が生じると予想した。誰もが赤信号を無視して道を横切るか（他人が無視するのを見ることで正のフィードバックが生じ、さらに別の人が無視する動機を作る）、誰もが赤信号で立ち止まるかのどちらかだ。あるいは、誰もが拍手喝采を送るか、弱い拍手が起こった後、すぐに静かになるかのどちらかだ。二つの結果のうちどちらが実際に起こるかは、行動を起こす人の数によって決まる。臨界量を超えれば、誰もが（より厳密に言えば、ほとんど誰もが）加わることになる。

より日常的な例を取り上げよう。多数の人がいっせいに歩いている状況は、多数の微視的要素が相互作用することで巨視的パターンが形成される典型的な事例だ。ノーベル賞を受賞した物理学者マレー・ゲルマン（1929-2019）の名言――「電子が思考するようになったら、物理学はどれほど難しくなるだろう」――を想起すれば、個人の行動を単純にモデル化するだけで、複雑な集団的行動を説明・予測できるようになるのは驚くべきことだ。チューリッヒ工科大学の計算社会科学者ディルク・ヘルビンクは、群衆の動きをとらえるモデルで少数の基本的前提を置いた[15]。

①人々は目標追求行動をとる（たとえば、AターミナルからBターミナルに歩く、あるいは走る）。
②障害物を通り抜けることはできない。
③自分と他人のあいだに、快適だと感じる距離を置く（文化によってこの距離は変わる）。
④自分と似た人の近くにいることを好む。

歩行者運動にかんする社会作用モデルでは、人々は三つの作用の影響を受けると想定される[15]。第一の作用は、目指す目標への引力、第二は、任意の2人の人のあいだの斥力《せきりょく》あるいは引力、そして第三は、人と障害物のあいだの斥力だ。

個人の動きにかんするこれらの少数の想定のもとで、このモデルは全体の動きを驚くほど的確にとらえることができる。とりわけ、同じ方向に進む人の流れができあがることを説明することができる。このような運動の自己組織パターンを用いれば、単純で局所的な相互作用によって、効率的で「考え抜かれた」集団力学を生み出せることを示すことができる。しかし、群衆の密度が極端に高いと、相互作用はうまくいかず、暴徒化したり、人が下敷きになる事故が発生したりする。パニックとは、潜在的に悲劇的な帰結をもたらす集団行動だ。とくに避難が必要な状況のように、通路のデザインを最適化することでパニックを防ぐことができる場合もある。自発的な多主体システムの枠組みで集団的現象をシミュレーションするのは、パニックを弱めたり、回避したりするための方法を考えるうえで有益な手段となる。[16]

同意から二極化へ、そしてふたたび同意へ

さまざまな規模の集団における内部の相互作用によって、意見の変化が生じることがある。それによって、同意が生じるか、バラバラの意見を持った人に分かれるか、あるいは二極化が起こるかに帰着するだろう。同意とは、すべての人が同じ意見を持つことであり、二極化とは、二つの対立する集団が生じることだ。

オピニオン・ダイナミクスは、人々の相互作用によって個人の意見が変化するプロセスを論じる分野だ。人々は、他人の意見からどのように影響を受けるかを示した「ルール」にもとづいて、自分の意見を更新する。メディアによる影響があることは周知のとおりであり、われわれは、周囲の人々からの影響と、世界全体からの影響の両方にさらされていると言える。

信頼の限界という概念は、まったく異なる意見を持つ人々どうしでは、影響しあわないという考え方を反映している。[17] 意見に一定の親和性があるときのみ、人々のあいだでお互いに影響を及ぼしあう。

一つの社会の中で意見の多様性を維持することは容易ではない。どの集団であっても、多数派による規範の押し付けや、多数派に同調する傾向があり、同意が生じやすい。他方で、他の集団への反感によって、集団内の激しい意見対立が起こる場合もあり、最悪の場合には二極化が生じる。同意がある場合でも、意見の一致が強すぎる場合は疑わしい。われわれ筆者たちは、ハンガリーの選挙で98・4パーセントの得票率を得た当選者がいたことを記憶しているが、有権者は本心からこの政治家を支持していた

わけではなかった。近年、これとはまったく異なり、世界のさまざまな場所で二極化が強まっているが、その理由は明確にはわからない。ただし、共通のパターンを見出すことができる。第一に、さまざまなメカニズムを通じて、分断を煽る指導者が権力を得ている。当初は影響力に大きな差はなかったのに、メディアが一部の指導者の影響力を高める働きをしている。もう一つの重要な要素は司法制度への介入であり、これによって人々の不信感が高まっている。二極化はとくにアメリカで強まっているように見える。二極化はニューノーマルなのだろうか？　それとも二極化を弱めることはできるだろうか？

カーネギー国際平和財団（超党派の外交問題シンクタンク）のトマス・カロサーズとアンドリュー・オドノヒューが編者を務めた著作では、ブラジル、インド、トルコ、イギリス、アメリカなどの国々で二極化が起きている理由が分析された[18]。この著作では、社会がはっきりと二極化してしまったときに、それをニューノーマルと言ってしまってよいのか、あるいはより健全な意見のばらつきを実現するような解決策は存在するのかという重要な問いが議論される。カロサーズとオドノヒューは、①制度的改革、②立法および司法機関による対策、③政治的リーダーシップが、二極化の進行を食い止めることができると考えているようだ。これらの手段が導入され、二極化を抑えることができるかを判断するのは時期尚早だ。同書が（慎重ながらも）楽観的な論調で書かれていることにならって、われわれも、危機的状況はかならずしも世界の終わりではないと論じよう。この点は次章で詳しく論じる。

危機からチャンスへ

一つ救いがあるとすれば、以下の点をあげることができる。これまで馴染んできた世界の一部を失うことになっても、そして意図した変化でなかったとしても、それは、新しい物事が誕生するきっかけにもなる。前章でハリケーン・カトリーナ後の復興について議論したが、苦しい状況は再出発のチャンスに転換することができる。同じ経路をたどることになるかもしれないし、そうでないかもしれないが、いずれにせよ、以前よりも経験を積んだうえでの判断ができる。自己組織化は、世界各地の景気後退後のニューノーマルであるかもしれない。日本では、不況は「改善のチャンス」と言われる。改善は四つの原理にもとづいている[19]。

①企画・生産・販売プロセスのすべてにおいて改善が可能だ。
②製品の欠陥やプロセスの失敗は通常、不完全なプロセスの結果であって、人間の責任ではない。
③組織内のすべての人に、改善を実践する役割がある。
④小さな変化でも大きな影響を持ちうる。

自己組織化によって形成されたシステムは、環境的条件によりよく適応した構造を持っている。意思決定にかんしては集中化より分散化のほうが効率的であるかもしれない（少なくとも判断に割く時間があるときにそうだろうが、お腹をすかせたライオンに襲われているときにはリーダーの独断に従うほうがよいだろう）。

創造的破壊　創造的破壊という概念の生みの親であるヨーゼフ・シュンペーター（1883－195

0）は、資本主義は不況の発生にもかかわらず、新製品を生み出し、新しい市場を開拓し、新しい組織原理を実践し、古いものを更新していくと主張した。ヘンリー・フォードの組立ラインは、創造的破壊にかんする歴史的事例であり、自動車製造業において革命をもたらした。ネットフリックスの登場は、創造的破壊のもう一つの顕著な例だ。同社のサービスによって、ビデオレンタル業は壊滅した。データを見れば、「2021年8月時点で、ネットフリックスに加入している割合はZ世代の人々のあいだで最も高く、加入率は78パーセントにのぼる。それに対して、団塊の世代では49パーセントにとどまる。その一方で、X世代［訳者注：1965〜80年に生まれた人々、日本の団塊ジュニア世代とおよそ重なる］の人々はこれまでに加入したことのある割合が最も高いが、その多くは今は解約している[20]」

ビデオ、そしてその後のDVDレンタル店は、アメリカと日本できわめて人気があった。1997年にネットフリックスが、インターネット上でDVDレンタルサービスを始めたときに、ビデオレンタル業の創造的破壊は起こった。これは、郵送によってDVDが自宅に届くレンタルサービスであった。ネットフリックスはまず、近所にレンタルビデオ店がない人に売り込んだ。1999年にネットフリックスは加入型（サブスクリプション型）のビジネスモデルを立ち上げ、話題となった。2007年以降、紆余曲折を経て、現在の無制限ストリーミングサービスにいたった。しかし、同社の急激な成長は、映画・テレビ産業の創造的破壊をもたらし、ビデオレンタルチェーンのブロックバスター社（技術進歩の敗者）の破壊、つまり倒産につながった。ブロックバスター社の幹部は、ネットフリックス社がまだ創業間もない頃に、同社と交渉する機会を逃した[22]。

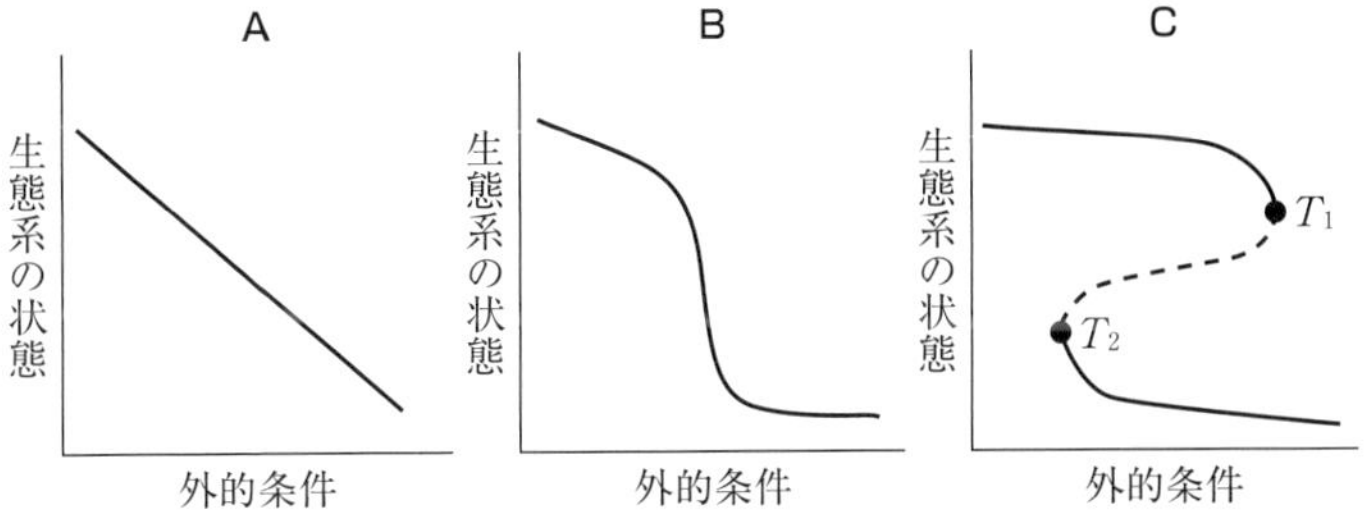

図５-６　システム変化の三つの可能性

これらの図は、平衡状態にあるシステムが条件変化に対してどのように反応するかを示している。たとえば栄養素の流入量の変化に対して水質がどう変化するか、というような状況だ。第一の反応Ａは、条件の増加に対して線形的で、漸進的で、スムーズな反応であり、条件を左右している要因が逆転したり、元の水準に戻ったりすれば、同じ軌跡をたどって後戻りすることが可能な場合もある。第二のタイプＢは、閾値に依存した非線形的な反応であり、システムは二つの状態間で大きく変化する。現実には、とても容易に後戻りすることができる場合もある。第三のタイプＣも、閾値に依存した反応だが、臨界推移あるいはカタストロフィック・フォールド分岐と呼ばれる特別なものであり、上方の曲線が転換点 T_2に到達すると、下方の曲線に低下する。この名前が示唆するように、システムの形状や反応において、予想外で突然の不可逆的転換をもたらす閾値依存的変化だ。このような大きな変化をとらえるために、「レジーム転換」という言葉がよく用いられる。フォールド分岐とは、三つの平衡状態があるが、そのうちの一つ（波線部分）はきわめて不安定であるような数理的定式化を表す。図中の矢が示すように、システムがこの不安定な状態に近づくと、二つの安定的状態のうちどちらか一つに急激に移動する。T_1と T_2の二つの閾値のあいだの大部分にかんして二つの生態系状態があり、そこでは、下方の曲線から上方の曲線への後戻りは少なくとも T_1まで戻ることになる。

Thresholds and Tipping Points (accessed 2022, April 17). University of Southampton. http://www.complexity.soton.ac.uk/theory/_Thresholds_and_Tipping_Points.php

要するに、成長は新しい商品や生産性向上をもたらす革新によって生じる。その犠牲となって、既存の雇用や企業が破壊された。しかし、新型コロナウイルスの世界的感染の後、あるいは（コロナウイルスを完全に克服することはなさそうだということが徐々にあきらかになっているので）必然的にやってくる次の波が来る前の落ち着いているとき、創造的破壊には、たんに革新的な製品を生み出すこと以上の役割がある。新しい状況に適応した回復が望まれるのであり、個人レベルでも（いつになればためらわず握手できるようになるだろうか）、地域レベルでも（スポーツジムでどのようにふるまうのがよいだろうか）、世界レベルでも（国民国家と国際機関との対立は解決できるのか）、われわれの生活は以前と同じにはならないことを受け入れる必要がある。

閾値と転換点　転換点（tipping point）という概念は、マルコム・グラッドウェルの人気著作『ティッピング・ポイント』で有名になった[22]。この概念の背景となっている考え方は、システムの状態がしばらくはゆっくりと変化するが、突然、急激な変化が起こるので、可能であればその前にシステムの変化を食い止めるほうがよいというものだ。転換点を超えてしまうと、ニューノーマルが生じるだろう。図5−6は、条件の変化にともなうシステムの反応を観念的に示している。

(3) 文化的大変化――ほんの少し前に始まったので、おそらくまだ手遅れではない

筆者たちの目的は、使い捨て社会からリペア社会への移行を促進することだ。というのも、他の多く

の人と同様にわれわれも、人類が負の転換点に近づいていると考えているからだ。このような考えを持つ人々は、リペア社会がニューノーマルになることを願っている。道徳的な表現になってしまうが、社会は、個人や組織が当然視している規範意識や価値観、常識を転換するような大変化を必要としている。科学技術におけるパラダイム転換に似た大変化が必要だ。[23・24]

現状はどうだろうか。われわれは、使い捨て社会からリペア社会への転換の初期段階にいる。工業デザイナーのアンディ・マーによる比較表を少し修正して転載する。[25]

《使い捨て社会》
・古いものを新しいものと取り替える
・新しいものは古いものよりもよいと信じる
・故障は障害だ
・新しいモデルを発売することで利益を上げる
・買い替えを前提に設計する
・壊れたら買い替える
・物には感情的つながりを持たない
・計画的陳腐化
・一夜限りの関係
・画一的

《リペア社会》
・取り換えるのではなく修理する
・古いもののほうが新しいものよりよいと信じる
・故障は長い製品寿命の一部
・修理サービスを提供することで利益を上げる
・修理が容易になるように設計する
・壊れたら再生する
・物に感情的つながりを持つ
・計画的再利用
・長期的関係
・独特

われわれ筆者は、地域社会に根ざしながら、新しい道徳的原則にもとづいて過剰消費を戒める「リペア主義者」が多数現れることを望んでいる。本書を書いているのは、そのような状況にいたる経路が見えており、読者にこの移行に積極的に参加してほしいと願っているからだ。移行が確実に起こると考えているわけではない。ただ、過去にも同様の文化的変化が起こっており、今日の社会でも、そのような変化が実現する可能性があるということを強調したい。

文化的変化の考察は通常、歴史家や政治学者の領分だが、社会心理学や複雑系理論もこの問題に対応する知見を持っている。文化に対する進化論的アプローチは、道徳の変化を理解するうえで有益だ。

転換点のメカニズム リペア主義のタネは各地に撒かれている。思想や価値観は、ウイルスや、おそらく山火事のように広がる。複雑系理論は、感染症的な拡散と山火事的な拡散の両方にかんするモデルを提供している。感染症を止めるには、感染者と感染しやすい人との接触を減らす必要がある。思想を社会全体に広めることを望むなら、接触を増やす必要がある。考え方の転換が必要だと人々に説明しつづけることが必要だ。

漸進的だが閾値依存的な移行に加えて、断続平衡というメカニズムもある。断続平衡の概念は、エルドリッジとグールドが提唱したもので[26]、漸進仮説とは対照的なものだ。コニー・ガーシックは、文化的変化は漸進的に起こるという従来の理解に対抗するために、この概念を採用した。ガーシックは、文化的変化にかんしては、断続平衡パターン、つまり、ほとんど変化のない長い期間と「革命的大変動が起こる短い期間」が入れ替わりで生じると想定した[27・28]。ガーシックは、深部構造という概念を提唱し、「複雑系は、きわめて強固な根底的秩序、つまり深部構造によって支えられている」という考えが、断続平衡説の中心にあると主張した。深部構造があることによって、平衡期間に起きる変化はすべて、表面的には異なっていても、本質的には同じものとなる。また深部構造は、「革命期における大規模な転換を解体し、再構成し、強化する」働きもある。

以上の議論は、使い捨て社会を転換する方法を説明しているものだと解釈できる。今日の社会の深部構造には、新しいものは古いものよりよいとか、消費には価値があるとか、物と感情的つながりを持つ必要はないといった考えが含まれる。このような考えがかならずしも正しくないと感じるのであれば、すでにあなたはリペア社会への変化の途上にあるのだ。

コロナ禍においてわれわれは、日常生活や価値観がいかに急速に変化するかに気づかされた。現在は、新しい重要な考えを広めるチャンスだ。

(4) 手放すか、修理するか——判断する指針

リペア社会では、人間関係に対しても異なる態度を持つことになる。どのようなときに物を修理し、どのようなときに捨てたほうがよいのか（より穏当な言い方をすれば、手放すほうがよいか）。その答えは

つねに単純明快とはかぎらない。同じことは人間関係にも言える。ただし、この場合、結果を予測するのはずっと難しい。関係を手放すか、修復するかの判断を容易にするための一般的原則を以下に示そう。

手放す　われわれは、修理費用が新しい製品の購入価格を上まわるときに、古いものを手放す傾向がある。安い古着を修繕するのは、新しい洋服を購入するより割に合わないだろう。

本章の冒頭で論じたように、英会話講師や個人トレーナーにやり直しのチャンスを与える意義はある。文法をもっと教えてほしいとか、有酸素運動を減らしてほしいと伝えて、希望どおりの変化があれば、交代させる理由はない。しかし、何回も希望を伝えているのにまったく考慮してもらえないなら、変えたほうがよいだろう。

友人関係において、一方のみが関係維持の努力をしている場合――つねに一方の側が声を掛けるなど――もう一方の人は、関係が崩壊する前にこの状況を理解し、対応するかもしれない。しかし、何度シグナルを送っても変化がない場合、友情は存在しないと認め、その人とは付き合わないようにしたほうがよいだろう。

夫婦の場合、関係が崩壊したときの負担は大きくなる。とくに、子どもがいる場合にはそうだ。信頼が著しく損なわれたときには、関係を終わらせるべきか問わなくてはならない。『道徳的修復』という著作でマーガレット・ウォーカーは、信頼は希望によって支えられると書いている。[29] さらに、「信頼があれば、依存と責任が結びつく」とも言っている。お互いからの信頼が必要だ。希望が重要だという点にかんして、「多くの場合、道徳的修復をするには、希望を取り戻したり強めたりすることに注力することが必要だ」とウォーカーは言っている。ウィルバーンの『道徳的修復』への書評も参照してほしい。[30]

双方のあいだの感情的距離が広がったり、何度も激しい対立が起こったり、物事が前に進まなかったり、依存症や精神疾患のような問題があるにもかかわらず、前向きに取り組まなかったりすれば、人間関係は終わりに近づく。

世界観が似ていれば、親しい友人になれるだろう。考え方のズレが大きくなれば、この友情を修復する意義は低いかもしれない。後に考え方がふたたび近くなるかもしれないし、それによって友情が回復する場合もある。

人間関係の土台となるものが弱ければ、その関係は放棄したほうがよいだろう。人間関係の本質が壊れていれば、小手先の変化は意味がない。俳優がよくても、ダメな映画はダメな映画だ。ダメな建築家の作品は、よい建築家でも直すのは難しい（し、とても費用がかかる）。基礎に問題があれば、修復は有効ではない。

コンコルド効果は、埋没費用（サンク・コスト）の誤謬の一種だ。[31] これは、すでに労力や時間、資金を投入しているからという理由だけで、問題のあることに関わりつづけることをいう。この概念は、フランス政府とイギリス政府の、超音速旅客機コンコルドにかんする判断（およびその結果としての大きな負担）に由来する。1960年代初頭、フランスとイギリスは共同で、ヨーロッパ・アメリカ間を驚異的な速度で移動する超音速旅客機を開発し始めた。1機目のコンコルドが完成する以前からすでに、商業的に成り立たないと予想されるようになった。[32] 結局費用が回収されることはなかったが、それにもかかわらず両政府は数十億ドルを追加的に投入した。ほぼ30年間、2000年の夏の墜落事故によってすべての望みが断たれるまで、両政府は損失を補填しつづけた。

機能の転換　時間が経つにつれて、人生の構造は変化するため、古くからの所有物や人間関係の役割も変化する。つまり、現在の状況や関心は過去と異なっているため、使えなくなったものを修復する必要はないかもしれない。

私（ジュジャ）は、時代遅れのヒッピー風ブラウスを大切にとっているが、色褪せた部分を染め直したり、ほつれを縫い直したりすれば、まだ着ることはできるだろう。しかし、若い女性にゆずって、明るい色や手の込んだデザインの服が似合う人に着てもらったほうがよいかもしれない。これは、親が20代の子どもと徐々に疎遠になっているとき、クリスマスプレゼントやイースターバニーのお菓子で関係を修復しようとしていることに似ている。しかし、成人した子どもと親の関係は、子どもが小さかったときとは異なる。イースターバニーのお菓子はタイムマシンではない。

物が役目を終えたとき　私は1足の登山靴をずっと愛用しており、これでアルプスのハイキングコースを何度も踏破したり、ハンガリーの美しい山々を旅したりした。靴底が擦り減り、歩きにくくなったら、これまでの使用に感謝しながら手放すことになる。近所の人が親切に接してくれたとしても、引越しすれば通常は関係は絶たれるだろう。近所どうしとして助け合ったのであり、それでよいのだ。

修理してもダメなとき　古い電化製品は、最新の物よりも消費電力が大きく、効率的ではない。こういった物を使いつづけるのは有害だ。多くを浪費するのに、何も与えてくれない。見た目のよくない家具のように、修復しても見栄えのしないものも、この範疇に入る。

どのくらいの費用をかけて、何のために修復するのか？　最も重要なことは以下のことだ。つまり、新しい物を買うよりも修復するほうが資源の消費が少なくすみ、便利さが大きく変わらない場合には、最も明白な修復対象となる。上述のとおりリペア権運動の目的は、まさにこれだ。そのためには専門家の意見を聞くことが必要な場合もある。

以前と同じにはならないが……　ときには、修復された物を眺めるのが喜びになることがある。祖母から受け継いだ包丁は以前と同じようには切れない。というのも、何度も取っ手を修理してあるため、注意深く扱う必要があり、強い力をかけられないからだ。しかし、この包丁を手に持つと、木の取っ手に触れることで19世紀末に生まれた祖母のことや前世紀の長い歴史に思い出し、喜びを感じる。この包丁は、修理する価値があると考えている。

修理された物を見ると、遺跡を見るような感慨が得られる。同僚に対して深刻な誤解が生じる場合がある。完全に誤解を解くのには通常、何時間もかかるが、その価値はある。というのも、これから一緒に働くうえで必要なことであり、この同僚との関係を頼りにすることができるからである。より大きな誤解や衝突が生じても、時間をかけて育まれた信頼関係があれば問題にはならなくなる。

私（ジュジャ）が所有する古い本が破れてバラバラになり、かなり手間をかけて貼り直し、本と呼べる程度に修復した。このとき、全体は部分の総和に勝るという考えに思いをめぐらせてみた。正しいページの順番でバラバラのページを木の箱に保管したとしても、本とは呼べないだろう。

物の使用法が変わると、新しい価値を生む場合がある。割れたティーカップを接着剤で直しても、お茶を入れることはできないかもしれない。それにもかかわらず、修理したコップには機能がある。食器棚に入れておけば、かつてのお茶会を思い出すことができる。割れたティーポットを横に置いておけば、朽ち果てた過去を保存し、思い出すことができる。「別の目的での再利用」（repurposing）には多くの可能性があるが、適切な用途を選ぶ必要がある。ティーポットをこなごなにして、接着剤で一塊にし、それを文鎮として利用するのは無意味だ。

完全に壊れたのではなく、たんに摩耗しているだけなら、修復の価値はある。きれいな革のバッグや、5年ごとの同窓会でしか会わないかつての恩師との関係は、ともに修復可能な摩耗の例だ。古いものは、アンティークとして特別な価値を持つ可能性がある。アンティークとして認められれば、その価値を疑う人はいなくなる。

第2節　ニューノーマルへの移行――いくつかの事例

不安定だったり、望ましくなかったりする状況に対応するためにはさまざまな方法が存在する。前章では、正常状態と呼べる状況に戻る経路について議論した。本章では、「ニューノーマル」へ移行するためのメカニズムについて考察してきた。

中国の古書修復　ジュジャは、1990年代初頭に大学を卒業した後、ブダペストのブリティッシュ・カウンシル（英国文化振興会）図書館で働き始めた。市の中心部にあるガラス張りの明るい建物や、外光がさす図書館スペースや熱心な来館者、勤勉でフレンドリーな同僚たち、これらすべてに好感を持った。保管庫では、高価で貴重な図書の修復作業にも熱心に取り組んだ。ジュジャは専門の保存修復士ではなく、図書館司書であったため、単純な糊やハサミのみを使った。その目的は、図書を可能なかぎり長期間、読める状態に保つことであり、新しい本を注文しなくてもすむようにすることだった。フランシス・ベーコンの本のように人気のある図書は、摩耗が激しかった。

同時に、ジュジャは糊づけをしっかりしたり、ページがめくりやすくなるするように努めた。細心の注意を要する作業や、それによって本が生まれ変わることにやりがいを感じた。このため、その数十年後の2021年秋に、中国の古書の修復が、「図書医」と呼ばれる人たちに任されることになったというのを知って関心を持った。そのうちの一人で、著名なリエン・チェンチュンは、中国国家図書館の修復士ドゥ・ウェイシェンのもとで修復技術を学び、現在では北京に古書修復のアトリエを所有し、修復技術を指導してもいる。

リエンはまさに芸術家であり、細部への注意を怠らない有能な職人でもある。リエンの繊細な作業によって、損傷したり摩耗したりした古代の遺産が命を取り戻す。自分で特殊な糊を作成し、本を解体し、適切な紙や道具を選ぶ。損傷のタイプを特定し、復元作業におけるステップごとに必要な判断を行う。自身が言っているように、リエンはこの過程において、失われた時代の人々や登場人物と関係を築いているように感じている。[33]

リエンら図書医たちは今日不可欠だ。実際に、中国ではおよそ5000万冊の古書があると推計されており、そこには、1912年以前に書かれたか、印刷された本で、古い綴じ方で綴じられたものが含まれる。これら5000万冊のうち、2000万冊は保護されている。このため、リエンたち図書医が修復するべき本は非常に多い。古書修復をテーマとした最初の博物館が2019年に中国南西部の四川省で開館したことはおどろくべきことではない。図書医の技術は、不可欠であり、忘れかけられた技術だ。熟練の修復士の知識は、次世代の図書医たちに受け継がれる必要がある。[34]

金継ぎ——黄金の修復　次に、黄金の修復とでも呼ぶべき日本の技術を紹介しよう。金継ぎは、数世紀前から行われている日本の修復法だ。物の現在の状態は、その物の歴史を反映するべきだという考えが、その背景にある。割れた茶碗を修理するのに金を用いるこの技術は、割れ目や不完全さを隠すのではなく、それを美しい物として強調する。金継ぎは、不完全と見える物を文化的前進と解釈するのだ。伝説によれば、15世紀の日本の政治指導者、足利義政は、ある青白い中国の磁器茶碗を大変愛好していた。その器が不運にも割れてしまったが、義政はそれを捨ててしまうのを惜しんだ。そこで中国に送り、修復してもらった。中国の磁器職人は、金属のかすがいで茶碗を接合したが、見栄えがよくなかったので、義政は不満だった。茶碗を諦め切れなかったので、さらに日本の磁器職人に助けを求めた。この職人は、義政の茶碗への深い愛や熱意に打たれて、割れた茶碗から芸術作品を生み出すことを決心した。この職人は、漆で注意深く茶碗を接合し、その漆が乾く前に漆に金粉を塗った。[35]

金継ぎという技法のもとでは、統合や再生を讃えるためにあえて損失を協調するプロセスとして修復が解釈される。それはたんなる処理、方法、技術、作業といったものではなく、物事に対する考え方や態度を表している。

金継ぎの技法は、損傷と修復のプロセスに新しい命を吹き込んだだけでなく、修復を個別的で独特なものにする。この考え方は割れた茶碗以外に、壊れた人間関係や見境のない森林伐採、配慮の足りないカリキュラムにも適用できる。

芸術史の専門家ケリー・リッチマン・アブドゥは次のように書いている。「金継ぎは、美的価値を高める以外に、日本に広く行き渡る哲学的考えを体現している。日本の侘び寂びの哲学は、欠陥や不完全さの中に美を見出そうとする考え方だ。金継ぎは、日本人の『もったいない』、つまり何かが無駄になることを惜しむ感覚や『無心』、つまり変化を受け入れる感覚から生じている」[36]。これは、たんなる修復にとどまらない。むしろ、元の状態よりも価値のあるものを生み出している。

東方の哲学は、以前にくらべて西洋世界でも広く知られ、受け入れられるようになったが、金継ぎも同様によく知られるようになった。西洋の人々も、不完全さにおける美を見出し、不完全さや素朴さを礼賛することに感銘を受けている。物を利用することで生じる摩耗の跡を高く評価し、欠陥や不完全さを受け入れることを金継ぎは教えてくれている。鋭敏な感覚を持って人生を送り、不要な考えに拘泥するべきでないことも教えてくれる。結局のところ本当に重要なことは、思想や言語で表現することはできない。

現代における金継ぎの意義は、ますます明白になっている。プーイン・ロレライ・クワンは、長く感情を喚起しつづけるデザインについて議論するなかで次のように言っている。「製品デザイナーは、工業的・経済的な観点でデザインすることをやめ、顧客の行動変容を、生み出したり、加速したりするデザインに取り組むべきだ。利用者がデザインや製造プロセスに関わることができないなら、感情的な結びつきを製品に感じることは難しいだろう[37]」。

金継ぎはさらに、キズは人生につきものであること、そして、それを乗り越えれば、われわれはより強く、より固有の存在になっていくということも教えてくれる。この考え方は、日本の「無心」という哲学から来ている。これは、執着を戒め変化を受け入れることを諭す考えだ。

今日、金継ぎという思想は、多くの領域で意義を持つようになっている。身内の不幸や病、トラウマ、あるいはコロナ禍での生活の変化に苦しむ人にとっては、救いとなっている。「コロナ後の生活――成長の余地をつくる」という2020年に書かれた記事で、カーステン・ウィアは次のように書いている。「金継ぎという日本の伝統技法では、職人が金や銀を用いて、割れた陶器のひび割れを埋め、割れる前よりも美しいものを生み出す。コロナ後の成長は、精神の金継ぎのようなものだ[38]」。

ワシントンDCに拠点を置くジャーナリスト、エスファハニ・スミスは、トラウマ的出来事からの復興の象徴あるいは隠喩として金継ぎをとらえることができると書いている。「金継ぎは後に日本以外の国々で、人生哲学としてとらえられるようになった。われわれを打ちのめすようなひどい出来事が、世界には存在する。しかし、打ちひしがれたままで終わったり、傷跡を隠したりする必要はない。自分自身を取り戻すことができるのであり、受けた傷跡は、悲劇を乗り越えた証となるのだ。不完全な人生における美の印となるのだ[39]」。

このように金継ぎは、物をよりよくすることにとどまらない。物が再生され、以前とは異なる状態であっても、ふたたび自分のものとして愛用することができる。物との関係性も再生され、その点においてわれわれ自身も再生される。われわれは、修復のプロセスを経験し、物事は決してずっと同じ状態にとどまらないという現実を受け入れる。しかし、修復されたものはより美しく、人生により幸福をもたらしてくれさえする。

不安と希望――バランスの取れた見方

ピュー研究所は、915人の著名な開発者や経営者、政治家、研究者、政治運動家に、2025年の「ニューノーマル」をどう予想するかについて聞き取り調査をした[40]。選ばれた人たちに偏りがないわけではなかったが、調査結果は重要な考えを示している。これらの人々の回答は、今後の生活がよくなるか、悪くなるかにかんしてバランスの取れた見方を示している。不安材料としては、経済格差の悪化、巨大ＩＴ企業の影響力拡大、世論操作につながる虚偽情報の広まりがあげられた。他方で希望もあるようだ。回答者の中には、人種間平等やその他の社会的平等を目指した政策、新しい働き方の広まりによる家族生活の質の改善、生活や環境を改善する技術進歩を期待する人もいた。

地球は一つしかなく、人類という種も一つしかない。たとえ競争が成功の原動力だとしても、世界的問題にかんしては協調することがきわめて重要だ。

第3節　教訓と展望

「ニューノーマル」という言葉を使うとき、二つのメッセージが含まれている。当たり前のこととして、第一のメッセージは古い正常状態は戻ってこないということだ。第二に、より重要なこととして、われわれは思い悩む必要はなく、何かしらの新しい世界が現れてくるということだ。つまり、これは世界の終わりではなく、たんに異なる世界がやってくるということだ。われわれは新しい状況に適応しなければならない。

生命体や社会システムにおける急激な変化をとらえる理論は、自然科学に由来する。自己組織化は、時空間でのパターンを形成したり維持したりするメカニズムだ。数学者（たとえばアラン・チューリング）や社会科学者（たとえばトマス・シェリング）はともに、「上からの」指示がなくても、局所的な相互作用によって秩序だった全体のパターンが生じるということを理解していた。

自然界のシステムや社会技術システムの多くは、臨界点の近くで機能しており、臨界点に達すれば、小さな変化が劇的な帰結をもたらす。「変化」という用語は中立的な用語であり、惨事を意味する場合もあれば、救済を意味する場合もある。ニューノーマルへの移行を説明するために多くの事例を紹介したが、主要なメッセージは、使い捨て社会からリペア社会への転換につながるメカニズムを示すことだった。

次章では、「世界を修復する！」という概念について議論する。これは、歴史的視点から考察されるが、人類社会の行動計画の基礎として提示される。

第6章
世界を修復する！

［要旨］

古来より「世界を修復する」という概念はつねにわれわれとともにあった。個人レベルでは、人々は生まれ変わること、あるいはせめてやり直すことを望んだ。世界レベルでは、自己安定化技術や多角的交渉術によって、技術的大惨事や国際紛争がもたらす人類絶滅の危機を避ける必要があった。世界には古くから不平等が存在するが、歴史の流れは変えることができる。新しい時代を生きる人々は、さまざまな角度から過去を学ぶ必要がある。「共有地の悲劇」を避けることは可能であり、人類には平和が必要だ。

第1節　古代から現代までを見通す

(1)神話の起源

ティックン・オラム　「世界を修復する」という概念は、古代から現代にかけて変化してきた。歴史を遡ると、ユダヤ教の初期の文献に「ティックン・オラム」（ヘブライ語で「世界を修復する」）という言葉がある。この言葉は、世界は本来よいものだが、世界の創造者である神は意図的に人間が神の創造物を改善する余地を残したことを含意している。カナダ人ラビ、ツビ・フリーマンは以下のように言っている。

壊れていれば
壊れたものがあるなら、直しなさい。
すべてを直せないなら、一部を直しなさい。
しかし、できることは何もないと言ってはなりません。なぜなら
それが本当なら、壊れたものがなぜ世界に存在するのでしょう？
創造者が理由なく何かを生み出すことがあるでしょうか？[1]

カバラー（聖書を神秘的に解釈する古代ユダヤ教の伝統）によれば、最初の人間アダムは、神の輝きを

取り戻すために生み出された。しかし、アダムが罪をおかした結果、世界には善と悪が混在しており、人間の魂（かつてアダムの魂の中にあった）も囚われてしまった。預言者はしきりに、倫理的な社会を生み出すべきだとふれまわった。預言者の言葉は、同時代の「ティックン・オラム」宣言と受け取られた。よく知られているようにトーラーは、見知らない人や貧しい人を愛するように繰り返し諭している。現代的な表現を用いれば、世界は根本的に破綻しており、人間の行動によってのみそれを修復することができるのだ。これは、世俗世界の正義にかんするユダヤ教の考え方だと解釈できる。「ティックン・オラム」という言葉は、世界の悪事を正すという人間の義務と結びついている。[2]

今日のティックン・オラムが、ユダヤ教の影響を受けているかどうかは重要ではない。重要なのは、修復という概念が人々のあいだに十分に広まっているかどうかだ。人間がまず「私はそれを救えるか」と考えるのであれば、リペア社会へ一歩近づいていることになる。いずれにせよ、「世界を修復する」という概念は、世界は完璧ではないという認識と同じくらい古くからあるのだ。少なくとも神話的世界では、修復はやり直しや生まれ変わりと結びついている。

神話上の生まれ変わり　病気の治療や休日、趣味のイベントの後、あるいは新しい人間関係を構築したときに、「生まれ変わったようだ」と言う人も多くいるだろう。何か特定の話題に触れるときはいつでも、それがギリシャ神話と関係があるか考えてみるべきだ。人類の文化的遺産である、この膨大な物語集は、今日でもいまだに有効な心理的・哲学的な洞察を含んでいる。神話では、再生、甦り、生まれ変わりというモチーフが、自然との密接な共存関係のもとでたびたび登場する。以下では、神話上の人物を例にあげて議論する。[3]

再生や生まれ変わりというテーマで最も重要な登場人物の一人が、アポロンとコロニスの子であり、治癒や医学の神であるアスクレピオスだ。ちなみにアスクレピオスの娘ヒュギエイアは健康の女神だ。アスクレピオスは、ペリオン山で半人半馬のケイロンから恢復の術を学び、それを完成の域に高め、あらゆる病、あらゆる傷を癒やし、死者を生き返らせることもできた。この特別な能力は、知恵の女神パラス・アテナのおかげであり、アスクレピオスはこの女神から二つの小瓶を受け取った（小瓶にはパラス・アテナが以前怒らせたメドゥーサの血が入っていた）。アスクレピオスの守護動物であるヘビは、再生の象徴だ。ヘビが尾を飲み込む形は、絶えざる再生や永遠の循環を象徴している。この神話は、人間の再生だけでなく自然の再生をも表している。

『ハリー・ポッター』や『ナルニア国物語』にも登場する不死鳥は、エジプト神話に由来する。不死鳥は、ときにコウノトリ、ときにワシやクジャクで表現される。一部の物語によれば、美しい赤みがかった黄金の羽を持つ鳥は、1万年以上生きているとされる。燃えて灰になるが、この灰から新しい不死鳥が誕生する。不死鳥は生まれ変わりの象徴であるとともに、太陽神や天の恩寵、生き返り、永遠の生命の象徴でもある。女性が不死鳥の夢を見たら、才能あふれる男子を産むと信じられた。

生まれ変わりというテーマをここまで詳細に扱っているのには理由がある。というのは、生まれ変わりは、人生を転換したり、修復したり、変更したりするチャンスを与えてくれるからだ。この意味において、生まれ変わりは、自分自身やまわりの人々によってもたらされる変化や希望を指し示している。再生神話は、世界が破壊されたままでは終わらないという希望を与えてくれるのだが、その一方で、合理的な態度で主体的に世界の破壊を防ぐことが必要だ。

⑵人類絶滅の危機を避ける方法

核戦争 冷戦期には、アメリカとソビエトの核戦争は差し迫った脅威だと考えられていた。1962年のキューバ・ミサイル危機は、核戦争に最も近づいた瞬間だと考えられている。両国がお互いのインフラを破壊し、人口の大部分の生命を奪うことが十分にありうると広く信じられていた。

第3章第2節⑵で触れた『未知への飛行』という小説および映画が1960年代初頭に示唆していた[4・5]ように、核戦争は機械の誤作動で起こる可能性があった。その後数十年間、初期警報システムが誤作動を起こし、緊張感を高めたことが何度もあった。「一度や二度ではない。頻繁にあった。すべての誤作動にかんする公開の記録は存在しない。しかし、1977年から1984年の間に、アメリカの初期警報システムが誤ってミサイル攻撃を検出することが2万回以上あったことは知られている。これらのうち1000回以上は、当初誤作動と判断されず、爆撃機やミサイル発射の準備体制がとられた[6]」

同時に、二国間（のちに多国間）協定が結ばれ、核戦争の脅威は低下した。ここに、慎重な楽観主義をとるべき理由がある。「世界の最も強力な国のうち五つは、核戦争のリスクを小さくするための共同宣言において『核戦争に勝利者は存在せず、決して行ってはならない』ということに同意している[7]」

国家ではない組織による核テロリズムは、不測の事態の原因となりうることに変わりはない。しかし、［訳者注：核不拡散条約によって核保有国として認められており、国連安保理常任理事国でもあるアメリカ、イギリス、フランス、ロシア、中国が、２０２２年１月３日に共同でこの声明を発表した。この当時すでに、ロシアはウクライナ国境地帯に軍を集結させ、侵攻準備を行っていた］。

技術的特異点　技術的特異点という概念は、人間がこれ以上、技術発展を制御できない時点を表している。これは、指数関数的な技術進歩という考えとセットになっている。しかし、この表現は、二つの理由で誤解を招きかねない。第一に、すでに図３－１で見たように、有限時間内に特異点が発生するには、超指数関数的成長が必要だ。第二に、無限の指数関数的成長は、頻繁には起こらない。一般的には、負のフィードバック・メカニズムが存在し、成長に制限をかける。

ムーアの法則は、巨大半導体メーカー、インテルの共同創業者ゴードン・ムーアが提示した、観察にもとづく仮説だ。ムーアは１９６５年に、マイクロチップ上のトランジスタの数は毎年2倍になる（のちに「18カ月で2倍」にあらためられた）と予測した。より重要なこととして、これは、コンピュータの処理能力や速度が18カ月で2倍になるという指数関数的増加を示す。他のさまざまな技術にかんしても——３Ｄプリンター、ドローン、ロボット工学、人工知能、合成生物学など——線形を超える発展を示している。現在、スマートフォンやタブレットパソコンやＷｉＦｉやＧＰＳやＳＮＳなどの、20～30年前には想像すらできなかった技術が一般的になった。

社会哲学者ダニエル・シュマッテンバーガーは、指数関数的技術進歩によって人類に危機がおとずれるという警告を発している[8]。シュマッテンバーガーの主張は、以下のように解釈できる。

・ローカルとグローバルのあいだには矛盾が存在する。一部の地域の人々にとってよいことは、世界全体の人々の幸福と真っ向から対立する。強力な技術は当初、有益に思われたとしても、後に有害だとわかることもある。ゲーム理論の用語を用いれば、勝者と敗者が明確にわかれるようなゲームを演じているようなものであり、そこには誰もが敗者になる可能性すらある。

・持続可能なシステムは、閉鎖系で、自己安定的で、自己修復が可能なものだ。人間が作ったシステム、たとえば産業システムはこれまでは、開放系であり、廃棄物を生み出しつづけた。そのようなシステムは、崩壊にいたるだろう。

・目標は、循環的技術を用いて、人間が作ったシステムを閉じることだ。

・社会は、現在の対立的ゲーム（シュマッテンバーガーの言葉では、Aゲーム）から、持続可能なプラスサムゲーム（同Bゲーム）に移行することが必要だ。AゲームからBゲームに転換する方法を見つけ出さなければならない[9]。

「〜が必要だ」という表現は規範的だ。道徳哲学は規範を提示することができ、おそらくはそうするべきだ。しかし、科学は規範的目標に到達するための、実現可能なメカニズムを見出さなければならない。

過去の国際的不正行為を修復する方法　われわれは、先祖から受け継いだ世界に暮らしている。だからと言って、われわれの世代に罪はないと言いたいわけではない。そうではなく、現在のさまざまな構造的差別（人種差別や白人至上主義など）は何世紀も前から続いているという点を強調したい。ヨーロッパ人の植民地政策によって、アステカやインカなど多くの文化が崩壊し、失われた。その過程で、原住民の8割以上の命が奪われた。2020年5月のジョージ・フロイドの殺害によって、いまだはびこる構造的人種差別が広く意識されるようになった。覆水盆に返らず。過去に戻って歴史を変えることはできない。しかし、被害を一定程度削減することは可能だ。これまでの被害を修復することは可能だし、そうするべきだ。二度と特定の人種を搾取することがないように、それが起こったメカニズムを考察することが大切だ。

社会的な修復運動が展開されている主要な領域は、ポストコロニアル批評だ。植民地化やその賠償については、数え切れないほどの論争がある。植民地の過去を議論するのは、対立を生む難しい問題だ。ベルギー王フィリップ2世は最近、ベルギーの先祖たちの残虐な体制のもとで、推計およそ1000万人の命が奪われたことについて遺憾の意を表明した。同じ日、多くのアフリカ人の死を引き起こしたレオポルド王［訳者注：ベルギー王レオポルド2世（在位1885〜1908）は、現在のコンゴ民主共和国に相当する地域をコンゴ自由国と名づけ、私有地として管理した。現地民に厳しい強制労働を課した］の胸像が撤去された。一連の出来事が歴史的損害の修復と見なせるかどうかについては、読者の判断にゆだねたい。さまざまな国や地域で生じた損害を比較するのは困難だ。さらに、文化的、感情的損失を定量化するのはほぼ不可能だ。多様な専門家による学際的作業によって、被害を受けた人たちやその子孫（子孫たちも間接的な被害を被っている）が、植民地政策による損害に対して、公正な賠償を受け取ることができるようにすることが必要だ。

略奪した文化財を原産国に返還するのは、きわめて単純な修復手段のように思われる。しかし、実際にはそれほど単純ではない。２０１６年の夏、ベナン政府は旧仏領黒人連盟代表会議（Counseil Representatif des Associations Noirs）の支援のもとで、１８９２年11月の占領期に略奪された文化財の返還を要求した。その数カ月後の同年12月、フランス政府はこの要求を拒否した。アフリカ諸国からの圧力を受けて、フランス政府は最終的に、文化財の取得方法に不正があったことを認め、２０２０年12月にベナンとセネガルに文化財を返還するための法律を制定した。似た例として、２０１７年春に、ケンブリッジ大学の人類学・考古学博物館は、19世紀終わりにイギリスがベニン王国（現在のナイジェリア）を占領した期間に略奪した文化財を、ナイジェリアに貸与する協定を結んだことを発表した。このような対応は単純ではない。通常、文化財が略奪されてから長い時間が過ぎており、文化財の返還は、旧宗主国にとってはつらい別れとなる。賠償と謝罪が有効になるのは、双方が現状の複雑な対立関係によって冷静さが乱されていないときだ[10]。

このような論争はフランスとイギリスに限らないし、文化財の返還という問題に限定されるわけではない。賠償には、植民地戦争やそれにともなう暴力によって生じた損害を認め、歴史的な残虐行為による傷をいやすことが必要となる。今日のヨーロッパ諸国が、旧植民地における破壊や、それによる長期的影響を認めることは容易ではない。さらに、認めるだけでは正義が果たされたとは言えない。今後、賠償がどのようにして行われていくかが問われている[11]。

歴史的搾取に対する被害者やその子孫による賠償要求には前例があるが、障害もある。最も大きな問題は、さらなる対立を生まないように、賠償の性質や量、タイミングを決定することだ。たとえば賠償額が「侮辱的に低い」のであれば、さらなる対立が生じるだろう。また、他の種類の損害を受けた人々を除外するような賠償である場合も対立を生みかねない。損害を推計することも困難な作業だ。どうしても主観的判断を排除できないので、同意が難しくなる。損害が推計されたら、次の問題は、損害を補償するために、どのようにお金を用いるかという点だ。異なる被害者集団に対して賠償金をどのように分配するべきだろうか？　言い換えれば、より大きな困難を被ったのは誰か、誰がより苦しんだか、誰がより多くのお金を受け取るべきか、ということだ。

シカゴ大学の政治学教授アドム・ゲタチュウは、脱植民地化という新しい政治的現実について論じている。アフリカやアジアで独立を勝ち取るための戦いが続いた１９４５年から１９７５年までのあいだ、脱植民地運動は主に政治的・経済的なものであった。この期間に、国連加盟国の数は51から１４４にまで増加した。それ以降、原住民の文化的伝統や世界観を遅れたものと見なし、植民地の人々を歴史のない民族と考えるヨーロッパ中心主義への反省が生じたのと並行して、脱植民地化運動も勢いを得るようになった。２０１０年代の後半には、ケープタウン大学の学生がアフリカを中心にすえたカリキュラムを要求した。ゲタチュウによれば、近年の脱植民地化運動は、植民地政策によって現在の南北問題が作られたのであり、またそれによって現在われわれが知っているヨーロッパも形成されたという点を強調している。たとえば、奴隷貿易による利益によってロンドンやリバプール、ブリストルといった港湾都市が台頭する一方で、アフリカの低開発という物語が生み出され、暴力的搾取の影響が可能なかぎり小さく見えるように操作された。近年のデモ参加者は、植民地政策を推し進めた政治家の銅像を破壊しているが、発展途上国に対する誤解をも破壊した。このような誤解は、過去の書き換えではなく、賠償という現在の対応によって是正される。誰が誰に賠償を払うべきかという問題は、世界中で活発に議論されている。しかし、アフリカに対する歴史的賠償は一度かぎりのものですむわけではなく、大きな転換プロセスの一部でしかないということを忘れてはいけない[12]。

ニュージーランドの例は、希望を示しているかもしれない。植民地政策は、文化財だけでなく、考え方や文化をも消滅させた。ニュージーランド政府は近年、植民地政策にかんする知識を整理し、原住民のマオリ族の文化や歴史を再評価するカリキュラムのもとで、マオリ族とイギリス植民地政策の歴史について学ぶべきだと提言した。新しいカリキュラム案に批判的な人は、たとえばニュージーランドが、短期間で世界で最も高い生活水準を達成したことを過小評価しており、バランスを欠いていると指摘している。この指摘も重要ではあるが、ニュージーランドの人口の15パーセントを占めるマオリ族が、植民地化の過程で土地の大部分を剥奪された事実は変わらない。植民地政策による現在の根本的な不平等への影響という問題に向き合うことなく、原住民の生活を支援する政策を議論したり、導入したりすることは困難だ[13]。

過去の国際的不正行為という負の遺産を見れば、社会的緊張を無視しつづけることはできないということがわかる。というのも、今日の社会の不安定性が増すだけだからだ。過去と未来を結びつける分析を続けよう。復元について語るため、社会の領域から物の領域に話題を移そう。

第2節　過去から現在の行動理論へ

復元の倫理　古代から今日まで、物に触れるときの配慮が意識されてきた[14]。主な配慮として以下の三つがあるだろう。

①われわれは、元の機能を維持したまま物を再度利用することを好む。そのため、物が壊れたときには、「直す」ことが志向された。修理という行為は、道具の製作と同じくらい古い。青銅の時代の釜には、鋲で穴が埋められているものがあったり、錐で穴を開け、鉄や銅の針金で結合された陶器の破片もある。
②われわれは、物の美的価値を復元することを好む。しかし、物の本来の状態を復元するという目的ではなく、現代の美的基準で復元することもある。
③われわれは、文化財の保存・復元のように、損傷したり、経年劣化したりした工芸品の美的・歴史的整合性を復元し、将来にわたって劣化しないような保存技術の利用を目指す。

ヨーロッパでは、おそらく古物の収集や展示が一般的になったルネサンス期に、物の保存が意識的に行われるようになった。復元士は、偉大な芸術的、歴史的、民族的、科学的、文化的、社会的、そして経済的価値を持つかけがえのない芸術作品に手を入れるというきわめて大きな責任を担ってきた。個人で作業するか、チームで作業するかにかかわらず、保存修復士の責任は、工芸品の保存と、文化的資産を維持しようとする社会の要請とをバランスさせることにある。保存修復士は、芸術とその文化的価値の影響力を理解することに努めなければならない。

断片に魅せられて　1820年代にエルギン卿が、アテネのパルテノン神殿の壁面彫刻を大英博物館に売却したとき、それを復元することはなかった。壁面彫刻は、発見された断片の状態で展示された。それ以前には、断片が発見されれば、ほぼつねに復元されていた。この壁面彫刻にかんする判断の後、断片は異様なほどありがたがられるようになり、その風潮は100年後のリルケの詩「古代のアポロンのトルソー」にも反映している。

私たちは、アポロンの未曾有の頭部を知らなかった、
林檎のように大きな眼球は熟れていた。だが　いまも
その胴部《トルソー》は　飾り燭台のように燃えている、
そこには　アポロンを視る眼が　ねじ戻されただけで
そのままたもたれて輝いている……

「新詩集別巻 古代のアポロンのトルソー」『リルケ全集』第3巻（塚越敏訳、河出書房新社、1990年、129ページ）

この詩に見て取れるように、断片はその欠けた部分を想起させることで、見る人たちに、より劇的な印象を与える。

この詩は、不完全さの美を讃えている。リルケの目には、このトルソーから全体像が滲み出ているように見えた。目には見えない、永遠に失われた眼差しがリルケには見えたのだ。リルケはこの詩の中で、不在に実在を与えた。詩の中で語られるように、トルソーは頭部を欠いていたが、力強い眼差しが甦るのをリルケがとらえたことによって、この詩はとくに興味深いものになっている。

断片への偏愛は当初は、ロマン主義に特徴的なものであった。ロマン主義は、均整のとれたバロックや古典主義とは対照的に、自然さや個性、それゆえ多くの場合、不完全さを理想とする。ロマン主義の時代は、たとえば建築様式としてのロマン主義によって特徴づけられる。つまり、英国式庭園などの要素が、経年劣化した建物になじむように作られた。ここでは断片性は、過去に見習い、過去を理想化するための方法であった。というのも、何かを欠いていることで、全体像を豊かにすることができるからだ。過去を描ききるのではなく、時間が劣化させたように見せることを好んだのだ。

したがって、19世紀には過去の芸術と現代の芸術は分離した。結果として、過去の芸術は何も付け足したり、取り去ったりできない偉大な作品になった。

完全な物でないときは、断片を見て楽しむ以外にはないのかもしれない。しかし、壊れやすさを過大評価するのはよくない。むしろその反対が正しい。コロナ禍は、この世界の脆弱性を露呈した。このため、反脆弱性を持つシステムを設計することが期待される。

反脆弱性を重視する

ハインツ・フォン・フェルスター（1911－2002）は、ウィーンで生まれ育ち、サイバネティックスにかんする会合として有名なメイシー大会のうち、最後の5回分の幹事を務めた。彼はまた、1958年から1975年までのあいだ、大きな影響力を持ったイリノイ大学アーバナ・シャンペーン校の生物計算機研究所の所長を務めた。2次サイバネティックスという概念を生み出し、生涯それを支持しつづけたことで有名だ。これは、システムをモデル化する際に、自律性、自己組織化、認知、および観察者の役割を重視する考え方だ。サイバネティックスが扱うシステム、たとえば生命体や社会システムは、別のシステム、つまり観察者によって考察される。フォン・フェルスターは単純な物理的な例（磁石どうしの相互作用）をあげて、ノイズ由来の秩序という原理を説明した[15]。この例から、ノイズあるいはランダムな撹乱要因によって、自己組織的システムが新しい安定的な正常状態を生じさせることを理解することができる。

半世紀後、ナシム・タレブはより一般的な考えを着想し、ストレス因子、ショック、変動性、錯誤、失敗、攻撃などに加えてノイズも、一部のシステムにはよい影響を与えると示唆した。タレブはこれを反脆弱性と呼んだ[16]。タレブは、フォン・フェルスターを引用していないが、お互いに相通じるものがある。

反脆弱性を持つシステムにとって、不確実性やリスクはよいものだ。反脆弱性の典型例は、多くの頭を持つギリシャ神話上の生き物ヒュドラだ。一つの頭が切り落とされても、二つの頭がそこに生えてくる。きわめて安定的なシステム、たとえば長い年月にわたって高い信頼性を誇る技術システムがある場合、予期しない誤作動が生じると非常に危険だ。というのも、その誤作動に対応する方法を実体験として知っている人が誰もいないからだ。しかしもし頻繁に壊れるなら、直し方をすぐに覚えるだろう。楽観的な視点に立てば、「壊れればなおさら、直し方のわかるシステムになる。これこそ自己修復システムだ」[17]。われわれ筆者たちが経験した「社会主義」では、物がすぐに使えなくなった。このため、道具が十分になくても、ほぼあらゆるものを修理できる有能な職人が数多くいた。しかし、社会全体としては、自己修復システムにならず、政治的にも経済的にも行き詰まり、崩壊してしまった。

ストレスは反脆弱性に不可欠な要素だ。激しい運動が筋肉や骨を強くするように、環境的ストレスによって、潜在的困難に適応できる組織が育つようになる（こともある）。タレブは、すべてをコントロールし、予測しようとしている現代社会は必然的に脆弱だと考えている。

反脆弱性を持つ社会とはどのようなものだろうか？　これは新しい考えではないが、トップダウン型で、厳格なルール強制と階層的指揮系統を持つ閉鎖的社会は、現状維持を優先する傾向がある。一般的に、イデオロギーにもとづく教理や信念体系が、日々の組織運営の基礎となる。そのような組織の目的は、計画にもとづいて行動することだ。開放的社会は、不確実性を受け入れながら、秩序を形成しようとする。そこでは、安定性と変動性をうまく組み合わせることが志向される（これは、第3章第1節で論じた熱力学の第一法則と第二法則とやや似ている）。新しい考えは、必然的に不確実性につながる。遠い将来においても、完全な秩序や絶対的な真実に到達することなどないということを認めることが大切だ。閉鎖的社会では、新しい問題は都合の悪い出来事と見なされる。開放的社会では、それは再生のためのチャンスととらえられる。このため、逆説的な言い方だが、開放的社会のほうがより安定的だと言える。

独裁的な閉鎖的社会は、暴動や政権転覆の試みを誘発するため、より不安定なのだ[18]。

修復的司法への行動 ここでは、現代の刑事司法制度から学べることについて議論し、罰と矯正のバランスという、古くから存在する問題について簡潔に論じる。修復的司法は、損害を受けた人の回復に力点をおくものだ。進化心理学者によれば、懲罰と赦しは、一方的搾取の代替策として発展し、犯罪再発のリスクを軽減するための有効な方法として認められるようになった人類普遍の適応法だ[19]。

修復的司法は、犯罪やそれへの対応にかんする通常とは異なる考え方であり、犯罪による損害を修復し、犯罪の抑止を通じて将来の損害を削減することに焦点をおく。この考え方のもとでは、加害者は、犯罪行為そのものに加えて、それが引き起こした損害に対しても責任を負うべきだと見なされる(あらためて規範的ルール)。修復的司法は、被害者への補償を加害者に対して要求し、さらに被害者と加害者双方がふたたび地域社会に加わることができるようになることを目指す。これを実現するためには、地域社会と行政の協力関係が必要となる。

修復的司法の基本原理には以下の点が含まれる[20]。

- 犯罪は損害を引き起こし、司法はその損害を修復することに注力する。
- 最も強く犯罪の影響を受けた人は、司法プロセスに参加できるようにするべきだ。
- 行政には秩序を維持する役割があり、地域社会には平和を構築する役割がある。

修復的司法の必須要件には以下のものが含まれる。

・関係者すべてを包摂する。
・相手側と向き合う。
・損害を保証する。
・関係者が地域社会にふたたび加わることができるようにする。

伝統的な司法制度では、犯罪被害者が加害者側と言葉を交わす機会は限られていた。修復的司法では、言葉の交換は害悪を大きくしないという考えがある。しかし修復的司法のメリットとデメリットを論じた論文で述べられているように、暴力的犯罪の場合には、対面での言葉の交換は、犯罪による精神的ショックを深め、恐怖の追体験につながる恐れがある。[21]

循環型経済への移行　循環型経済と循環型技術は万能薬ではないが、廃棄物に対する考え方をあらためてくれる。直線型技術から循環型技術への大規模な移行を果たすには、新しい技術と高い道徳心が必要だ。

近代経済の伝統的な直線型モデル、つまり採掘・生産・利用・廃棄という流れは、持続不可能だ。循環型経済は、部品や素材や製品そのものの再利用、再生化、改装、修復、流用、アップグレードの重要性を強調する。また、太陽光、風力、バイオマス、さらに廃棄物由来のエネルギーを利用することを勧める。エコロジー経済学では、二酸化炭素の排出、森林伐採、過剰な漁業や、種の絶滅のよう地球全体におよぶ問題が論じられる。同分野では、短期的政策と、持続可能性という長期的視点とのあいだには対立関係が存在することが意識される。[22・23]

直線型技術は、原材料を製品と廃棄物に変化させる。理想的な循環型世界では、廃棄物は、閉ループ技術を通じて原材料に転換させるべきだ。循環的手法の事例をいくつか紹介しよう。[24] これらの技術によって、ループを閉じることができたことが重要だ。

《衣料——布地から繊維へ》第1章第2節(4)で論じたように、ファストファッション業界のきわめて直線型のビジネスモデルでは、消費者は最新の流行品を買うように誘導される。使い捨て社会に馴染んだ人であれば、1年前に買った洋服を捨てることに何ら抵抗を感じないだろう。廃棄された衣服が埋め立てに使われたり、焼却されたりしていることは、気候変動の大きな一因だ。二次的原料・再利用衣料協会によれば、衣料の95パーセントは再利用可能だが、85パーセントが埋め立てに向かっている。これを回避するためには、何ができるだろうか。古着の取引は、廃棄を削減することはできても、大規模なビジネスにはならないだろう。おそらく読者の身近にも、衣料の再利用プログラムが存在するだろう。たしかに再利用を行えば環境への負担を減らすことができる。技術にかんしては、心強い事例がある。スペインのリカバーという会社は、[25]廃棄された衣料を、環境負荷の低い高品質なリサイクル木綿繊維に転換することができる。注にある動画を見れば、閉ループ技術について学ぶことができる。

《人間の排泄物から動物の飼料へ》人間や動物の汚水処理は、先進国でもいまだに日常的な課題だ。下水処理システムがなければ、汚水は直接、河川や湖に流入し、飲み水を汚染する。そうなれば深刻な健康被害が生じるだろう。有効な下水システムを導入するのは、つねに容易とは限らない。というのも多くの場合、多大なコストが必要となるからだ。このため、生物学的知見を用いた効率的な方法が検討された。2019年に、フォーブズ誌は、「アメリカミズアブは、持続可能な水産養殖の新しいスーパースターだ」という記事を掲載した[26]。アメリカミズアブの最も重要な特徴は、幼虫のとき、きわめて効率よく排泄物を高品質なタンパク質に転換できることだ。そのためアメリカミズアブは、動物飼料へのタンパク質添加物として利用できる。技術開発によって、安価で清潔で、持続可能な動物飼料を生み出すことができる。しかし、この手法を大規模に運用することが可能かどうか、また、政府が承認するかどうか、まだ不明だ。

《紙のゴミから生分解性プラスチックへ》リグニンは、木や植物の細胞壁を形成する有益な有機的高分子だ。化学パルピング過程で発生する廃棄物質でもあり、製紙過程における重要なバイオマス構成要素だ。製紙過程で木片をパルプに転換する際に、大量のリグニンが生成される。喜ばしいことに、リグニンは石油由来のプラスチックの代替品となりうる。無駄な副産物ではなく、閉ループ技術を発展させる出発点となるのだ。リグニンの派生品は、ボトルや買い物袋、ストローなどのリサイクル可能な製品の材料となる。リグニンの可能性は、これまで何十年にもわたって知られてきたが、実際に応用するのは容易ではなかった。構造の特定に問題があり、リグニン由来の技術を発展させるために研究が進められている[27]。

次の二つの例は、いまだ閉ループ技術をともなわない廃棄物処理にかんするものだ。

《プラスチックから道路へ》イギリスの会社マクレバーのCEO、トビー・マッカートニーは、「二つの世界的問題、つまりプラスチックごみの拡散を抑えることと、道路の表面に使われるアスファルトを強化することを一度に解決する」という大目的を掲げている[28,29]。同社は、プラスチックごみを、道路建設に用いるアスファルトに加工する技術を導入した。この加工プロセスは企業秘密だ。同社は、プラスチックごみに「特別な活性剤」を加え、加工している。

《ペットボトルからレンガへ》素材科学では、レンガの圧縮強度を改善する潜在的な付加物質を特定することで、ペットボトルをレンガに転換する技術が生み出された[30]。その結果、この技術の変種が、複数の国で応用されている。たとえば、ケニア・ナイロビの工場ジジェンゲ・メーカーズは、プラスチックごみを用いて、コンクリートの5～7倍の強度を持つレンガを製造している。ヌザンビ・マテーは、工学の知識を生かして、プラスチックごみと砂を混ぜるという工程を生み出した。洗浄し乾燥したペットボトルは、小さな破片に裁断される。ドラム缶で溶かされ、砂が混ぜ込まれる[31]。エコ・レンガ運動は、プラスチック汚染の規模が徐々に認識されるなかで登場し、フィリピンやインド、南アフリカを含む多くの国で展開されている。

共有型経済（シェアリング・エコノミー）を活用する　共有型経済は、循環型経済とセットになる概念だ。というのも、どちらも社会全体としての廃棄物を減らすことを目指しているからだ。共有型経済は、道徳心を高め、物を所有することがかならずしも生活に必要ではないということを受け入れさせるための手段だ。共有型経済というビジネスモデルが、世界中で急速に広まっており、これは、第5章第1節(3)

で述べた文化的変化の出発点と見なすことができる。基本的な考えは、効率的に活用されていない資源はすべて、無駄になっているということだ。たとえば、ほとんど運転されていない車、およびその車を製造するために用いられたエネルギーは無駄だといえる[32]。

使い捨て社会では、私的所有権と大量消費が重要な価値観だった。リペア社会では、シェアを可能にする企業や制度が広く利用されるだろう。シェアを促進する企業は、商品を製造したり所有したりしない。たんに、人々と、現在使われていない製品やサービスとを結びつける個人間（ピア・ツー・ピア）コミュニケーション・ツールを提供する。このようなツールがあれば、売り手と買い手の情報交換や取引が促進される[33]。

シェア促進企業の例をいくつか見てみよう。

《相乗りやカーシェア》リフトやウーバーのようなサービスを利用すれば、移動するのに車を所有する必要がなく、また、公共交通機関に頼る必要もない。

《コワーキング（事務所スペースの共有）》現在、自宅やスターバックスのソファで、一人で仕事をしている人が多いため、コワーキングは、インフラや支出をシェアするための方法として登場した。一定の仲間意識を育むこともできる。私（ペーテル）の息子ガーボルは、個人事業主であり、ほぼ毎日、マルギット橋のペスト側［訳者注：ハンガリー・ブダペストのドナウ川左岸地域］のたもとにあるクービック社のコワーキングスペースを利用しており、非常に気に入っている。

《カウチサーフィンとエアビーアンドビー》ホテルにかわる新しいレンタルサービスが登場している。カウチサーフィンは、サービス開始以来およそ14年間にわたって無料だった。プライバシーは守られないかもしれないが、そのかわり、外国で一人きりであれば話し相手を見つけることができる。エアビーアンドビー（Airbnb）は、ホテルに泊まるより安価ですむことも多いため、企業として成功した。《個人間融資》個人間融資は、従来にはなかった金融手段だ。金融機関を経由することなく、直接、個人から融資を受けることができる。このような方法が一般的になるかどうか、メリットがデメリットを上まわるかどうか、今の段階ではあきらかではない。

リペア社会に向かうための新しい文化的、道徳的、技術的変化が登場し、広がりを見せているが、これらの変化は、着実な改革を通じて起こると思われる。次は、改革運動の成功例を議論しよう。

第3節　改革の小史

改革は、世界を修復するために最もよく利用されてきたメカニズムだ。改革の役割を議論するには、そのために別の本を書く必要があるくらいだが、ここではいくつかの重要な事例を分析する。ルターは、聖書を翻訳することでキリスト教会を改善しようとした。近代日本の始まりは明治維新だった。ガンジーは、非暴力・不服従を貫き、インド独立の立役者となった。糸車は、ガンジーの政策方針の象徴となり、イギリスの繊維産業からの独立を勝ち取るための装置と見なされた。現代については、グレタ・トゥーンベリについて言及することができる。

急速な修復――改革　破れた靴やズボン、色褪せた人間関係、老朽化した城だけが修復を必要とするわけではない。国民教育、地域産業、国家予算、さらには地球環境なども修復が必要な場合がある。複雑な組織構造や業務体系を、魔法のように一朝一夕で大転換させることができる人はいない。人々の考え方が変わるときと同様に、おだやかで、着実で、計画的な改善のみが可能だ。革命（revolution）とは違い、改革（reform）は着実な変化や改良――組織や社会の革新――を導入し、進歩を促し、過去と完全に決別することを強制せずに物事を転換していくのだ。インターネット上の辞書によれば、reform（改革）は物事（とくに組織や慣習）に変化を起こし、改善することと定義されている。[34]

古来より実行された改革の成功例と失敗例　改革できるものとはどのようなものか。人間の生活にとって最も重要な尺度である時間の計算も、かつては改革の対象であった。ユリウス・カエサルは、歴史家の描写によれば、禿頭の、弱々しく痩せ細った病気がちな人間だったが、キリスト誕生の半世紀前の時代において世界で最も大きな権力を持った人間だった。そして彼は暦を変更した。[35]1年を12カ月に分け、閏年を制定した。ここで改革された暦は、現在まで大きくは変わっていない。ユリウス暦では、カエサルにちなんで名づけられた月まであり、それは7月（July）だ（さらに、8月（August）はカエサルの養子アウグストゥスにちなんで名づけられた[36]）。

改革はつねに成功するとは限らない。カエサルと別の時代のローマの指導者だったディオクレティアヌスは、貧しい親のもとで育ったのち、大きな権力を持つようなり、危機に瀕したローマ帝国を再建しようとした。統治組織を新たに作り直し、4人の皇帝による分割統治を開始した。また、ディオクレティアヌスは飢饉のときに食料の最高価格を固定した。しかし、何よりも悪い判断はキリスト教徒を弾圧したことだった。20年間の任期の後、ディオクレティアヌスは引退し、一市民となったが、キリスト教の信者たちに対する弾圧が無意味だったことを悟る。直接の後継者であるコンスタンティヌスは紀元313年にキリスト教徒の弾圧を禁止した。[37]

世界全体に影響を与えた二つのドイツの改革

「改革」という言葉を聞くと、第一に、ヴィッテンベルクの聖アウグスチノ修道士マルティン・ルターを思い浮かべる人も多いだろう。ルターは、キリスト教にふさわしくない教義の濫用に憤慨し、お金で神の赦しを買うことができるという考えを否定した。ルターの考えでは、お金で買えるのなら、それは神の恵みではない。神の恵みは他人に仲介されるものではないと考え、ルターは各自が自分で神の考えを読むことができるようにした。95カ条の論題をヴィッテンベルクの教会の扉に打ちつけ、贖宥状《しょくゆう》の販売に抗議した。ルターの文体は飾り気がなかったが力強いもので、ルターの著作はドイツ中で購入され読まれた。

教皇から破門の警告を受けたが、ルターはその手紙を燃やした（実際にキリスト教会から破門されたことは言うまでもない）。ルターとその支持者たちは教会と断絶し、著名な貴族や王族たちも、「宗教改革」と呼ばれるようになる運動を支持するようになった。彼らは、教会の権威が低下するのを見て遺憾に思わなかった。ドイツ皇帝カール5世は1521年に、ルターをヴォルムス帝国議会に召喚した。ルターは、もし聖書にてらして自分が間違っていることを示すことができるなら、自分の学説を撤回すると宣言した。その場にいた人たちは神学上の論争をする気はなく、たんにルターに学説撤回を要求した。ルターは拒絶し、異端であることが宣言され、教会から破門された。これにより、誰でも罰を受けることなくルターを殺害することができるようになり、また、ルターに宿泊場所や食べ物を与えてはいけないことになった（ルターの本を買ったり所有したりした人も同じように扱われた）。ルターはお尋ねものとなったが、彼の庇護者だったフリードリヒ賢公は、ルターを「逮捕」し、彼に偽名をつけ、ヴァルトブルク城にかくまった。この主体的な軟禁状態で、ルターは聖書をドイツ語に翻訳した。その過程で、バイエルンやザクセンや他の地域の方言を統一し、それを文学的水準にまで高めることによって、ドイツ語改革も行った[38]。

宗教改革は、偶発的・単発的な出来事ではない。印刷機の発明、15世紀の科学や芸術の発達、およびアメリカ大陸の発見といった同時代に起こった出来事が、ルターの考えを受け入れる土壌を作っていた（たとえば18世紀後半、マリア・テレジアの長男、神聖ローマ帝国皇帝ヨーゼフ2世は、性急に改革を導入した。21世紀の現在から見れば、ヨーゼフ2世の性急な政策が混乱や抵抗をもたらしたことは不思議ではない）。

強い意志を持ったプロイセンの政治家オットー・フォン・ビスマルクは、鉄の宰相と呼ばれる。ビスマルクの改革は、つねに国民全員から歓迎されたわけではなかったが、彼はひるまなかった。19世紀後半、ビスマルクは40近くにものぼる王国や都市国家や公国を一つの帝国に統合した。これによりドイツは、経済力と軍事力を備えた大国となり、そこで展開された社会、医療、教育にかんする改革は現在まで影響を及ぼしている。

江戸幕府から近代日本へ――明治維新

人類の歴史には、他にもきわめて顕著な改革の事例が存在する。まだ10代だった明治天皇が1868年のクーデターによって権力を握り、明治維新が始まった。これにより日本は、孤立した封建制の島国から、最先端の政治組織を備え、植民地を有する大国にのしあがった。

明治維新が始まる以前の江戸時代（1600－1868）［訳者注：関ケ原の戦いが1600年、徳川家康が江戸幕府を開くのは1603年］では、中央集権的で独裁的な政治体制が構築され、実際上ヨーロッパ人は日本から締め出された。ただし例外として、オランダ人とは小規模に貿易を続けた。鎖国したにもかかわらず、江戸時代における日本の統治能力や教育水準は高く、寺院や幕府や藩などが運営する数千の学問所があった。商工業が繁栄し、都市では歌舞伎や木版画、俳句といった多岐にわたる文化が栄えた。しかし19世紀初頭、日本の政治指導者たちは西洋に強い関心を持ち始め、またその一方で、アメリカやヨーロッパの船が日本の港に現れるようになった。幕府は強硬に対処したが、各地で政治および経済活動が活発になった。

1854年、幕府は開国を決め、動乱期が訪れる。低い位の武士が西洋人の追放を要求し、藩や幕府は、武力を用いた彼らの運動に悩まされた。1860年代半ばには、長州藩が倒幕派に傾き、1867年の終わりには、将軍・徳川慶喜が、集団体制で日本を統治する案を進めようとしたが、この案は失敗した。1868年1月3日に明治天皇の名のもとで行われた体制転換によって、さまざまな地域から集まった若い公家や武士たちが、現実主義的な指導者となり、国を率いるようになった。彼らは、伝統や宗教にしばられず、身分制を廃止し、国力増強を最優先に政策を推し進めた。西洋を模範とし、国際貿易に参加し、国際化を追求した。新政府の権威は固まっておらず、徳川幕府を支持する勢力と争われた戊辰戦争は1年半続いた。その後も、資金不足や指導者どうしの争い、地方の抵抗運動、組織構造の欠如によって不安定さは続いた。

しかし、日本人がヨーロッパを訪問したり、西洋の専門家を日本に招聘したりすることで、西洋の政治・経済・教育制度が詳細に調査された。貿易関税が改革され、地方の封建領主支配は近代的な行政単位に置き換えられ、土地税が統一され、教育と軍役が義務となった。もちろん、日本の近代化には危機がなかったわけではない。たとえば武士の没落に不満を持つ勢力が、1877年に反乱を起こした（西南戦争）。しかし、19世紀終わりには、鉄道網や郵便網が拡大し、耐火建築、近代的病院、銀行、公教育といったものが普及し、読み書きのできる多くの日本人が新聞を読む習慣を身につけるようになった。新政府の中で最も若いリーダーの一人だった伊藤博文が、アジアで最初の憲法を草案した。明治維新は最終的に、20世紀初頭の日本の近代化を成し遂げることになった[39]。

長く、断固とした平和的抵抗　インドの法律家マハトマ・ガンジーは、人類史上最も偉大な思想家の一人であり、インド独立運動の精神的支柱となった。大学生のとき、法律顧問をするため南アフリカへ旅行した。鉄道で移動中に、一等車の乗車券を持っていたにもかかわらず、三等車へ移動するように言われた。このような差別の経験がきっかけとなり、ガンジーは生涯、ヒンドゥー系インド人のために活動した。ガンジーの考えは、正義はつねに勝利するという発想にもとづいており、受動的な抵抗以外の闘争手段を用いてはいけないというものだった。南アフリカから帰国した後、大英帝国の一部だったインドで、ガンジーはハンガーストライキによって抵抗を示した。第一次世界大戦の後、抵抗運動に加わるようにインドの人々に促したが、それによって投獄された。解放された後もすぐに、ハンガーストライキを続けた。これは、ヒンドゥー教徒とイスラム教徒の関係を修復することを訴えるために行われた。第二次世界大戦の後、インドの独立や、宗教対立の終結を訴える運動に注目を集めるために、ハンガーストライキを続けた。

１９４７年、インドはついに独立を果たした。しかし、インドからパキスタンが分裂した。ガンジーはこの分裂を支持せず、ハンガーストライキで変化を求めた。ガンジーはその人生を通じて、簡素な生活を貫き、禁欲的な衣服を好んだ。ガンジーの考えはその多くが、有名な標語になっている。たとえば、「この世で見たいと思う変化にあなた自身がなりなさい」はその一つだ。[40]

地球のための全世界的ストライキ　このスローガンは、スウェーデン人の少女の行動に完全に合致している。２００３年に生まれた気候変動活動家のグレタ・トゥーンベリは、２０１９年国連イベント（や他の多くの国際会議）で演説をし、世界的に知られるようになった。同年、タイム誌はトゥーンベリを「今年の人」に選んだ。

頑固で意志の強いトゥーンベリは、2018年の金曜日ごとに、学校を休みスウェーデン議会の前でデモを行った。政府により強い気候変動対策を求めるためだ。「気候のための学校ストライキ」という運動を開始し、数百万人の人々が、トゥーンベリの人柄や意志の強さ、言葉に感銘を受けて運動に参加した。

トゥーンベリは、子どものときから気候変動に強い意識を持っていた。10代になる前から、生態系の危機に恐怖を感じたと言われる。これは、たんなる根拠のない心配にすぎないのか、それとも地球環境の危機的状況を正直に表現したものなのだろうか。この問いへの答えは、政治指導者に行動を求めたトゥーンベリの言葉にある。

しかし、私にはあなたの希望などいらない。希望的観測などいらないのだ。むしろ、パニックを起こしてほしい。私が毎日感じている恐怖をあなたにも感じてほしい。そして行動を起こしてほしい。危機に陥ったときにとるような行動をとってほしい。家が火事になっているときにとるような行動を。なぜなら、火事は本当に起こっているのだから。[41]

これは、感情のこもった力強い表現だ。トゥーンベリは改革者であり、政治的社会的状況を改善するために既存の構造を打破しようとしている。[42]

改革vs.革命　改革者は、建設的な議論や行動によって、既存の法律や政策、慣習、体制を平和的に変えようとする人たちだ。政府や組織がやむをえず、社会の変化に合わせるために変わらざるを得ない場合には、つねに改革が起こる。必要な改革を遅らせるのは、不満や緊張や暴力を生みかねない。急激な変化が必要にならないようにしたいのであれば、政府や組織は、社会的・政治的進歩の方法として、日常的に改革を行う必要がある。徐々に現状を修復し、変えていくほうが、現状を完全に捨て去って、まったく新しい体制に置き換えるよりも容易だ。政治が行動しないなら、大衆が変化を要求するだろう。（後戻り可能な）改革を怠れば、後戻り不可能な革命が起こって、よりよい新しい体制を生み出すという目的のため、現状が破壊される。変化が急激でなければ、その変化に適応するのも容易だ。誰しも改革、変化、前進を避けることはできない。しかし革命後にはつきものの暴動が起こり、社会のさまざまなコミュニティが長くその傷に苦しむことになる。

われわれは、第5章第1節(3)で使い捨て社会からリペア社会への移行をもたらす文化的変化について考察した。平和的革命によって、このような文化的変化は生じるだろうか。

そもそも平和的革命など、存在するだろうか。ジョン・F・ケネディは、「平和的革命を不可能にする人々は、暴力的革命を必然にする」と言った。よい改革は、既存の体制を転覆させることはないし、見栄えを整えるだけにとどまることもない。実質的な改善につながる変化を起こすものをよい改革というのだ。

本書では、精神的変化が社会全体ですでに生じつつあると主張している。資源管理にかんする新しい考え方が生まれつつあり、この考え方を実践するメカニズムも生じるだろう。次に、資源管理について議論しよう。

第4節 リペア社会に向けて

(1) 資源管理戦略を修復する方法

本書を執筆する過程で、われわれはあらゆるところから資源援助を得た。それには、電話やノートパソコンだけでなく、家族や同僚（過去2年ほど直接会う機会は減ってしまったが）、近所の友人や世界全体といった人的資源も含まれる。資源は相互関係の中に存在する。たとえば出版社は、本を書く人にとって資源だが、本を書く人は出版社にとって資源だ。著者が契約書にサインしてくれなければ、出版社は生き残れない。

少なくとも三つのタイプの資源が存在する。私的財は、それを購入した個人や組織に所有権が限定される。携帯電話や、映画のチケット（コロナ禍で映画館は休業してしまった）、ソーセージ1袋（スパイスの効いたチョリソーならなおよい。コロナ禍で食べすぎた人もいるかもしれない）などが例としてあげられる。経済学者の言葉では、「競合性」と「排除性」があるものを私的財と呼ぶ。つまり、私的財の利用には制限があるということだ。映画館の大きさはあきらかに有限であり、チケットを購入していない人は、映画館から排除される。仮にチケットを全部購入すれば、自分のみが映画館を利用することできる。他人、つまり自分の競合者は利用できなくなる。[43]

公共財には、非排除性と非競合性があり［訳者注：非排除性とは、料金を払わない利用者を排除できないこと。非競合性とは、一定の使用量の範囲内において、複数の利用者が同時にその財・サービスを利用できること（つまり1人がその財・サービスを利用していても、他の人の利用と競合しないこと）］、社会のすべての人が利用できる。ここで社会というのは通常、一つの国のことを表している。というのも、公共財は国の政策や国家予算によって決定されるからだ。警察・司法や国防は明確な公共財だ。この世にただのものは存在しないので、公共財の費用は税金によってまかなわれる。国の政策によって、医療や公教育が公共財であるかどうかが決まる。その判断はかならずしも自明ではなく、公共財として認めるべきかどうかは、つねに議論の余地がある。

政府が公共財に資金を拠出するべきという考え方は、それが社会全体にとってきわめて有益だという考えにもとづいている。というのも、健康で、よい教育を受けた人は、労働力として国に貢献することができると考えられるからだ。反対する意見としては、納税者にとって利益とならないかもしれないものに税金を使用するべきでないという考えや、民間部門のほうが効率的だという考えがある。[44]

共有資源（コモンプール資源）は私的財と公共財の中間的なものだ。共有資源は競合性があるが、排除性がない。基本的には誰もが利用できるが、その供給は有限だ。海洋資源としての水産物は、その典型例だ。このような財は過剰消費され、乱用される傾向がある。資源の所有者ではない漁師は、魚を多く獲れば絶滅させることを知っていても、漁獲量を減らすインセンティブを持たない。今、漁を減らして海にいる魚を増やしても、将来、より多くの魚を獲れるとは限らない。というのも、[45]他の漁師が今、魚を獲ってしまうかもしれないからだ。アフリカゾウも共有資源で、乱獲されてしまった。

ゾウの悲劇は共有地の悲劇の特殊な例だ。共有地の悲劇は、生物学者のギャレット・ハーディン（1

915－2003）が広めた概念だ。[46] ハーディンの論文では、人口増加について議論されているが、扱っている事例はイギリスの牧草地にかんするものだった。畜産業者は各自が、自分の（短期的）利益にもとづいて行動し、誰でも利用可能な希少資源をなるべく多く消費しようとする。長期的には、資源が消滅し、悲劇的状況を生む。

クラブ財は排除性があるが、競合性がない（あるいは少なくとも、一定の消費量を超えないかぎり競合性がない）財を指す。私有庭園はその一例だ。

共有地の悲劇を避けるには　共有地の悲劇への対策として、三つの方法が提起されている。[47]

共有資源のトップダウン型管理は、過剰消費に制限をかけることを表す。漁獲量や漁船の数に上限を設定したり、禁漁期を設けたりすることが可能だ。しかし、頭を働かせ、規則の裏をかく人も現れる。たとえば、漁船の数が制限されれば、大きな漁船を使う人が現れるだろう。このため、規制はより複雑に、より非効率になっていく。

私的所有権は、資源保護のインセンティブを生み出す方法だ。ハンガリーのことわざで、「みんなで所有されている馬は乱暴に扱われる」というものがある。このため、共有財産は、一人ひとりに分割所有されるほうがよいと考えるのは自然なことだ。共有の牧草地が分割され、柵で囲まれれば、過剰消費を防げるかもしれない（柵を立てるのに費用がかかったとしても）。分割所有されれば各個人は、土地が劣化しないように注意を向けるようになるだろう。（魚にかんしては柵を立てるのは簡単ではない）。しかし、公平な分割をどのように行うかは難しい問題だ。これは、政治的交渉をともない、交渉を有利に進める人とそうでない人が出てくるだろう。最も不利な状況にいる人々がわずかな分け前にしか与れないということが、容易に想像できる。しかし、少なくとも理論上は、公平な私有化は有効な手段だ。

譲渡性個別割当て（individual transfer quota：ＩＴＱ）というのは、行政などが、財やサービスの生産を制限するために、個人や企業に上限割り当てを課すことだ。割り当ての保有者が上限まで生産しない場合には、残りの部分を別の個人や企業に譲渡することができる。[48] ＩＴＱに転換すれば、漁業の経済効率性を高めることができ、なおかつ外部の資金を必要としない。ＩＴＱの導入はたしかに望ましい効果を持つが、より協調的な解決策も存在する。

ノーベル経済学賞の最初の女性受賞者エリノア・オストロム（１９３３－２０１２）は、協調的解決法を提案した。オストロムは、有限資源を管理するための地域社会の取り組みを研究し、政府介入なしに長期的に資源を保護することが可能だと指摘した。[49] 事例研究にもとづいてオストロムは、地域社会を健全に運営するためのいくつかのルール（制度設計原則とも呼ばれる）を導き出した。[50,51]（ルールは規範的だが、実践させるための高次のメカニズムも想定されている）。

制度設計原則は次のように概括できる。

①集団の境界を明確に定める
②共有財の使用方法を取り決めるルールを、地域の特徴や条件に合わせる

③ルールの影響を受ける人がルールの修正に関与できるようにする
④外部当局は、地域の人々自身がルールを作る権利を尊重する
⑤地域の人々が、彼ら自身の行動をチェックするシステムを作る
⑥段階的な強制手段を用いる
⑦手軽に利用でき、費用のかからない紛争解決手段を用意する
⑧共有資源を管理する責任を、最も小さな単位から社会全体にいたるまで入れ子状に形成する

オストロムは、トップダウン型の譲渡性個別割り当てよりも、ボトムアップ型の分散型管理を重視している。多くの地域社会が、オストロムの提案を取り入れ、成功している。国の規制がたびたび失敗しているのとは対照的に、地域による管理は、漁場を保護し、漁獲量を維持するうえできわめて効果的だ。メイン州のロブスター漁は、アメリカ全体のロブスター漁獲量のおよそ6割を生産しているが、地域社会が資源管理に主要な役割を果たしている好例だ[52]。

地域によっては、効率性よりも公平性に配慮しているところもある[49]。最近になって地域で激しい変化が起こった場合（大企業が地域の漁に参入してきた場合や、その他の大事件が発生した場合）には、譲渡性個別割り当てを導入するほうがよいかもしれない。政府が資金や人員を投入したうえで、効果的な汎用的手段を用いるほうが、総じてみれば単純だ。その一方で、すでに数十年にもわたってボトムアップ型の手法が用いられている場合には、正当な理由なく新しい管理手法を強制するのは不可逆的に事態を悪化させかねない。

これまでの事例の大半では、問題となっている商品や資源が、地域社会や一国に属するものだった。しかし、世界全体の資源（公共財と共有資源の両方）というものも存在する。次に、世界レベルでの資源管理について議論しよう。

(2)グローカルに思考し行動する

世界全体の公共財 公共財は非競合的で非排除的だということはすでに述べた。ある公共財が世界中で利用可能であれば（地域によってその度合いは異なってもよい）、それは世界全体の公共財だ（公共財の定義にかんする議論については、マロン・アン・レスが整理している[53]）。世界全体の共有地というものも存在する。そこには、大きな地理的規模における気候や海洋、大気、水質が含まれる。これらの資源は、人類の活動の間接的な結果として、きわめて大きな規模で劣化している。飛行機に乗ったり、ゴミを出したり、新商品を開発したりするとき、間接的で、目立たない帰結を気にかけることができるとは限らない。使い捨て社会では、価値のないものを廃棄することで、共有資源の量や質を低下させることになるが、これにはすぐに気づくことはできない。資源の劣化によって最も損害を受ける人たちから、時間的にも、空間的にも、遠く離れたところで資源が占有されているというのは重要なことだ。大企業や政府機関のような大きな組織だけでなく、個人や家計のような小さい主体も、間接的な占有者だ。豊かな国の家計は全体として、その国の汚染物質排出の大部分を占めている。

社会環境研究所の代表ポール・C・スターン（前述のオストロムの共同研究者）は、世界全体の共有資源にかんする制度設計原則を分析し、オストロムが地域的資源について提示した原則の修正を提起している。[54] オストロムとその共同研究者（スターンとトマス・ディーツ）は有名な論文の中で、複雑系研究の観点を応用することが必要だと指摘している。[55] 彼らは5つの原則を提示している。[54]

①資源のストックやフロー、人類と環境の相互作用がどのように生態系に影響を及ぼすかについて、適正で信頼できる情報を提供する
②異なる視点や利害、考え方を持つ人どうしの対立関係に対応する
③公式および非公式のメカニズムを適切に組み合わせることで、ルール遵守を促進する
④物理的、技術的、および制度的なインフラを提供する
⑤変化への対応を許容する制度を設計する

重要なメッセージの一つは、世界全体の公共財に適切に対応し、共有資源の問題に対処するためには、規制当局による命令という通常の方法では十分ではないということだ。権限のある組織は、権限の小さい個人や組織の参加を促すべきだ。本節(1)では、公共財の供給は一国の政策によって決まると議論した。この視点を拡大し、潜在的には利己的な国々に、世界全体の公共財を保護するための行動をとるように仕向ける制度を設計できるかを考えてみることは自然なことだ。「気候変動にかんする政府間パネル」（IPCC）は、気候変動にかんする科学研究を評価する国連機関であり、1988年に設立され、195の国と地域が参加している。[56] 地球温暖化は高い関心を呼ぶ話題なので、気候変動対策にかんする制

度設計は誰にとっても興味深いだろう。[57]

本書の読者にとっては当たり前のことかもしれないが、利用可能資源や消費の傾向を理解するためには科学が欠かせないということは強調してもしすぎることはない。しかし、気候変動への現実の対策は、科学者の要請する水準にまったく届いていないということを認めるべきだ。物理学者による気候モデルは非線形的な反応を示すため、将来を予測することは必然的に困難だ。さらに、気候モデルは、気候への人類の介入を表すモデルと組み合わせられる。「定量的な気候モデルと統合評価モデルにもとづく科学知識と、政治的・政策的力学への理解を含む人的および自然的システムにかんする科学知識を統合することによってはじめて、健全な判断ができるようになる」というのが最善の考え方だ。[57]

地球全体の共有資源が急速に変化している時代において、複雑な社会的、生態的、技術的システムを管理するための原則を研究している応用科学者たちは、科学、行政、法律を統合させることが必要だと考えている。[58] 複雑系の研究によれば、地球全体の公共財や共有資源をトップダウン型の方法で管理するのは、現実的に言って不可能だ。地域社会からの提案を考慮する際には、自己組織的な適応型管理という考え方のほうが望ましい。

グローカル化 「グローカル」という言葉は、「グローバル」(地球全体)と「ローカル」(地域)を組み合わせたものだ。この言葉はおそらく日本で最初に用いられた。日本では、普遍的なものと個別的なものとの関係がとくに重要視される。[59] この表現はとくに、国際展開をする企業が異なる地域の消費者の個別的な嗜好を考慮して製品やサービスを調整することを表すために用いられてきた。[60]
典型的な事例は、インドでのマクドナルドの事業活動があげられる。牛が神聖な動物と見なされているため、マクドナルドのインド支社は、牛肉を含んだ商品をメニューから省き、ベジタリアンの消費者向けの商品を開発した。まったく卵を含まないソースも提供している。マッシュポテトのパテをはさんだマカルー・ティッキ・バーガーは有名だ。
別の例として、オリンピックのテレビ中継は当初は同じ国際映像が用いられ、誰もが同じ競技を見ていた。すぐにこれはグローカル化され、たとえばハンガリーのスポーツチャンネルでは、全国チャンネルとは違って、水球とカヌーを重点的に放送していた。
2022年初頭、オラクル社は南アフリカでデータセンターを開設し、初めてアフリカ全土に向けた「地域的」クラウドサービスを提供した。[61] グローバルなデジタルインフラが今では、地域に特化するようになった。世界のデータは、地域のデータハブを通じて世界中を移動する。アフリカはオラクル社にとって37番目の「クラウド地域」――消費者は地域のデータセンター（この場合はヨハネスブルグのセンター）を経由することで、より高速に他の地域のデータにアクセスすることが可能になる――となった。2022年2月現在、37のクラウド地域があり、同年末までに7つのクラウド地域が開設される予定だ。[62]
私（ペーテル）はこの現象を同僚何人かと議論したが、数学者の友人（前著『ランキング』でも触れた人物）はすてきな例をあげてくれた――『ハリー・ポッター』は60以上の言語に翻訳されている。これはまさしくグローカル化だ。

「政治とはすべて地域的なものだ」という、少なくともアメリカでは有名な言葉がある。しかし、大企業によるグローカル化は、一般的にはトップダウン型の指揮系統に依拠している。

世界はどうだろうか？　世界には195の独立国家が存在する。仮に、世界が一つの世界政府によって統治されているとしよう。これは、単一の政治的権威のもとで人類すべてが統合されている状況だ。世界全体の政治権力を統合するという考えは、古代から存在したが決して実現しなかった。現代の政治理論や政治哲学では、世界的観点から統治するための規範的原理が提案されているが、解決困難な問題もある。[63]

2020年と2021年に、深刻な政治的、社会的、経済的な構造的格差によって分断された世界は、コロナウイルスの大感染や景気減速や環境問題のさらなる悪化に直面した。国際社会とは何か、どの世界的政策がより喫緊かという問題は以前よりも差し迫った問題になっている。

社会のダメージをどのように修復するか　今さら引用するのがはばかられるほど有名なチャーチルの名言がある。つまり、「民主主義は最悪の政治形態だ。ただし、他のすべてを除けば」というものだ。アメリカ初期の民主主義は、階層的構造とネットワーク的構造が組み合わされ、きわめて効率的だった。大半の政府は法の支配、つまり誰であっても等しく法が適用されるという原則のもとで運用されているが、民主的社会はさらに、自由で公正な選挙というきわめて重要な原則にもとづいている。民主主義や民主的選挙が危機に陥っているという今日の懸念は、アメリカでは構造的な人種差別への反対デモによってさらに強められている。このような懸念は、新しい社会秩序を求める多層的な衝突として見ることができる。社会のダメージをどのように修復することができるだろうか。

社会のダメージを修復する目的は、実際には存在したことのない黄金時代を取り戻すことではない。民主主義や資本主義よりもよい社会体制は存在しないと考える人と、民主的自由をむしばんでいる少数の大富豪たちの短期的で強欲に満ちた行動を批判する人とのあいだで激しい論争が行われている。

19世紀の哲学者ラルフ・ワルド・エマーソン（1803－1882）が言ったように、社会の害悪を修復するには、正しい世界を生み出すことが必要だ[64]。しかし、現在は21世紀だ。コロナウイルスの世界的大感染は世界を完全に変えてしまうだろうと、多くの人が考え始めている。修復や改革や革命という考えは身近にある。コロナ禍によって国家の力が大きくなり、ナショナリズムが強化された。その一方で、国際社会の協力が、社会のダメージを修復するのに不可欠だと考えられるようにもなった。この二つの考え方のどちらが、より優勢かはまだわからない。今後は、経済的利益は小さいが、安定的で、レジリエンスがあり、反脆弱的な社会秩序が生じると予測することができる。近年多くの国で示された人間精神の力を見れば、一定の希望を持つことができる。医療従事者、科学者、政治家、および市民は、コロナ禍に勇敢に立ち向かい、レジリエンスやリーダーシップや合理的な態度を示した。これは、世界中の人々が世界を修復していくことができるという筆者の信念を強めてくれる。

多国間協調はゼロサムゲームではないし、それにかわる手段はない

（エリノア・オストロムの言葉を用いれば）多元的ガバナンスは、国際関係論の文脈では多国間協調を意味する。第二次世界大戦後の国際秩序は、国際連合や国際通貨基金、世界銀行、世界保健機関、世界貿易機関からできている。一定の問題があるとしても、これらの組織を信頼することが最善だ。これらの組織は、ボトムアップ型の自己組織化メカニズムと見なすこともできるが、トップダウン型の指示を行うこともある。

国民国家という概念は深刻な危機に直面している。国民国家の核となるのは、一定の領土と（民主主義国では）選挙で選ばれた政府が存在することだ。そのような政府は、市民の利益を保護し、公共サービスの質を改善し、希少資源を管理し、生活水準を着実に上昇させることを責務とする。しかし、2008年の世界的金融危機であきらかになったように、経済システムは一国の領土に制限されない。経済は多くの国に関係し、このため政府は、多くの領域で実質的な権限を放棄せざるをえなくなっている。欧州委員会委員のピーター・マンデルソンが述べたように、金融危機の教訓として、「世界経済には、それを管理する組織が必要だ[65]」。同じことは、環境問題やその他の多くの問題にかんしても当てはまる[66]。

やや単純化しすぎではあるが、次のことはおおよそ正しい。つまり、政治は政治的制度と政治家によって行われる、ということだ。次のような未解決の問題がある（これは、オンラインフォーラムのQuora（クオーラ）で提起された問題だ）。「なぜ多くの政治家が、国際政治はゼロサムゲームだと考えているのか？　なぜすべての国にとって利益となる状況はありえないのか？」おおむね満足できる答は、以下の

ようなものだった[67]。

第一に、政治家はエンジニアではなく法律家であるため。第二に、弱肉強食の「ジャングルの掟」を信じる「社会的ダーウィニスト」であるため。

より科学的な表現を用いるなら、実証的および理論的研究がともに示すように、政治はゼロサムゲームだと見なされている[68・69]。ある候補者へ1票が投じられるということは、他の候補者は1票を失うということを意味する。しかし、ポジティブサムゲームのほうが、少なくとも国際政治の観点から見れば望ましい。非ゼロサムゲームでは、ゲームの結果は差し引きで利益になる場合もあれば、損失になる場合もある。

憶測で本を書くのは控えるべきだが、２０２２年2月および3月初旬の執筆段階において、ロシアのウクライナ侵攻によって厳しい地政学的危機が始まった。国際機関の権限は限られている。国連安全保障理事会がロシアのウクライナ侵攻を議論するために会合を行ったとき、ロシアは特別軍事作戦の始まりを宣言し、ウクライナにかんする安全保障理事会の決議を妨害した。ロシアの軍事侵攻の要因について多くの人が論じている。ある分析では、次のように論じられる。

プーチンの目的は、ウクライナの占領ではなく、ウクライナがＮＡＴＯやヨーロッパ連合に加盟しないという確約を得ることだ。中国とは異なり、ロシアは長期的な構造的衰退の途にあり、アメリカやその同盟国に対して公然と長期的戦争をしかけることはできない。アメリカとロシアは、ウクライナにかんして直接交戦することはないだろう。というのも、キューバ・ミサイル危機を含む冷戦期の対立が示すように、それはどちらの国にとっても利益にならないからだ。ロシア政府は、アメリカ政府やEUと合意に達し、ロシアは、ウクライナの領土から撤退するとともに、欧米諸国はプーチンが国内に向けて勝利宣言ができるような内容の合意を与えるだろう。[70]

現状の国際秩序は強く揺さぶられた。この国際秩序の乱れが一時的なものなのか、根本的な変化をもたらすのか、われわれ筆者は現時点では判断できない。一国の政策の急激な変化（戦争の宣言のような）は、正あるいは負のフィードバックによって説明できるだろう。[71] 将来のより大きな被害を避けるために、各国が協調することになるかを見ていく必要がある。多国間協調は絶対に必要だ。

第5節　教訓と展望

実際には存在しなかった黄金時代を除けば、これまで完璧だと思われた世界は存在しない。このため、「世界を修復する」という考え方はつねに重要だ。過去を振り返ることで、人々が生まれ変わりや、少なくともやり直しを望むことは理解できる。草の根の運動によって、重要な変化を生み出すことは可能であり、第4章第3節で論じたように、リペア権という考えが巨大ＩＴ企業にも受け入れられる可能性は高い。

世界全体で見ると、人類の存在を脅かす危機が迫っていることは否定できない。われわれは、閉じたループでの自己安定的な技術を求める一方で、国際紛争にかんしては、多国間交渉によって各国が受け入れ可能な解決策がもたらされることを期待している。

過去の国際的不正行為は、きわめて深刻な負の遺産となった。どう対処すればよいだろうか。歴史を書き換えることができないのは当然だが、現在の社会的緊張を緩和することはできる。そのような社会的緊張は、さらなる問題を引き起こすリスク要因であり、社会の脆弱性を高めてしまう。筆者たちは、この規範的要請を実行に移す明確なメカニズムは存在しないと見ているとはいえ、人々が理性的で合理的な解決策を見出すだろうと信じている。Z世代は筆者たちの世代とは異なるように見える。おそらくZ世代の人々は彼ら独自の知識を使って、より公正な世界を作ってくれるだろう。

生産活動にかんするビジネスモデルとしての循環型経済は、廃棄物や汚染をなくすことを目標としている。さらに、何らかの意味で自然を再生することも目指している。ただし、どうしても不可逆的にならざるをえない生産プロセスも存在する。循環型経済を実現するための世界的な試みが本当に真剣に行われるかどうかはまだわからない。企業や個人、そして環境にとって有益で、かつレジリエンスのあるシステムを提供することを目指すべきだ。

原則的には、国際協調によって、世界全体の公共財の質や量を規制するべきだ。ボトムアップ型の自己組織的メカニズムと、多国間の同意を組み合わせることで共有地の悲劇を回避することが可能だ。いずれにしても、平和であることが欠かせない。

２０２２年３月初旬、スティーブン・ピンカーはロシアとウクライナの戦争が長期間続いた平和な時代の終わりを告げるものなのかどうかを問うた。「この戦争によって、平和な時代が終わり、文明どうしの衝突の時代に戻るのか誰にもわからない。そうなるかもしれないし、そうならないかもしれない[72]」

第7章
エピローグ――リペア社会に向けて

［要旨］

この最後の章では、修理・修復が可能な範囲と限界についてこれまで述べてきたことをまとめる。修理・修復によって、物の寿命を伸ばし、お金を節約し、生態系への負担を減らすことができる。どのようなときに修理・修復を試み、どのようなときにあきらめるべきか。われわれはこのジレンマにたびたび悩まされる。いずれにせよ、個別の物から個々の人、人間関係から社会全体にいたるまで、さまざまなレベルで生じるリペア・メカニズムについてわれわれは議論してきた。われわれは、使い捨て社会をリペア社会に置き換えるべきである。

リペア社会を実現しなければならない　「修理できないことを後悔する必要はない」。われわれ筆者が二人で本を書き始めたとき、本のスローガンを、18世紀イギリスの文筆家サムエル・ジョンソンに由来する、この言葉にするべきだとすぐに同意した。しかし、人々が行動を起こすには別のスローガンが必要だ。エマーソンの「悪い世界を直すには、正しい世界を創り出さなねばならない」という言葉は今なお重要だと思われる。

本書の目的は、資源管理について議論するための新しい方法を広めることだった。資源といっても、携帯電話や自動車のような機械類だけを意味するのではなく、家族や友人や地域や国といった人的資源も含まれる。修理・修復することによって、物の寿命を伸ばし、お金を節約し、生態系への負担を減らすことができる。どのようなときに修復を試み、どのようなときにあきらめるべきか。われわれはこのジレンマにたびたび悩まされる。いずれにせよ、個別の物から個々の人、人間関係から社会全体にいたるまで、さまざまなレベルで生じるリペア・メカニズムについてわれわれは議論してきた。当然のことだが、以下の三つの区別が存在する。元の状態に復元するか、古いものを新しいものに取り替えるか、あるいは、物事を以前よりもよい状態に改善するか、だ。

本書で取り上げた偉大な研究者の一人であるトーマス・シェリングが、『ミクロ動機とマクロ行動』で示したように、一見すると意味のない小さい個人的決断によって、意図しない劇的な結果が社会全体に生じる[1]。われわれは、安定性やレジリエンスのような一般的な概念が、さまざまな分析のレベルでどのように機能するかを示そうとしてきた。

使い捨て社会の成立によって、歴史上、例を見ないほど急速に全般的貧困が解消したことは否定できない。中流層は消費に夢中になったが、格差も拡大した。人類の大部分は、純粋に経済的な意味では、食料や衣料品の廃棄を許容することができる。しかし、際限のない廃棄は無責任であり、物理的・社会的環境に対して劇的な結果をもたらしていることがあきらかになった。現状を継続すれば、生態系、経済、政治、社会に危機的状況が生じるだろう。社会は地域的にも、世界的にも、修復社会への転換を実現するために責任ある判断をすぐに行うべきだ。

郷愁の念にもとづく修復　本書は、筆者たちの個人的な回想から出発し、そこで修復という概念との出会いについて語った。科学技術の進歩によって、戦後の貧困状態から使い捨て社会への転換が進んだ。しかし、数十年が経ち、この転換は持続可能なものではないことがあきらかになった。

　筆者たちには古きを懐かしむ感情があるので、「物事が悪くなる前の時代」に思いをめぐらしがちである。ノスタルジアはかつて心の病と見なされたことがあった。そのような考え方は、19世紀の半ばに変化し、治療可能だがあぶない病という見方から、病的ではない心のあり方という見方に変わった。研究によれば、一日20分の郷愁は、われわれに幸福感や陽気さをもたらす[2]（第2章第6節で触れたプルーストの引用を思い出してほしい。つまり、「過去の出来事の追憶は、かならずしもその出来事が実際に起こったとおりの追憶だとはかぎらない」）。危機的状況に立たされると、われわれは過去の幸福な時代に戻れる可能性を信じたくなる。そのため、自分の過去の記憶が保存や修復にかんする現在の決断にどの程度影響しているかの判断は読者に委ねることにする。

悪の華　次にわれわれは、自然界や人間社会の状況がシャルル・ボードレール（1821－1867）の『悪の華』のように悪化し、最終的に崩壊にいたるさまざまなメカニズムについて論じた。

複雑系理論は、自然界や人間社会の危機（地震、津波、金融危機など）や、極端な出来事を引き起こすメカニズムについて理解する手助けとなる。そのような出来事は、多くの場合、一見すると目立たない要因が徐々に蓄積することによって引き起こされる。社会関係について言えば、小説家や社会心理学者が、友人関係の崩壊をもたらすさまざまなメカニズムについて説明している。友人関係の崩壊は、少なくとも当事者にとっては大惨事だ。

災害にかんする法則は、自然界や人間社会にもともと備わっている特徴だ。それは、一定性と変動性との対立と関連しており、物理学や経済学や社会心理学などの多くの学問分野で議論されている。熱力学の第一法則と第二法則は、この原則を表している。具体的には、第一法則はエネルギーの保存を、第二法則は不可逆性を記述している。つまり、孤立系のエネルギー量は一定だが、系はつねに不可逆的変化を起こしている。経済成長は持続可能性と両立させることはできないと思われる。現在の社会では、経済成長の名のもとに持続不可能な資源消費——とくに再生不可能な資源の消費——が行われている。

安定性、恒常性、レジリエンス、それらへの障害　修復は、想像力や批判的思考力、創造性を育む。最も単純な修復メカニズムは、「正常」状態へ戻る方法を見出すことだ。あるシステムが正常な状態からほんの少し逸脱しただけであれば、正常状態に戻ることは可能だと期待できる。物理学や化学の研究者は、安定性にかんする概念を詳細に論じてきた。また社会科学における応用についても論じた。適応型の複雑系は、可塑性・安定性（あるいは可塑性・硬直性）の分岐を示すが、これは、系の安定性という概念と関連している。負のフィードバック・ループは安定性を高める。というのも、平衡状態への収束をもたらす傾向があるからだ（正のフィードバック・ループは変化を加速させ、系を平衡状態から遠ざける傾向がある）。恒常性という概念は社会科学でも、有益な応用がなされている。

一個人は、さまざまなストレスや動機づけの影響を受けても、安定的な心理的状態を維持することができる。一社会も、さまざまな文化的、経済的、政治的作用にさらされても、恒常的な安定性を維持することができる（少なくとも一定の期間は維持できる）。主要な古典的経済理論として、需要・供給の法則をあげることができる。それは、消費者の行動と価格の相互作用によって安定的な結果が生じるというものだ。

レジリエンスは、生命体や社会組織などのさまざまなシステムが撹乱要因に反応し、基本的機能を維持することを意味する流行の概念だ。個人、建築物、地域社会、国や、国際社会は、衝撃を受けても機能を維持することが可能だ。それはなぜかについて議論した。より厳密に言えば、レジリエンスのあるシステムを設計する方法について議論した。

筆者たちが2022年3月にこの本を書き終えようとしているとき、ロシアがウクライナに侵攻し、世界秩序に巨大な混乱を引き起こした。われわれは今、新しい異常状態（ニューアブノーマル）の中にある。われわれはこの本の中で、将来への明るい展望を示そうと考えていたが、その希望はほぼ打ち砕かれた。頻繁には起こらないものの、影響の大きい出来事が、われわれの眼前で繰り広げられている。世界は、以前よりも多くの修復すべきものを抱えることになるだろう。

残念ながら、第3章第3節⑵で述べた、補償されない正のフィードバックや、第5章第1節⑴で触れた双安定系にかんする理論分析が、現在、現実に起こっている戦争に適用できる。この説明には、一定の説得力がある。ロシアの軍事行動は、かつてないほど強力な経済制裁を「西洋諸国」が科すという反応を生んだ。これは第4章第1節⑴で論じたように、さらなる相互的な正のフィードバックを作動させるかもしれない。２０２２年3月3日、カーネギー国際平和財団のアメリカ政治術プログラムの代表クリストファー・チビスは、「これがどのように終結するか」という論文で、二つの可能性を示した。[3]「一つは、対立の激化が進み、核使用がいつ起こってもおかしくない状況になるというもの。もう一つは、ウクライナが敗北し、アメリカや多くのヨーロッパ同盟国にとってきわめて受け入れがたい講和条件が押し付けられるというものだ」。より強い表現を用いるなら、第三次世界大戦の勃発か、新しい冷戦への突入か、ということだ。[4]

第4章で、以前に存在した「正常状態」へ復帰する経路について分析したが、第5章では、撹乱要因の影響が安定性領域を上まわり、システムが未知の領域に入っていくような状況を考察した。後者の状況は「新しい正常状態（ニューノーマル）あるいは異常状態（ニューアブノーマル）」と呼ぶことができる。

リペア社会――高い道徳心と技術進歩　修復が可能かどうか、そして修復するべきかどうかについて判断するには、高い道徳心が必要だ。さらに、われわれの目標を達成するためには、新しい技術も必要だ。技術は中立的なものだ。一方では、技術は、人類の肉体的、精神的、道徳的厚生を高めることができる。技術は、われわれがより健康になり、よりよい教育を受け、より倫理的な判断を下すことを助けてくれる。しかし、その反対をもたらすこともある。われわれを不健康にしたり、教育を妨げたり、他人に無関心になり、倫理を軽視するように誘導したりすることもある。

修復の原則

①第一に修復、第二に買い替え、第三に新しい物を作る、という順番で物事を考えるべきだ。
②修復することで、物の寿命を長くし、お金を節約し、環境負荷を減らすことができる。
③修復は、想像力や批判的思考力や創造性を育む。
④修復を通じて、物体や素材や作業工程などを発見することができる。
⑤修復された物はより大切になる。修復された物は利用者にとって特別な物になり、流行に左右されない大切な物になる。
⑥修復は他人への依存を小さくする。メーカーの方針に左右されずにすむようになる。
⑦修復できるものは修復すべきだ。

理論的には、複雑系は単純系よりもダメージを受けやすいと考えられる。高度に絡み合っているため、失敗が起きやすい。負のフィードバックが十分に用意されていなければ、自然災害や大事故に発展することも述べた。いまだ少数派かもしれないが、多くの人が、人的・物的資源を管理することが大切だと理解し始めていることは、歓迎するべきことだ。

個人レベルでも、社会レベルでも、古いものを新しいものに絶えず置き換えようとする衝動に抵抗しなければならない。また、われわれは一定の年齢に達すると、友人関係を大切しなくてはいけないことに気づく。より耐久性のある製品が必要となる一方で、壊れたものは修復でき、また修復するべきだという考えを受け入れる必要がある。

人類全体については次のように言える。現在の生き方をあらためなければ、イースター島文明の悲劇をより大きな規模で繰り返すことになる。使い捨て社会を捨て、リペア社会に置き換えるべきときだ。

訳者あとがき

本書『リペア』は、あらゆるものの状態悪化とその改善を、一貫した視点からとらえようとする著作である。つまり本書は、制御理論におけるフィードバックという概念を用いて、正と負のフィードバックのバランスが欠けたときに深刻な問題が発生するという観点で、多くの社会的課題をとらえようとしている。共通の視点を用いることには、単純化しすぎるという危険がある一方で、多くの問題に対して均等な対応をとることを促すというメリットもある。異なる問題だから見過ごしてもよいという甘い考えを取り除くことができるのである。

本書の中の例を用いるなら、第3章において、自然発生的なガラスの破損と職場での燃え尽き（バーンアウト）、人間関係の悪化、政治的分断が同じ枠組みのもとで論じられる。いずれの事例も、負のフィードバックによって埋め合わされることなく、悪化要因が蓄積することで問題が深刻化すると論じられる。ガラスの破損に対しては、当然ながら対応が必要だと誰もが同意するだろう。定期的な点検や交換をすることで、ガラス破損による負傷者が出ないようにするべきだ。本書では、この観点をほぼそのまま燃え尽きや人間関係悪化や政治的分断にも当てはめている。これによって、困難で複雑な問題だからと見過ごすのではなく、定期的に調査や抜本的対策を行うことが必要だと示唆されるのである。

本書全体の主張も、この観点からとらえるとわかりやすい。本書は、リペア（修理・修復）の重要性を訴えているが、より具体的に言えば、リペアとは、悪化要因の蓄積を適切に管理することにあると本書は提示している。リペアは、1回限りの修復行為のみを指すのではなく、物事に対する丁寧で注意深い継続的観察をともなう行為なのだ。本書が、物や人や社会との継続的な関係性を要求しているのは、このように自然な議論の流れとしてとらえられる。このように著者にとって、リペアには、たんに経済性や環境負荷という観点での望ましさを超えた倫理的価値観が反映されている。この点に共感しない読者もいるだろうが、感情のこもった真剣な議論に対して強い印象を受ける読者もいるだろう。

筆者は、本書の2人の著者のうちペーテル・エールディ氏の前著『ランキング』の翻訳も担当した。『ランキング』では、順位を決めるアルゴリズムが人々の行動に多大な影響を与えていることが印象づけられた。大学ランキングや、国際的な腐敗指数ランキングが存在することによって、大学幹部や、発展途上国の政治家たちは、順位を上げることに躍起になる一方で、ランキングに関係のない業務を軽視したり、利用できる資源がなく、低い順位の大学や国は低い順位のままにとどまるという悪循環が存在したりすることも指摘された。ランキングは、実力を正当に評価したり、公正な競争を促したりするという点で、強力な社会改良の手段になりうるのと同時に、人々の行動を歪めたり、格差を固定させたりするという矛盾も持ち合わせているということである。同書では、ランキングを排除するのではなく、補完する手段が必要だと結論づけられた。

本書『リペア』と前著『ランキング』との共通点は、以下のような点にある。第一に、中心概念であるフィードバックやアルゴリズム、およびさまざまな自然科学分野にかんする理系の知識と、政治・経済・歴史などにかんする文系の知識が密接に関連づけられていることである。計算機科学者としてさまざまな応用的研究に従事してこられたエールディ氏の関心の広さがここに見てとれる。

第二に、どちらの著作でも、著者の体験が印象的に語られる。これは、難解な内容も含む著作への親しみやすさにつながっているだけでなく、視点や立場の多様性を強調することにもつながっている。エールディ氏（およびスベテルスキー氏）は、ハンガリー出身の大学教員であり、アメリカや西欧の出身ではない。共産主義圏の貧しい社会で育った自身の経験を物語ることで、多数派とは異なる視点や立場に立っていることが示されている。ますます多極化する世界においては、視点や立場の異なる人どうしの冷静な議論が必要となっているため、この点は本書の意義を高めている。

以上のように、本書『リペア』は、多くの観点から重要な示唆を行っている。壊れやすい物、人間関係、社会、環境に対して真摯に向き合うことが大切だというメッセージが、多くの人に届くことを期待する。

高見典和

索引

あ行

か行

さ行

た行

な行

は行

ま行

■文献注

第1章

1 Molnár V. (2018). Utopian visions in the rubble: constructing a New City versus reconstructing the old in post-war budapest. In *Proceedings of the Symposium on Post War Reconstruction: The lessons of Europe*. Lebanese American University School of Architecture and Design. http://sardassets.lau.edu.lb/arc_catalogs/post-war-reconstruction/post-war-reconstruction-7.pdf

2 Dyer, G. (2020). Letter of recommendation: Rags. *The New York Times Magazine*. https://www.nytimes.com/2020/02/19/magazine/letter-of-recommendation-rags.html

3 Hazlitt, H. (1996). *Conquest of Poverty*. Foundation for Economic Education. https://fee.org/resources/the-conquest-of-poverty/

4 Alfani, G. & Ó Gráda, C. (2018). The timing and causes of famines in Europe. *Nature Sustainability*, 1, 283-288. https://doi.org/10.1038/s41893-018-0078-0

5 Malthus, T. (1798). *An Essay on the Principle of Population As It Affects the Future Improvement of Society*, with Remarks on the Speculations of Mr. Goodwin, M. Condorcet, and Other Writers. London: J. Johnson in St. Paul's Church-yard. http://name.umdl.umich.edu/004860797.0001.000（マルサス『人口論』斉藤悦明訳、光文社古典新訳文庫、2011年他）

6 Malthus, the false prophet (2008). *The Economist*. https://www.economist.com/finance-and-economics/2008/05/15/malthus-the-false-prophet

7 Tabarrok, A. (2003). Productivity and unemployment. Marginal Revolution. https://marginalrevolution.com/marginalrevolution/2003/12/productivity_an.html

8 Roodman, D. (2020). Modeling the human trajectory. Open Philanthrophy. https://www.openphilanthropy.org/blog/modeling-human-trajectory

9 Acemoglu D. & Restrepo P. (2018). Modeling automation. *AEA Papers and Proceedings*, 108, 48-53. https://doi.org/10.1257/Pandp.20181020

10 Pethokoukis, J. (2018). Yes, AI can create more jobs than it destroys. Here's how. American Enterprise Institute. https://www.aei.org/economics/yes-ai-can-create-more-jobs-than-it-destroys-heres-how/

11 Naso P., Lanz B., & Swanson T. (2020). The return of Malthus? Resource constraints in an era of declining population growth. *European Economic Review*, 128, 103499. https://doi.org/10.1016/j.euroecorev.2020.103499

12 Friedman, T. (2005). *The World is Flat*. Farrar, Straus and Giroux（トーマス・フリードマン『フラット化する社会――経済の大転換と人間の未来』（伏見威蕃訳、日本経済出社、2006年）

13 Pinker, S. (2018). *Enlightenment Now: The Case for Reason, Science, Humanism, and Progress*. Viking（スティーブン・ピンカー『21世紀の啓蒙――理性、科学、ヒューマニズム、進歩』（橘明美・坂田雪子訳、草思社、2019年）

14 Kenton, W. (2019). Planned obsolescence. Investopedia. https://www.investopedia.com/terms/p/planned_obsolescence.asp

15 The 1950s Analysis. Shmoop. https://www.shmoop.com/study-guides/history/1950s/analysis#economy

16 Krajewski, M. (2014). The great lightbulb conspiracy. IEEE Spectrum. https://spectrum.ieee.org/the-great-lightbulb-conspiracy

17 Hadhazy, A. (2016). Here's the truth about the 'planned obsolescence' of tech. *BBC Future*. https://www.bbc.com/future/article/20160612-heres-the-truth-about-the-planned-obsolescence-of-tech

18 Forti V., Balde C.P., Kuehr R., & Bel G. (2020). The global E-waste monitor 2020: quantities, flows and the circular economy potential. United Nations University/United Nations Institute for Training and Research, International Telecommunication Union, & International Solid Waste Association. https://collections.unu.edu/view/UNU: 7737

19 Fast Facts About Agriculture & Food. American Farm Bureau Federation. https://www.fb.org/newsroom/fast-facts

20 McCarthy, L. (2020). When hunger is on the doorstep. *New York Times*. https://www.nytimes.com/2020/09/02/insider/food-insecurity-families.html

21 China launches 'Clean Plate' campaign against food waste. (2020). *BBC News*. https://www.bbc.com/news/world-asia-china-53761295

22 Marchiso, M. (2020). Fighting food waste in China: local efforts, global effects. International Fund for Agricultural Development. https://www.ifad.org/en/web/latest/-/blog/fighting-food-waste-in-china-local-efforts-global-effects

23 Singh, A. & Sarda (2020), A. Food wastage in Indian weddings. Don't Waste My Energy! https://dontwastemy.energy/2020/03/24/food-wastage-in-indian-weddings/

24 Chandler, A. (2016). Why Americans lead the world in food waste. *The Atlantic*. https://www.theatlantic.com/business/archive/2016/07/american-food-waste/491513/

25 Klein, C. (2021). Mobster Al Capone ran a soup kitchen during the great depression. History. https://www.history.com/news/al-capone-great-depression-soup-kitchen

26 Roy, P. (2019). The 9 best food waste apps to make sustainable eating easier. *Vogue*. https://www.vogue.co.uk/gallery/best-food-waste-apps

27 MICHELIN Green Star Restaurants in Japan (accessed 2021, September 5). MICHELIN Guide. https://guide.michelin.com/en/jp/restaurants/sustainable_gastronomy

28 The Nobel Peace Prize 2020 (accessed 2022, April 17). NobelPrize.org. https://www.nobelprize.org/prizes/peace/2020/summary/

29 28 Types of Fabrics and Their Uses (2021). MasterClass. https://www.masterclass.com/articles/28-types-of-fabrics-and-their-uses#28-different-types-of-fabric

30 The Problem With Plastics (2022). Ocean Conservancy. https://oceanconservancy.org/trash-free-seas/plastics-in-the-ocean/

31 Thompson, A. (2018). From fish to humans, a microplastic invasion may be taking a toll. *Scientific American*. https://www.scientificamerican.com/article/from-fish-to-humans-a-microplastic-invasion-may-be-taking-a-toll/

32 Jambeck, J.R., Geyer, R., Wilcox, C., Siegler, T.R., Perryman, M., Andrady, A., Narayan, R., & Law, K.L. (2015). Plastic waste inputs from land into the ocean. *Science*, 347 (6223), 768-771. https://doi.org/10.1126/science.1260352

33 Resnick, B. (2019, January 11). More than ever, our clothes are made of plastic. Just washing them can pollute the oceans. *Vox*. https://www.vox.com/the-goods/2018/9/19/17800654/clothes-plastic-pollution-polyester-washing-machine

34 Borelle, S., Ringma, J., Law, K.L., Monnahan, C.C., Lebreton, L., McGivern, A., Murphy, E., Jambeck, J., Leonard, G., Hilleary, M., Eriksen, M., Possingham, H.P., de Frond, H., Gerber, L.R., Polidoro, B., Tahir, A., Bernard, M., Mallos, N., Barnes, M., & Rochman, C.M. (2020). Predicted growth in plastic waste exceeds efforts to mitigate plastic pollution. *Science*, 369 (6510), 1515-1518. https://doi.org/10.1126/science.aba3656

35 Butler, S. (2019, January 21). Why are wages so low for garment workers in Bangladesh? *The Guardian*. https://www.theguardian.com/business/2019/jan/21/low-wages-garment-workers-bangladesh-analysis

36 Jacoby, J. (2018, April 24). What's changed (and what hasn't) since the Rana Plaza nightmare. Open Society Foundations. https://www.opensocietyfoundations.org/voices/what-s-changed-and-what-hasn-t-rana-plaza-nightmare

37 Thomas, D. (2020). *Fashionopolis: Why What We Wear Matters*. Penguin Books

38 Wood, K. (2022). 8 Reasons to rethink fast fashion. Lifehack. https://www.lifehack.org/articles/money/8-reasons-rethink-fast-fashion.html

39 From old to new with Looop. (2020). H&M. https://www2.hm.com/en_gb/life/culture/inside-h-m/meet-the-machine-turning-old-into-new.html

40 Park, H. & Martinez, C.M.J. (2020, November 16). Secondhand clothing sales are booming—and may help solve the sustainability crisis in the fashion industry. *The Conversation*. https://theconversation.com/secondhand-clothing-sales-are-booming-and-may-help-solve-the-sustainability-crisis-in-the-fashion-industry-148403?

41 Taelor (2022). F6S. https://www.f6s.com/taelor

42 Packard, V. (1957). *Hidden Persuaders*. Ig Publishing（V.パッカード『かくれた説得者』林周二訳、ダイヤモンド社、1958年）

43 Gaille, L. (2018). 15 Consumerism Pros and Cons. Vitanna.org. https://vittana.org/15-consumerism-pros-and-cons

44 Steger, B. (2021). 'Stingy, stingy, stingy government': mixed responses to the introduction of the plastic carrier bag levy in Japan. *Worlwide Waste*, 4 (1), 5. https://www.worldwidewastejournal.com/articles/10.5334/wwwj.69/

45 Smith, L. (2021). The disposable society: an expensive place to live. Investopedia. https://www.investopedia.com/articles/pf/07/disposablesociety.asp

46 About the Japan Partnership for Circular Economy (2022). Japan Partnership for circular economy. https://j4ce.env.go.jp/en/about

47 Granovetter, M. (1973). The strength of weak ties. *American Journal of Sociology*, 78 (6), 1360-1380. https://www.jstor.org/stable/2776392

48 Érdi, P. (2019). *Ranking: The Unwritten Rules of the Social Game We All Play*. Oxford University Press（ペーテル・エールディ『ランキング――私たちはなぜ順位が気になるのか？』高見典和訳、日本評論社、2020年）

49 Gershon, I. (2017). "A friend of a friend" is no longer the best way to find a job. *Harvard Buiness Review*. https://hbr.org/2017/06/a-friend-of-a-friend-is-no-longer-the-best-way-to-find-a-job

50 Bell, P. (2014, October 2). The history of friendship: how friendship evolved and why it's fundamental to your happiness. *Huffington Post.* https://www.huffingtonpost.co.uk/2014/02/10/history-of-friendship-evolution_n_4743572.html

51 Hare, B. & Woods, V. (2021). *Survival of the Friendliest: Understanding Our Origins and Rediscovering Our Common Humanity.* Random House（ブランアン・ヘア｜ヴァネッサ・ウッズ『ヒトは《家畜化》して進化した――私たちはなぜ寛容で残酷な生き物になったのか』藤原多伽夫訳、白揚社、2022年）

52 Parrott, L. & Parrott, L. (2002). *Relationships: How to Make Bad Relationships Better and Good Relationships Great.* Zondervan

53 Wilson, E.O. (1975). *Sociobiology: The New Synthesis.* Belknap Press（エドワード・O・ウィルソン『社会生物学』伊藤嘉昭監修・坂本昭一他訳、新思索社、合本版1999年）

54 Barkow, J., Cosmides, L., & Tooby, J. (1995). *The Adapted Mind: Evolutionary Psychology and The Generation of Culture.* Oxford University Press

55 McDonald, A. (2017, April 20). Crazed zebra gang attack young antelope in front of shocked tourists. *Daily Star.* https://www.dailystar.co.uk/news/latest-news/zebra-attack-gang-video-fight-17014132

56 Nowak M. & Sigmund K. (2005). Evolution of indirect reciprocity. *Nature* 437: 1291-1298.http//www.nature.com.articles/nature04131

57 Provine R.R. (1992). Contagious laughter: laughter is a sufficient stimulus for laughs and smiles. *Bullet Pyschonom Soc* 30 (1): 1-4. https://doi.org/10.3758/BF03330380

58 Peshawaria R. (2017). Is consensus always a good thing? *Forbs.* https://www.forbes.com/sites/rajeevpeshawaria/2017/10/29/is-consensus-always-a-good-thing/?sh=211d99d54c43

59 Sunstein, C.R. (2017). *#Republic: Divided Democracy in the Age of Social Media.* Princeton University Press（キャス・サンスティーン『#リパブリック――インターネットは民主主義になにをもたらすのか』伊達尚美訳、勁草書房、2018年）

60 Skalla, C. (2021/2022). *Modeling Cognitive Diversity. Senior Individualized Project.* Kalamazoo College

61 Mansoor, S., French, E., & Ali, M. (2020). Demographic diversity, processes and outcomes: an integrated multilevel framework. *Management Research Review,* 43 (5), 521-543. https://doi.org/10.1108/MRR-10-2018-0410

62 Harrison, D.A. & Klein, K.J. (2007). What's the difference? Diversity constructs as separation, variety, or disparity in organizations. *Academy of*

Management Review, 32（4）, 1199-1228, https://doi.org/10.5465/amr.2007.26586096

63 Tetlock, P.E.（2006）. *Expert Political Judgment: How Good Is It? How Can We Know?* Princeton University Press

64 Reynolds, A & Lewis, D.（2017, March 30）. Teams solve problems faster when they're more cognitively diverse. *Harvard Business Review*. https://hbr.org/2017/03/teams-solve-problems-faster-when-theyre-more-cognitively-diverse

65 Hong, L. & Page, S.E.（2004）. Groups of diverse problem solvers can outperform groups of high-ability problem solvers. *Proceedings of the National Academy of Sciences of the United States of America*, 101（46）, 16385-16389. https://doi.org/10.1073/pnas.0403723101

66 Janis, I. L.（1972）. *Victims of Groupthink: A Psychological Study of Foreign-policy Decisions and Fiascoes*. Houghton Mifflin

67 Grim P., Singer, D., Bramson, A., Holman, B., McGeehan, S., & Berger, W.（2019）. Diversity, ability, and expertise in epistemic communities. *Philosophy of Science*, 86（1）, 98-123, https://www.journals.uchicago.edu/doi/epdf/10.1086/701070

68 Yalom, I. D.（2009）. *Staring at the Sun: Overcoming the Terror of Death*. Jossey-Bass

第2章

1 Colarusso, C.A.（2011）. *The Golden Age of Childhood: The Elementary School Years*. Tue Nature Productions

2 Diamond, J.M.（1992）. *The Third Chimpanzee: The Evolution and Future of the Human Animal*, Harper Perennial, pp. 317-338（ジャレド・ダイアモンド『第三のチンパンジー――人類進化の栄光と翳り』完全版、長谷川真理子・長谷川寿一訳、日経ビジネス人文庫、2022年）

3 11 Ways Ancient Greece Influenced Modern Society（9 Apr 2018）. Owlcation. http://owlcation.com/humanities/Greek-Influences-today

4 Hughes, T.（2020, May 4）. Did the plague of Athens end the city's golden age? Battles of the ancients. https://www.historyhit.com/plague-of-athens-end-the-citys-golden-age/

5 The Final End of Athenian Democracy（accessed 2022, April 17）. PBS.org. https://www.pbs.org/empires/thegreeks/background/48.html

6 Allison, G.（2019）. *Destined for War: Can America and China Escape Thucydides's Trap?* Scribe Publications（グレアム・アリソン『米中戦争前夜――新旧大国を衝突させる歴史の法則と回避のシナリオ』藤原朝子訳、ダイヤモンド社、2017年）

7 Four Ages of Man（by Ovid）（accessed 2022, April 17）. GreekGods.

org https://www.greek-gods.org/mythology/four-ages-of-man.php

8 The Garden of Earthly Delights (last updated 2021, November 20). Wikimedia Commons. https://commons.wikimedia.org/wiki/The_Garden_of_Earthly_Delights

9 Senguen, E. (2021, October 21). The garden of Eden and archaeological evidence of its existence. Yoair Blog. https://www.yoair.com/blog/the-garden-of-eden-and-archaeological-evidence-of-its-existence/

10 Scanlan, J. (2014). Back to Eden: contemporary artists wander the garden. Museum of Biblical Art

11 Tanner, J. (2015). Portraits and politics in classical Greece and early Imperial China: an institutional approach to comparative art. *Art History*, 39 (1), 10-39, https://doi.org/10.1111/1467-8365.12191

12 Beercroft, A. (2016). Comparisons of Greece and China. *Oxford Handbooks Online*. https://doi.org/10.1093/oxfordhb/9780199935390.013.14

13 van der Molen, T. (2019). The problem of 'the golden age.' CODART. www.codart.nl/feature/curators-project/the-problem-of-the-golden-age/

14 Siegal, N. (2019, October 29). A Dutch golden age? That's only half the story. *The New York Times*. https://www.nytimes.com/2019/10/25/arts/design/dutch-golden-age-and-colonialism.html

15 Wilson, K. (2020, March 6). The golden age and climate crisis. EIDOLON, Medium. eidolon.pub/the-golden-age-and-climate-crisis-e63aee7771b9

16 DeGroot, D. (2018). *The Frigid Golden Age: Climate Change, the Little Ice Age, and the Dutch Republic, 1560-1720*. Cambridge University Press

17 DeGroot, D. (2018, February 27). A frigid golden age: can the society of rembrandt and vermeer teach us about global warming? *Historical Climatology*. https://www.historicalclimatology.com/features/a-frigid-golden-age-can-the-society-of-rembrandt-and-vermeer-teach-us-about-global-warming

18 Erikson, E. (1950). *Childhood and Society*. W.W. Norton & Co. (エリク・H.エリクソン『幼児期と社会』仁科弥生訳、みすず書房、1977-80年)

19 Winnicott, D. (1957). *The Child and the Outside World*. Tavistock (ドナルド・ウィニコット『子どもはなぜあそぶの――続・ウィニコット博士の育児講義』猪股丈二訳、星和書店、1986年)

20 Key E (2000) The Century of the Child (1900). BibkioLife (エレン・ケイ『児童の世紀』小野寺信・小野寺百合子訳、冨山房百科文庫、1979

年)

21 Muller, P. (1973). Childhood's changing status over the centuries. In L.M. Brockman, J.H. Whiteley, & J.P. Zubak (Eds.), *Child Development: Selected Readings*, pp. 2-10. McClelland and Stewart

22 Ariès, P. (1960). *L'Enfant et la vie familiale sous l'Ancien Règime*. Éditions du Seuil (フィリップ・アリエス『〈子供〉の誕生——アンシァン・レジーム期の子供と家族生活』杉山光信・杉山恵美子訳、みすず書房、1980年)

23 Lenzen, D. (1985). *Mythologie der Kindheit*. Rowolts Taschenbuch Verlag

24 Proust, M. (2003) [1913]. *In Search of Lost Time*. Modern Library, SLP edition (マルセル・プルースト『失われた時を求めて』吉川一義訳、岩波文庫全14巻、2010-19年)

25 https://youtu.be/ERq0yzfGAM0

26 Boym, S. (2001). *The Future of Nostalgia*. Basic Books

27 McDonald, H. (2016, June 23). The two faces of nostalgia. *Psychology Today*. https://www.psychologytoday.com/us/blog/time-travelling-apollo/201606/the-two-faces-nostalgia

28 Zhou, Z., Sedikides, C, Mo, T., Li, W., Hong, E.K., & Wildschut, T. (2021). The restorative power of nostalgia: thwarting loneliness by raising happiness during the COVID-19 pandemic. *Social Psychological and Personality Science*. https://doi.org/10.1177/19485506211041830

第3章

1 Snow, C.P. (2001) [1959]. *The Two Cultures*. Cambridge University Press, 3.

2 Fabian, D. & Flatt, T. (2011). The evolution of aging. *Nature Education Knowledge*, 3 (10), 9. https://www.nature.com/scitable/knowledge/library/the-evolution-of-aging-23651151/

3 Mitchell, S. W. (1871). *Wear and Tear, or, Hints for the Overworked*. J.B. Lippincott

4 Davison, R. (2019, January 23). Toughened glass exploded 'like a grenade.' *Otego Daily Times*. https://www.odt.co.nz/regions/south-otago/toughened-glass-exploded-grenade

5 Rupert, M.L. (2013, December 17). Spontaneous glass breakage: why it happens and what to do about it. *The Construction Specifier*. https://www.constructionspecifier.com/spontaneous-glass-breakage-why-it-happens-and-what-to-do-about-it/

6 Petersen, A.H. (2019, January 5). How millennials became the burnout generation. *BuzzFeed News*. https://www.buzzfeednews.com/

article/annehelenpetersen/millennials-burnout-generation-debt-work

7 Han, B.C. (2015). *The Burnout Society*. Stanford University Press（ビンチョル・ハン『疲労社会』横山陸訳、花伝社、2021年）

8 Maslach, C. & Jackson, S.E. (1981). The measurement of experienced burnout. *Journal of Organizational Behavior*, 2 (2), 99-113. https://doi.org/10.1002/job.4030020205

9 Aumayr-Pintar, C., Cerf, C., & Parent-Thirion, A. (2018). Burnout in the workplace: a review of data and policy responses in the EU. European Foundation for the Improvement of Living and Working Conditions. https://rhepair.fr/wp-content/uploads/2018/11/2018.09-Burnout-in-the-workplace-A-review-of-data-and-policy-responses-in-the-EU-Eurofound.pdf

10 Spring Health. (2020, December 14). Study finds 76% of U.S. employees are currently experiencing worker burnout. PR Newswire. https://www.prnewswire.com/news-releases/study-finds-76-of-us-employees-are-currently-experiencing-worker-burnout-301191279.html

11 Maxmen, A. & Mallapaty, S. (2021, June 8). The COVID lab-leak hypothesis: what scientists do and don't know. *Nature*. https://www.nature.com/articles/d41586-021-01529-3

12 Bak P. (2007). *How Nature Works: The Science of Self-Organized Criticality*. Copernicus

13 Sornette, D. (2003). *Why Stock Markets Crash: Critical Events in Complex Financial Systems*. Princeton University Press（ディディエ・ソネット『入門経済物理学――暴落はなぜ起こるのか？』森谷博之監訳、2004年）

14 Cowen, T. (2020, March 5). Is economic growth a moral imperative? *Discourse Magazine*. https://www.discoursemagazine.com/culture-and-society/2020/03/05/is-economic-growth-a-moral-imperative/

15 Raworth, K. (2017). *Doughnut Economics: Seven Ways to Think Like a 21st-Century Economist*. Chelsea Green Publishing（ケイト・ラワース『ドーナッツ経済が世界を救う』黒羽篤嗣訳、河出書房新社、2018年）

16 Maldini, I. (2021). The Amsterdam doughnut: moving towards "strong sustainable consumption" policy? Presented at 4th PLATE 2021 Virtual Conference. https://ulir.ul.ie/handle/10344/10228

17 Meadows, D.H., Randers, J. & Meadows D.L. (1972). *Limits to Growth*. Penguin Publishing Group（デニス・メドウズ『成長の限界――ローマクラブ「人類の危機」レポート』大来佐武郎監訳、1972年）

18 Sornette, D. (2002). Predictability of catastrophic events: material rupture, earthquakes, turbulence, financial crashes, and human birth.

Proceedings of the National Academy of Sciences of the United States of America, 99, 2522-2529. https://doi.org/10.1073/pnas.022581999

19 Sutala, T. (2004). Mechanisms of epilepsy progression: current theories and perspectives from neuroplasticity in adulthood and development. *Epilepsy Research*, 60 (2-3), 161-171.https://doi.org/10.1016/j.eplepsyres.2004.07.001

20 Ben-Ari, Y., Crepel. V., & Represa, A. (2008). Seizures beget seizures in temporal lobe epilepsies: the boomerang effects of newly formed aberrant kainatergic synapses, *Epilepsy Currents*, 8 (3), 68-72. https://dx.doi.org/10.1111%2Fj.1535-7511.2008.00241.x

21 Frolov, N.S., Grubov, V.V., Maksimenko, V.A., Lüttjohann, A., Makarov, V.V., Pavlov, A.N., Sitnikova, E., Pisarchik, A.N., Kurths, J., & Hramov, A.E. (2019). Statistical properties and predictability of extreme epileptic events. *Scientific Reports*, 9, 7243. https://doi.org/10.1038/s41598-019-43619-3

22 Golestani, A. & Gras, R (2014). Can we predict the unpredictable? *Scientific Reports* 4, 6834.

23 Dunbar, R. (2021). *Friends: Understanding the Power of Our Most Important Relationships*. Little, Brown Book Group（ロビン・ダンバー『なぜ私たちは友だちをつくるのか――進化心理学から考える人類にとって一番重要な関係』吉嶺秀美訳、青土社、2021年）

24 Argyle, M. & Henderson, M. (1984). The rules of friendship. *Journal of Social and Personal Relationships*, 1 (2), 211-237. https://doi.org/10.1177%2F0265407584012005

25 Vilhauer, J. (2017, December 31). 4 signs that it's time to get out of your relationship. *Psychology Today*. https://www.psychologytoday.com/intl/blog/living-forward/201712/4-signs-its-time-get-out-your-relationship

26 Gottman, J. & Silver, N. (2015). *The Seven Principles for Making Marriage Work*. Harmony Books（ジョン・ゴットマン｜ナン・シルバー『結婚生活を成功させる７つの原則』松浦秀明訳、第三文明社、2007年）

27 Iyengar, S., Lelkes, Y., Levendusky, M., Malhotra, N. & Westwood, S.J. (2019). The origins and consequences of affective polarization in the United States. *Annual Review of Political Science*, 22, 129-146. https://doi.org/10.1146/annurev-polisci-051117-073034

28 Jungkurz, S. (2021). Political polarization during the COVID-19 pandemic. *Frontiers in Political Science*, 3, 622512. https://doi.org/10.3389/fpos.2021.622512

29 King, J., Ferraz, O.L.M., & Jones, A. (2021). Mandatory COVID-19 vaccination and human rights. *The Lancet*, 399 (10321), 220-222. https://

doi.org/10.1016/S0140-6736 (21) 02873-7
30 Leigh, A. (2021). *What's the Worst that Could Happen?* MIT Press
31 Érdi, P. (2007). *Complexity Explained.* Springer Verlag
32 Diamond, J. (2005). *Collapse: How Societies Choose to Fail or Survive.* Penguin Books（ジャレド・ダイアモンド『文明崩壊──滅亡と存続の命運を分けるもの』(楡井浩一訳、草思社、2005年)
33 Kim, J. (2017, June 5). The most important factor in successful relationships. *Psychology Today.* https://www.psychologytoday.com/us/blog/the-angry-therapist/201706/the-most-important-factor-in-successful-relationships

第4章

1 Henderson, L. (1970). Sociology 23, in *L.J. Henderson on the Social System*, 28, 73-74. University of Chicago Press
2 Szenberg, M., Ramrattan, L., & Gottesman, A.A. (2006). *Samuelsonian Economics and the Twenty-First Century*, Oxford University Press
3 Diamandis, E.P. (2021). COVID-19 and the Le Chatelier's principle. *Diagnosis*, 8 (4), 445-446. https://doi.org/10.1515/dx-2021-0022
4 Billman, G.E. (2020). Homeostasis: the underappreciated and far too often ignored central organizing principle of physiology. *Frontiers in Physiology*, 11. https://doi.org/10.3389/fphys.2020.00200
5 Wiener, N. (1948). *Cybernetics or Control and Communication in the Animal and the Machine.* MIT Press（ノーバート・ウィーナー『サイバネティックス──動物と機械における制御と通信』池原・彌永・室賀・戸田訳、岩波文庫、2011年）
6 Grossberg, S. (1980). How does a brain build a cognitive code? *Psychological Review*, 87, 1-51. https://doi.org/10.1007/978-94-009-7758-7_1
7 Grossberg, S. (2013). Adaptive resonance theory: how a brain learns to consciously attend, learn, and recognize a changing world. *Neural Networks*, 37, 1-47. https://doi.org/10.1016/j.neunet.2012.09.017
8 Barabási, A. (2018). *The Formula: The Universal Laws of Success.* Little, Brown and Company（アルバート＝ラズロ・バラバシ『ザ・フォーミュラ──科学が解き明かした「成功の普遍的法則」』江口泰子訳、光文社、2019年）
9 Piketty, T. (2013). *Capital in the Twenty-First Century.* Belknap Press（トマ・ピケティ『21世紀の資本』山形・守岡・森本訳、みすず書房、2014年）
10 Chen, D. (2020, September 29). Capitalism's positive feedback loop

is in need of a negative one. *The American Prospect.* https://prospect.org/essaycontest/daniel-chen/

11 The study of Earth as an integrated system (accessed 2022, April 17). NASA Science Global Climate Change. https://climate.nasa.gov/nasa_science/science/

12 How feedback loops are making climate crisis worse (2020, January 7). Climate Reality Project. https://www.climaterealityproject.org/blog/how-feedback-loops-are-making-climate-crisis-worse

13 Holling, C.S. (1973). Resilience and stability of ecological systems. *Annual Review of Ecology and Systematics*, 4, 1-23. https://doi.org/10.1146/annurev.es.04.110173.000245

14 Natural Disasters 2019 (2020, August 5). Centre for research on the epidemiology of disasters. https://reliefweb.int/report/world/natural-disasters-2019

15 St. Louis Sage (2021, July 8). What was St. Louis' worst heat wave? *St. Louis Magazine.* https://www.stlmag.com/history/what-was-st-louis-worst-heat-wave/

16 2019 Chennai Water Crisis (last updated 2022, April 17). Wikipedia. https://en.wikipedia.org/wiki/2019_Chennai_water_crisis

17 Building Your Resilience (last updated 2020, February 1). American Pyschological Association. https://www.apa.org/topics/resilience

18 Van Dam, N.T., van Vugt, M.K., Vago, D.R., Schmalzl, L., Saron, C.D., Olendzki, A., Meissner, T., Lazar, S.W., Kerr, C.E., Gorchov, J., Fox, K.C.R., Field, B.A., Britton, W.B., Brefczynski-Lewis, J.A., & Meyer, D.E. (2017). Mind the hype: a critical evaluation and prescriptive agenda for research on mindfulness and meditation. *Perspectives on Psychological Science*, 13 (1), 36-61. https://doi.org/10.1177/1745691617709589

19 Serenity Prayer (last updated 2022, April 8). Wikipedia. https://en.wikipedia.org/wiki/Serenity_Prayer

20 Resilience: build skills to endure hardship (2020, October 27). Mayo Clinic. https://www.mayoclinic.org/tests-procedures/resilience-training/in-depth/resilience/art-20046311

21 A Practical Guide to Climate-Resilient Buildings & Communities (2021). United Nations Environment Programme. Nairobi. https://www.unep.org/resources/practical-guide-climate-resilient-buildings

22 Cohen, B. (2011, June 28). Global ranking of top 10 resilient cities. Triple Pundit. https://www.triplepundit.com/story/2011/global-ranking-top-10-resilient-cities/76411

23 Érdi, P. (2019). *Ranking: The Unwritten Rules of the Social Game*

We All Play. Oxford University Press
24 Weeks, K. (2014, April 10). Which cities are the most resilient and the most vulnerable? *Architect Magazine*. https://www.architectmagazine.com/technology/which-cities-are-the-most-resilient-and-the-most-vulnerable_o
25 Dubai named world's most resilient city by United Nations (2021, September 23). *The National*. https://www.thenationalnews.com/uae/government/2021/09/23/dubai-named-worlds-most-resilient-city-by-united-nations/
26 U.S. President. Executive Order 14017 of February 24, 2021 on America's Supply Chains (2021, March 1). *Federal Register*, 86 (38), 11849-11854. https://www.govinfo.gov/content/pkg/FR-2021-03-01/pdf/2021-04280.pdf
27 Remarks by President Biden at Signing of an Executive Order on Supply Chains (2021, February 24). White House Briefing Room. https://www.whitehouse.gov/briefing-room/speeches-remarks/2021/02/24/remarks-by-president-biden-at-signing-of-an-executive-order-on-supply-chains/
28 Brunnermeier, M. (2021). *The Resilient Society*. Endeavor Literary Press
29 Kotler, S. (2021, January 19). How to recover from burnout. *Psychology Today*. https://www.psychologytoday.com/us/blog/the-playing-field/202101/how-recover-burnout
30 Goldberg, M. (2021, June 28). Feeling burned out? These expert-approved strategies will help you recover. Oprah Daily. https://www.oprahdaily.com/life/a36801181/how-to-recover-from-burnout/
31 Matravers, D. (2018, February 1). To restore or not to restore? OpenLearn. https://www.open.edu/openlearn/history-the-arts/philosophy/restore-or-not-restore
32 Cameron, C. (2017). Reconstruction: changing attitudes. The UNESCO *Courier*. https://en.unesco.org/courier/july-september-2017/reconstruction-changing-attitudes
33 Policies Regarding CONSERVATION of World Heritage Properties (accessed 2022, April 17). UNESCO World Heritage Centre. https://whc.unesco.org/en/compendium/109
34 Foster, A. (2010). Building conservation philosophy for masonry repair: Part 1—"ethic" *Structural Survey*, 28 (2), 91-107. https://doi.org/10.1108/02630801011044208
35 National Register of Historic Places (last updated 2022, April 13). National Park Service. https://www.nps.gov/subjects/nationalregister/

index.htm

36 Plough A.L. & Chandra A. (2015, September 8). What hurricane Katrina taught us about community resilience. RAND Blog. https://www.rand.org/blog/2015/09/what-hurricane-katrina-taught-us-about-community-resilience.html

37 Remes, J. (2015, September 1). Finding solidarity in disaster. *The Atlantic*. https://www.theatlantic.com/politics/archive/2015/09/hurricane-katrinas-lesson-in-civics/402961/

38 Santos, N. (2019, April 26). Fourteen years later, New Orleans is still trying to recover from Hurricane Katrina. Environmental and Energy Study Institute. https://www.eesi.org/articles/view/fourteen-years-later-new-orleans-is-still-trying-to-recover-from-hurricane-katrina

39 Hurricane Katrina (last updated 2019, August 9). *History*. https://www.history.com/topics/natural-disasters-and-environment/hurricane-katrina

40 Katrina, The New Orleans nightmare: documentary on the devastation of Hurricane Katrina. https://www.youtube.com/watch?v=ZAkrxXbuXOA&t=10s

41 Schwartz, F. (2007). New Orleans now: design andplanning after the storm. In J.L. Mateo (Ed.), *Natural Metaphor: An Anthology of Essays on Architecture and Nature*. ACTAR

42 Brilliant, L., Danzig, L., Oppenheimer, K., Mondal, A., Bright, R., & Lipkin, W.I. (2021). The forever virus. A strategy for the long fight against COVID-19. *Foreign Affairs*. https://www.foreignaffairs.com/articles/united-states/2021-06-08/coronavirus-strategy-forever-virus

43 Taylor, A. (2021, December 10). Covax promised 2 billion vaccine doses to help the world's neediest in 2021. It won't deliver even half that. *Washington Post*. https://www.washingtonpost.com/world/2021/12/10/covax-doses-delivered/

44 Zhou, Y.R. (2021). Vaccine nationalism: contested relationships between COVID-19 and globalization.*Globalizations*, 19 (3), 450-465. https://doi.org/10.1080/14747731.2021.1963202

45 Wernil, D., Clausin, M., Antulov-Fantulin, N., Berezowski, J., Nikola Biller-Andorno, N., Blanchet, K., Böttcher, L., Burton-Jeangros, C., Escher, G., Flahault, A., Fukuda, K., Helbing, D., afféll, P.D., Jørgensen, P.S., Kaspiarovich, Y., Krishnakumar, J., Lawrence, R.J., Lee, K., Léger, A., Levrat, N., Martischang, R., Morel, C.M., Pittet, D., Stauffer, M., Tediosi, F., Vanackere, F., Vassalli, J.D., Wolff, G., & Young, O. (2021). Building a multisystemic understanding of societal resilience to the COVID-19 pandemic. *BMJ Global Health* 6: e006794. https://gh.bmj.com/content/6/7/

e006794
46 https://www.youtube.com/watch?v=_XneTBhRPYk
47 Sieg, K. (2021, August 12). The EU is giving citizens the "right to repair" electronics—here's what that could mean for the world. TED. https://ideas.ted.com/how-right-to-repair-legislation-can-reduce-waste/
48 Repair guides for everything, written by everyone (accessed 2022, April 17). iFixit: The Free Repair Manual. https://www.ifixit.com/
49 Gill, V. (2021, October 13). Waste electronics will weigh more than the Great Wall of China. *BBC News*. https://www.bbc.com/news/science-environment-58885143
50 Right to Repair Europe (accessed 2022, April 17). www.repair.eu
51 What we want. Right to Repair Europe (accessed 2022, April 17). https://repair.eu/what-we-want
52 Robertson, A. (2020, November 4). Massachusetts passes 'right to repair' law to open up car data. *The Verge*. https://www.theverge.com/2020/11/4/21549129/massachusetts-right-to-repair-question-1-wireless-car-data-passes
53 Sink, J. (2021, July 6). Biden sets up tech showdown with 'Right-to-Repair' rules for FTC. *Bloomberg*. https://www.bloomberg.com/news/articles/2021-07-06/biden-wants-farmers-to-have-right-to-repair-own-equipment-kqs66nov
54 Godwin, C. (2021, July 7). Right to repair movement gains power in US and Europe. *BBC News*. https://www.bbc.com/news/technology-57744091
55 Canada gets closer to a right to repair law (2019, March 1). *CBC*. https://www.cbc.ca/news/science/what-on-earth-newsletter-right-to-repair-styrofoam-1.5037697
56 https://www.youtube.com/playlist?list=PLkVbIsAWN2lsx11ydFwiNZdQiZtOyeUV-
57 van der Zanden, J. (accessed 2022, April 17). In repair: towards a post-throwaway society. Throwing Snowballs. http://www.throwingsnowballs.nl/index.php/writing/
58 Platform 21. Homepage (accessed 2022, April 17). www.platform21.nl
59 About Repair Café (accessed 2022, April 2017). https://repaircafe.org/en/about/
60 Apple founder Steve Wozniak backs right-to-repair movement (2021, July 8). *BBC News*. https://www.bbc.com/news/technology-57763037
61 New starter kit: Repair Café in the classroom. (2019, May 23).

Repair Café. https://repaircafe.org/en/new-starter-kit-repair-cafe-in-the-classroom/

62 57.4 Mt e-waste expected in 2021 will outweigh China's great wall. (2021, October 14). *Recycling Magazine*. https://www.recycling-magazine.com/2021/10/14/57-4m-t-e-waste-expected-in-2021-will-outweigh-chinas-great-wall/

第5章

1 Thom, R. (1972). *Structural Stability And Morphogenesis*. CRC Press

2 Érdi, P. (2007). *Complexity Explained*. Springer Verlag

3 Murray, S.R. (accessed 2022, April 17). The rise and fall of catastrophe theory. Encyclopedia.com. https://www.encyclopedia.com/science/encyclopedias-almanacs-transcripts-and-maps/rise-and-fall-catastrophe-theory

4 Zeeman, E.C. (1977). *Catastrophe Theory: Selected Papers, 1972-1977*. Addison-Wesley.

5 Zahler, R.S. & Sussman, H.J. (1977). Claims and accomplishments of applied catastrophe theory. *Nature*, 269 (10), 759-763. https://doi.org/10.1038/269759a0

6 Arnold, V. I. (1992). *Catastrophe Theory*, 3rd edition. Springer-Verlag (ウラジミール・アーノルド『カタストロフ理論』蟹江幸博訳、現代数学社、1985年、ロシア語版の翻訳)

7 Haken H. (2008). Self-organization. *Scholarpedia*, 3 (8), 1401. http://www.scholarpedia.org/article/Self-organization

8 Strogatz, S.H. (1994). *Nonlinear Dynamics and Chaos: With Application to Physics, Biology, Chemistry and Engineering*. Perseus Books (スティーブン・ストロガッツ『非線形ダイナミクスとカオス』田中・中尾・千葉訳、丸善出版、2015年)

9 Jones A. & Strigul, N. (2021). Is spread of COVID-19 a chaotic epidemic? *Chaos, Solitons & Fractals*, 142, 110376. https://doi.org/10.1016/j.chaos.2020.110376

10 Murray, J.D. (1988). How the Leopard gets its spots. *Scientific American*, 80-87. https://www.scientificamerican.com/article/how-the-leopard-gets-its-spots/

11 Schelling, T. (1971). Dynamic models of segregation. *Journal of Mathematical Sociology*, 1 (2), 143-186, https://doi.org/10.1080/0022250X.1971.9989794

12 Vieira, T. (2017, November 29). Inequality ... in a photograph. *The Guardian*. https://www.theguardian.com/cities/2017/nov/29/sao-paulo-injustice-tuca-vieira-inequality-photograph-paraisopolis

13 Hoque, L. (2018, May 24). Revamping favelas: top 10 facts about poverty in Sao Paulo. The Borgen Project. https://borgenproject.org/revamping-favelas-top-10-facts-about-poverty-in-sao-paulo/

14 Veneri, P. (2018, May 24). Divided cities: understanding intra-urban inequalities. presented at inequality matters: champion mayors webinar series on understanding & overcoming segregation in cities. OECD Champion Mayors Initiative. https://www.lincolninst.edu/sites/default/files/sources/events/inequality_matters_webinar_24_may_2018_spatial_segregation.pdf

15 Helbing, D. & Johansson, A. (2009). Pedestrian, crowd and evacuation dynamics. In R.A. Meyers (Ed.), *Encyclopedia of Complexity and Systems Science*. Springer. https://doi.org/10.1007/978-0-387-30440-3_382

16 Helbing, D., Farkas, I., & Vicsek, T. (2000). Simulating dynamical features of escape panic. *Nature*, 407, 487-490. https://doi.org/10.1038/35035023

17 Hegselmann, R. & Krause, U. (2002). Opinion dynamics and bounded confidence: models, analysis and simulation. *Journal of Artificial Societies and Social Simulation*, 5 (3). https://www.jasss.org/5/3/2.html

18 Carothers, T. & O'Donohue, A. (2019). *Democracies Divided: The Global Challenge of Political Polarization*. Brookings Institution Press

19 Wright, M. (2021, September 2). Kaizen: The Japanese approach to continuous improvement. KaiNexus. https://blog.kainexus.com/improvement-discipline/kaizen/kaizen-the-japanese-approach-to-continuous-improvement

20 Stoll, J. (2021, November 4). Share of adults with a Netflix subscription in the United States as of August 2021, by generation. Statista. https://www.statista.com/statistics/720723/netflix-members-usa-by-age-group/

21 Catloth, J. (2019, December 7). Creative destruction and Netflix. bearmarket. https://bearmarketreview.wordpress.com/2019/12/07/creative-destruction-and-netflix/

22 Gladwell. M. (2000). *The Tipping Point: How Little Things Can Make a Big Difference*. Little, Brown and Company（マルコム・グラッドウェル『ティッピング・ポイント――いかにして「小さな変化」が「大きな変化」を生み出すか』高橋啓訳、飛鳥新社、2000年）

23 Kuhn, T. (1962). *The Structure of Scientific Revolutions*. University of Chicago Press（トーマス・クーン『科学革命の構造』中山茂訳、みすず書房、1971年）

24 Dosi, G. (1982). Technological paradigms and technological

trajectories: a suggested interpretation of the determinants and directions of technical change. *Research Policy*, 11 (3), 147-162. https://doi.org/10.1016/0048-7333 (82) 90016-6

25 Ma, A. (accessed 2022, April 17). Repairing society. Andy Ma Design. https://www.andymadesign.com/repairingsociety

26 Eldredge, N. & Gould, S.J. (1972). Punctuated equilibria: an alternative to phyletic gradualism In T.J.M. Schopf (Ed.), *Models in Paleobiology*, Freeman Cooper, pp. 82-115

27 Gersick, C.J.G. (1991). Revolutionary change theories: a multilevel exploration of the punctuated equilibrium paradigm. *Academy of Management Review*, 16 (1), 10-36. https://www.jstor.org/stable/258605

28 Gersick, C.J.G. (2019). Reflections on revolutionary change. *Journal of Change Management*, 20 (1), 7-23. https://doi.org/10.1080/14697017.2019.1586362

29 Walker, M. (2006). *Moral Repair: Reconstructing Moral Relations after Wrongdoing*. Cambridge University Press

30 Wilburn, B. (2007, May 9). Moral repair: reconstructing moral relations after wrongdoing. *Notre Dame Philosophical Reviews*. https://ndpr.nd.edu/reviews/moral-repair-reconstructing-moral-relations-after-wrongdoing/

31 Ronayne, D., Sgroi, D., & Tuckwell, A. (2021, July 15). How susceptible are you to the sunk cost fallacy? *Harvard Business Review*. https://hbr.org/2021/07/how-susceptible-are-you-to-the-sunk-cost-fallacy

32 Arkes, H.R., Ayton, P. (1999). The sunk cost and Concorde effects: are humans less rational than lower animals? *Psychological Bulletin*, 125 (5), 591-600. https://doi.org/10.1037/0033-2909.125.5.591

33 Hongyu L.J. (Ed.). (2021, September 13). Chinese woman makes ancient books shine again with her exquisite handiwork. *People's Daily Online*. http://en.people.cn/n3/2021/0913/c90000-9895479.html

34 Xinhua (2019, December 27). China opens first museum on ancient book repairing. ChinaDaily.com.cn. http://global.chinadaily.com.cn/a/201912/27/WS5e056b5ca310cf3e35581042.html

35 Kintsugi (accessed 2022, April 17). UnmissableJAPAN.com. http://www.unmissablejapan.com/etcetera/kintsugi

36 Richman-Abdou, K. (2019, September 5). The centuries-old art of repairing broken pottery with gold. *My Modern Met*. https://mymodernmet.com/kintsugi-kintsukuroi/

37 Kwan, P.Y.L. (2012). Exploring Japanese art and aesthetic as inspiration emotionally durable design. Presented at DesignEDAsia

Conference 2012. https://www.semanticscholar.org/paper/EXPLORING-JAPANESE-ART-AND-AESTHETIC-AS-INSPIRATION-Kwan/3836ebc85bd632d20f36d747f796075d1a2c2ccf

38 Weir, K. (2020, June 1). Life after COVID-19: making space for growth. *Monitor on Psychology*, 51 (4). https://www.apa.org/monitor/2020/06/covid-life-after

39 Smith, E.E. (2021, June 24). We want to travel and party. Hold that thought. *The New York Times*. https://www.nytimes.com/2021/06/24/opinion/covid-pandemic-grief.html

40 Anderson, J., Raine, L. & Vogels, A.E. (2021, February 18). Experts say the 'New Normal' in 2025 will be far more tech-driven, presenting more big challenges. Pew Research Center. https://www.pewresearch.org/internet/2021/02/18/experts-say-the-new-normal-in-2025-will-be-far-more-tech-driven-presenting-more-big-challenges/

第6章

1 Freeman, T. (2018). *Wisdom to Heal the Earth: Meditations and Teachings of the Lubavitcher Rebbe*. Ezra Press and Chabad.org

2 Tikkun Olam: Repairing the World (accessed 2022, April 17). My Jewish Learning. https://www.myjewishlearning.com/article/tikkun-olam-repairing-the-world/

3 Radnoti S: Lecture notes, Eötvös Loránd University (unpublished)

4 Burdick, E. & Wheeler, H. (1962). *Fail-Safe*. Ecco

5 Lumet S. (Director). Fail safe. https://www.tcm.com/tcmdb/title/4556/fail-safe#overview

6 Mian, Z. (1998, July 11). No time to think. Nuclear Age Peace Foundation. https://www.wagingpeace.org/no-time-to-think/

7 Joint statement of the leaders of the five nuclear-weapon states on preventing nuclear war and avoiding arms races (2022, January 3). White House Briefing Room. https://www.whitehouse.gov/briefing-room/statements-releases/2022/01/03/p5-statement-on-preventing-nuclear-war-and-avoiding-arms-races/

8 Gilliland, M. & Ivanova, E. (accessed 2022, April 17). FTP057, 058, 059: Daniel Schmachtenberger—solving he generator functions of existential risks. Future Thinkers Podcast. https://futurethinkers.org/daniel-schmachtenberger-generator-functions/

9 Welcome to the Game B Wiki! (accessed 2022, April 17). Game B Wiki. https://www.gameb.wiki/index.php?title=Main_Page

10 Return to begin to repair (2017, September 21). Colonialism Reparation. https://www.colonialismreparation.org/en/return-to-begin-

to-repair.html

11 Diallo, R. (2021, July 21). Europe has a long way to go on reparations and making amends for colonialism. *Washington Post.*

12 Getachew, A. (2020, July 27). Colonialism made the modern world. let's remake it. *The New York Times.* https://www.nytimes.com/2020/07/27/opinion/sunday/decolonization-statues.html

13 Menon, P. (2021, February 3). New Zealand plans national syllabus on Maori and UK colonial history. *Reuters.* https://www.reuters.com/article/us-newzealand-maori/new-zealand-plans-national-syllabus-on-maori-and-uk-colonial-history-idUSKBN2A31G0

14 Vitányi B. (2016). A restaurálás rövid története és etikája. Zempléni Múzsa. http://epa.oszk.hu/02900/02940/00064/pdf/EPA02940_zmimuzsa_2016_4_037-039.pdf

15 *v*on Foerster, H. (1960). On self-organizing systems and their environments. In M.C. Yovits & S. Cameron, S. (Eds.), *Self-Organizing Systems* (pp. 31-50). Pergamon

16 Taleb, N.N. (2012). *Antifragile: Things That Gain from Disorder.* Random House

17 Nygard, M. (2016, February 18). The new normal: from resilient to antifragile. *Cognitect.* https://www.cognitect.com/blog/2016/2/18/the-new-normal-from-resilient-to-antifragile

18 Niyazov, S. (2021, March 26). The antifragile society. *Conjecture Magazine*, https://medium.com/conjecture-magazine/the-antifragile-society-779c3524111f

19 Lacey N. & Pickard, H. (2015). To blame or to forgive? Reconciling punishment and forgiveness in criminal justice. *Oxford Journal of Legal Studies*, 35 (4), 665-696. https://doi.org/10.1093/ojls/gqv012

20 Restorative Justice Network (accessed 2022, April 17). http://restorativejustice.org/

21 Naar, D. (last updated 2021, May 11). What are the pros and cons of restorative justice? *Reference.* https://www.reference.com/world-view/pros-cons-restorative-justice-a722d3404aa5cb87

22 Korhonen, J. Honkasalo, A. & Seppälä, J. (2018). Circular economy: the concept and its limitations. *Ecological Economics* 143, 37-46. https://doi.org/10.1016/j.ecolecon.2017.06.041

23 Nelson, A. & Coffey, B. (2019, November 4). What is 'ecological economics' and why do we need to talk about it? *The Conversation.* https://theconversation.com/what-is-ecological-economics-and-why-do-we-need-to-talk-about-it-123915

24 Wreg, R. (accessed 2022, April 17). 12 Examples of circular

economy solutions that give us some hope! innovate Eco. https://innovate-eco.com/circular-economy-solutions/

25 https://www.youtube.com/watch?v=UaHTnCeVZl0

26 Simke, A. (2019, December 1). Black soldier flies are the new superstars of sustainable aquaculture. *Forbes*. https://www.forbes.com/sites/ariellasimke/2019/12/01/black-soldier-flies-are-the-new-superstars-of-sustainable-aquaculture/

27 Stumpf, C. (2020, June 4). Sustainable solutions for plastics: the future role of lignins. *Chemistry World*. https://www.chemistryworld.com/future-of-plastics/sustainable-solutions-for-plastics-the-future-role-of-lignins/4011826.article

28 It's the end of the road for waste plastics (accessed 2022, April 17). MacRebur: The Plastic Road Company. https://macrebur.com/us

29 https://www.youtube.com/watch?v=yfGZDPJNAaM

30 Mak, S.L., Wu, T.M.Y., Tang, F.W.F., Li, J.C.H., & and Lai, C.W. (2021). A review on utilization of plastic wastes in making construction bricks. presented at IOP Conference Series: Earth and Environmental Science, https://iopscience.iop.org/article/10.1088/1755-1315/706/1/012001

31 Garcia, C. (2021, February 4). Kenyan woman finds a way to recycle plastic waste into bricks that are stronger than concrete. Yahoo! News. https://news.yahoo.com/kenyan-woman-finds-way-recycle-053411779.html?_sp=bc83c517-7fa8-4722-abeb-e2cb768122fa.1650254584567

32 Morris, D.Z. (2016, March 13). Today's cars are parked 95% of the time. *Fortune*. https://fortune.com/2016/03/13/cars-parked-95-percent-of-time/

33 Sposato P., Preka, R., Cappellaro, F., & Cutala, L. (2017). Sharing economy and circular economy. How technology and collaborative consumption innovations boost closing the loop strategies. *Environmental Engineering and Management Journal*, 16 (8), 1797-1806. http://www.eemj.icpm.tuiasi.ro/pdfs/vol16/no8/17_61_Sposato_17.pdf

34 Reform (accessed 2022, April 2017). Definition from Oxford Languages, accessed via Google. https://www.google.com/search?client=firefox-b-d&q=reform+meaning

35 Gombrich E. (1935). *Weltgeschichte von der Urzeit bis zur Gegenwart*, Steyrermühl-Verlag, Wien-Leipzig

36 Julian calendar (last updated 2019, July 1). Britannica. https://www.britannica.com/science/Julian-calendar

37 Teall, J. & Nicol, D.M. (last updated 2021, September 21). The

reforms of Diocletian and Constantine. Britannica. https://www.britannica.com/place/Byzantine-Empire/The-reforms-of-Diocletian-and-Constantine

38 Reformation. https://www.luther2017.de/reformation/

39 Huffman, J. (accessed 2022, April 17). The Meiji Restoration era, 1868-1889. about Japan. http://aboutjapan.japansociety.org/content.cfm/the_meiji_restoration_era_1868-1889#sthash.viQmeC3O.dpbs

40 Mahatma Gandhi (last updated 2022, April 17). Wikipedia. https://en.wikipedia.org/wiki/Mahatma_Gandhi

41 Workman, J. (2019, January 25). "Our house is on fire." 16 year-old Greta Thunberg wants action. World Economic Forum. https://www.weforum.org/agenda/2019/01/our-house-is-on-fire-16-year-old-greta-thunberg-speaks-truth-to-power/

42 Kraemer, D. (2021, November 5). Greta Thunberg: Who is the climate campaigner and what are her aims? *BBC News*. https://www.bbc.com/news/world-europe-49918719

43 Chen, J. (last updated 2021 January 5). Private good. Investopedia. https://www.investopedia.com/terms/p/private-good.asp

44 Fernando, J. Public Good (last updated 2022, March 20) Investopedia https://www.investopedia.com/terms/p/public-good.asp

45 Jung, B.D. (2017). The tragedy of the Elephants. *Wisconsin Law Review*, 2017 (4), https://repository.law.wisc.edu/s/uwlaw/item/299879

46 Hardin, G. (1968). The tragedy of the commons. *Science*, 162 (3859), 1243-1248. https://doi.org/10.1126/science.162.3859.1243

47 Tragedy of the Commons (last updated 2022, March 12). Investopedia. https://www.investopedia.com/terms/t/tragedy-of-the-commons.asp

48 Eythorsson, E. (1996). Coastal communities and ITQ management. The case of Icelandic fisheries. *Sociologia Ruralis*, 36 (2), 212-223. https://doi.org/10.1111/j.1467-9523.1996.tb00017.x

49 Ostrom, E. (1990). *Governing the Commons: The Evolution of Institutions for Collective Action*. Cambridge University Press

50 Becker C.U. (2019). Ethical principles for design. Presented at the International Association of Societies of Design Research Conference 2019. https://iasdr2019.org/uploads/files/Proceedings/vo-f-1307-Bec-C.pdf

51 White, N. (2014, November 7). Elinor Ostrom's 8 principles for managing a commons – words to live by. Full Circle Associates https://fullcirc.com/2014/11/07/elinor-ostroms-8-principles-for-managing-a-commmons-words-to-live-by/

52 Aligica, P.D. & Sterpan, I. (2017). Governing the fisheries: insights

from Elinor Ostrom's work. In R. Wellings (Ed.), *Sea Change. How Markets and Property Rights Could Transform the Fishing Industry.* Institute of Economic Affairs, pp. 95-116

53 Ress, M.A. (2013, August 23). Global public goods, transnational public goods: some definitions. Knowledge Ecology International. https://www.keionline.org/book/globalpublicgoodstransnationalpublicgoodssomedefinitions

54 Stern, P.C. (2011). Design principles for global commons: natural resources and emerging technologies. *International Journal of the Commons*, 5 (2), 213-232. http://doi.org/10.18352/ijc.305

55 Dietz, T., Ostrom, E., & Stern, P.C. (2003). The Struggle to Govern the Commons. *Science*, 302 (5652), 1907-1912. https://doi.org/10.1126/science.1091015

56 The Intergovernmental Panel on Climate Change (accessed 2022, April 17). https://www.ipcc.ch/

57 Stern P.C., Wolske, K.S., & Dietz, T. (2011). Design principles for climate change decisions. *Current Opinion in Environmental Sustainability*, 52, 9-18. https://doi.org/10.1016/j.cosust.2021.05.002

58 Cosens, B., Ruhl, J.B., Soininen, N., Gunderson, L., Belinskij, A., Blenckner, T., Camacho, A.E., Chaffin, B.C., Craig, R.K., Doremus, H., Glicksman, R., Heiskanen, A.S., Larson, R., & Similä, J. (2021). Governing complexity: integrating science, governance, and law to manage accelerating change in the globalized commons. *Proceedings of the National Academy of Sciences of the United States*, 118 (36), e2102798118. https://doi.org/10.1073/pnas.2102798118

59 Robertson, R. (1995). Glocalization: time-space and homogeneity-heterogeneity. In M. Featherstone, S. Lash, & R. Robertson (Eds.), *Global Modernities*, Sage Publications, pp. 25-44

60 Roudometof, V. (2015). The glocal and global studies. *Globalizations*, 12 (5), 774-787. https://doi.org/10.1080/14747731.2015.1016293

61 Mukherjee, S. & Mukherjee, P. (2022, January 19). Oracle opens data centre to provide cloud services across Africa. Reuters. https://www.reuters.com/technology/oracle-opens-data-centre-provide-cloud-services-across-africa-2022-01-19/

62 Oracle Cloud Regions (accessed 2022, April 17). Oracle. https://www.oracle.com/cloud/architecture-and-regions/

63 Lu, C. (last updated 2021, January 5). World Government. E.N. Zalta (Ed.), *The Stanford Encyclopedia of Philosophy* (Spring 2021 Edition). https://plato.stanford.edu/entries/world-government/

64 Emerson, R.W. (1860). *The Conduct of Life*. https://www.

gutenberg.org/ebooks/39827
65 Mandelson, P. (2008, October 3). In defence of globalization. *The Guardian*
66 Lopez-Claros, A., Dahl, A., & Groff, M. (2020). The challenges of the 21st century. In *Global Governance and the Emergence of Global Institutions for the 21st Century*. Cambridge University Press, pp. 3-29
67 Chu, B. (2020). Why do a lot of politicians think the world politics is a zero sum game? Why can't it be a win-win situation for all countries? Quora. https://www.quora.com/Why-do-a-lot-of-politicians-think-the-world-politics-is-a-zero-sum-game-Why-can-t-it-be-a-win-win-situation-for-all-countries
68 Davidai, S. & Ongis, M. (2019). The politics of zero-sum thinking: the relationship between political ideology and the belief that life is a zero-sum game. *Science Advances*, 5 (12). https://doi.org/10.1126/sciadv.aay3761
69 Brunnermeier, M. (2021). *The Resilient Society*. Endeavor Literary Press
70 Brown, K. (2022, February 25). The thucydides trap comes for Russia and America. 1945. https://www.19fortyfive.com/2022/02/the-thucydides-trap-comes-for-russia-and-america/
71 Bumgartner, F.K. & Jones, F.D. (Eds.) (2002). *Policy Dynamics*. University of Chicago Press
72 Pinker, S. (2022, March 2). Is Russia's war with Ukraine the end of the long peace? *The Boston Globe*. https://www.bostonglobe.com/2022/03/02/opinion/is-russias-war-with-ukraine-end-long-peace/

第7章

1 Schelling, T.C. (2006). *Micromotives and Macrobehavior*. W. W. Norton & Company. (Original work published 1978)(トーマス・シェリング『ミクロ動機とマクロ行動』(村井章子訳、勁草書房、2016年)
2 Krakovsky, M. (2006, May 1). The art of remembrance. *Psychology Today*. https://www.psychologytoday.com/us/articles/200605/the-art-remembrance
3 Chivvis, C.S. (2022, March 3). How does this end? Carnegie endowment for international peace. https://carnegieendowment.org/2022/03/03/how-does-this-end-pub-86570
4 Hauck, G. (2022, February 2). A new cold war, or the start of world war Ⅲ? How historians see the invasion of Ukraine. *USA Today*. https://www.usatoday.com/story/news/nation/2022/02/24/cold-war-wwiii-russia-ukraine/6923412001/?gnt-cfr=1

■著者紹介

Péter Érdi（ペーテル・エールディ）

カラマズー大学複雑系研究センター教授（Henry R. Luce Professor of Center for Complex Systems Studies at Kalamazoo College）。同大学物理学部教授、心理学部教授、ならびにハンガリー科学アカデミー・ウィグナー物理学研究センター教授を兼任。国際神経回路学会（International Neural Network Society）元副会長。専門は計算論的神経科学、計算社会科学。著書：*Complexity Explained*（Springer, 2008）, *Computational Neurology and Psychiatry*（共編著, Springer, 2017）, *Ranking: The Unwritten Rules of the Social Game We All Play*（Oxford University Press, 2019：邦訳『ランキング――私たちはなぜ順位が気になるのか？』日本評論社、2020年）など。

Zsuzsa Szvetelszky（ジュジャ・スベテルスキー）

社会科学研究センター（ブダペスト）教育・ネットワーク研究リサーチ・センター研究員。エトヴェシュ・ロラーンド大学講師。著書："Ways and transformations of Gossip," *Journal of Cultural and Evolutionary Psychology*, 1(2), pp.109-122, 2003など。

■訳者紹介

高見 典和（たかみ・のりかず）

東京大学大学院総合文化研究科准教授。大阪大学大学院経済学研究科博士後期課程修了、博士（経済学）。早稲田大学政治経済学部助教、一橋大学経済研究所専任講師、東京都立大学経済経営学部准教授などを経て、現職。専門は経済学史、経済学方法論。著書：『ピグー――知識と実践の厚生経済学』（翻訳、ミネルヴァ書房、2015年）、『経済学史――経済理論誕生の経緯をたどる』（共著、日本評論社、2019年）『ランキング――私たちはなぜ順位が気になるのか？』（翻訳、日本評論社、2020年）など。

リペア
「使《つか》い捨《す》て社会《しゃかい》」から「修理《しゅうり》・修復社会《しゅうふくしゃかい》」へ

2023年 8 月20日　第 1 版第 1 刷発行

著　者 ―― ペーテル・エールディ＆ジュジャ・スベテルスキー
訳　者 ―― 高見典和
発行所 ―― 株式会社日本評論社
〒170-8474　東京都豊島区南大塚3-12-4
電話　03-3987-8621（販売）03-3987-8595（編集）
ウェブサイト　https://www.nippyo.co.jp/
印　刷 ―― 精文堂印刷株式会社
製　本 ―― 株式会社難波製本
装　幀 ―― 図工ファイブ
検印省略
ISBN978-4-535-54058-3　Printed in Japan